本书为2021年度甘肃省重点人才项目《河西走廊数字智能文旅融创研发培训助推文化旅游强省建设人才培养项目》（2021RCXM012）和2022年甘肃省高校高等教育教学成果培育项目《基于专创融合的旅游管理类专业人才创新创业能力培养的探索与实践》的理论和实践成果。

智慧赋能文旅发展案例与实践
——以河西走廊数字文旅人才培养为例

Cases and Practices of Empowering Cultural and Tourism Development with Intelligence:
A Case Study of the Cultivation of Digital Cultural and Tourism Talents in the Hexi Corridor

主编◇柳红波

华中科技大学出版社
http://press.hust.edu.cn
中国·武汉

内 容 提 要

本书是2021年度甘肃省重点人才项目"河西走廊数字智能文旅融创研发培训助推文化旅游强省建设人才培养项目"的理论和实践成果,主要涉及文旅融合理论与文旅创意开发实践和智慧赋能文旅产业与文旅融合新业态两方面内容,结合河西走廊区域文旅产业发展实际,为智慧赋能文旅发展提供典型案例和实践经验。本书反映了智慧赋能文旅产业提质增效的新态势,体现了文化和旅游深度融合催生新业态的新特征,形成了高校理论研究与文旅融合创新业态人才培养的新成果。

图书在版编目(CIP)数据

智慧赋能文旅发展案例与实践：以河西走廊数字文旅人才培养为例 / 柳红波主编 . -- 武汉 ：华中科技大学出版社,2025.4. -- ISBN 978-7-5772-1772-7

Ⅰ. F592.742-39

中国国家版本馆CIP数据核字第20254E09T7号

智慧赋能文旅发展案例与实践——以河西走廊数字文旅人才培养为例

Zhihui Funeng Wenlü Fazhan Anli Yu Shijian —— Yi Hexi-zoulang Shuzi
Wenlü Rencai Peiyang Weili

柳红波 主编

策划编辑：王 乾
责任编辑：鲁梦璇
封面设计：原色设计
责任校对：刘小雨
责任监印：周治超
出版发行：华中科技大学出版社（中国·武汉）   电话：(027)81321913
          武汉市东湖新技术开发区华工科技园   邮编：430223
录   排：孙雅丽
印   刷：武汉科源印刷设计有限公司
开   本：710mm×1000mm 1/16
印   张：15
字   数：233千字
版   次：2025年4月第1版第1次印刷
定   价：69.80元

前言 FOREWORD

2024年9月10日至13日,习近平总书记在甘肃考察时指出,甘肃历史文化积淀深厚,红色文化资源丰富。要传承好红色基因,加强文化遗产保护,支持敦煌研究院建设世界文化遗产保护的典范和敦煌学研究高地,建设好长城、长征、黄河国家文化公园,为现代化建设注入强大精神力量。促进文化和旅游深度融合,把文化旅游业打造成支柱产业。习近平总书记这一重要指示为甘肃省文化旅游业发展提供了科学指引,明确了未来文化旅游业作为甘肃省支柱产业的重要地位。

作为一名应用型本科院校的旅游管理专业教师,笔者始终在思考如何遵循教育规律,培养出符合文化旅游业发展需求的高素质应用型人才。2018年,文化部和国家旅游局合并组建了文化和旅游部,以文塑旅、以旅彰文,深化文旅融合发展成为新时代文化旅游业发展的主要特征。同年,甘肃省提出了文化旅游强省战略,明确将文化旅游产业定位为推动甘肃省绿色发展崛起的首位产业和支柱产业,并于2019年陆续出台了《甘肃省教育科技赋能文旅产业实施方案》《甘肃省人民政府办公厅关于大力促进全省文化旅游产业提质增效的意见》《新时代甘肃融入"一带一路"建设打造文化制高点实施方案》等政策,进一步强化了文化旅游产业在甘肃经济社会发展中的重要地位,同时也对文化旅游产业人才需求提出了更高要求。

笔者于2013年担任学校旅游管理专业负责人,长期负责旅游管理专业本科生人才培养方案的修订工作。面对文化旅游业的快速发展,传统的人才培养模式已难以满足新形势下的需求,旅游管理人才培养模式改革创新势在必行。2019年,笔者主持申报的"新时代文旅融合背景下旅游类人才培养模式创新研究"获文化和旅游部"双师型"师资人才培养项目立项;2020年,笔者主持申报的"文化旅游强省战略下甘肃省文旅融合人才培养模式创新与实践"获甘肃省高等教育教学成果培育项目立项。这些项目研究成果在河西学院本科生人才培养方案中得到全面落实。近年来,河西学院旅游管理专业学生在"挑战杯"全国大学生课外学术科技作品竞赛、中国国际"互联网+"大学生创新创业大赛(现更名为中国国际大学生创新大赛)、全国旅游院校服务技能大赛中屡获佳绩,部分奖项创校史最佳成绩。

随着数字技术在文旅产业的广泛应用,文旅产业的商业模式发生了深刻变革,新兴业态不断涌现,传统产业边界逐渐被打破。在此背景下,文旅产业急需一批数智文旅复合型和创新型优秀人才。结合前期文化旅游人才培养经验和文旅产业实际需求,笔者于2021年主持申报了甘肃省重点人才项目"河西走廊数字智能文旅融创研发培训助推文化旅游强省建设人才培养项目",获得甘肃省委组织部的批准和资助。项目获批后,项目团队围绕文旅产业人才知识和能力需求开展了系统调研,资助8名优秀教师参加全国旅游院校师资培训班,确定了培训课程体系和授课教师。2022年6月,河西学院连续举办了两期"河西走廊数字智能文旅融合创新人才培训班",培训校内外文化旅游人才280余人。此次培训班不仅为河西走廊文化旅游深度融合发展和文化旅游强省建设培养了一批优秀人才,也充分彰显了河西学院服务地方区域经济社会发展的责任和担当。

感谢甘肃省委组织部提供的项目经费支持;感谢武威市委组织部、金昌市委组织部、张掖市委组织部、酒泉市委组织部、嘉峪关市委组织部在项目组织和培训过程中提供的大力支持;感谢张掖市文化广电和旅游局党春梅副局长莅临现场参加培训班开班仪式;感谢河西学院历史文化与旅游学院各位专家对项目执行和圆满完成提供的支持和帮助,他们是高荣教授、闫廷亮教授、贾小军教授、李海军副教授、代兰海副教授、赵宏亮副教授、蒋薇副教授、林立军博士、王丽丽博士,以及赵春莲老师。特别感谢河西学院信息技术与传媒学院廖绍雯副教授、张掖丹霞文化旅游股份有限公司原总经理何永刚先生、中国张掖网运营总监李清鹏先生应邀为培训班授课。感谢华中科技大学出版社王乾老师为本书出版提供的帮助。

河西学院历史文化与旅游学院院长

柳红波

2024年12月8日

目录 CONTENTS

第二篇章　智慧赋能文旅产业与文旅融合新业态

第一篇章

文旅融合理论与文旅
创意开发实践

文化和旅游融合视野、层次与实现路径

柳红波①

一、文化和旅游融合的背景

（一）文化和旅游融合的宏观背景

文化和旅游的关系,很早便引起人们关注,学者们或将社会文化视为重要的旅游资源,或将旅游本身看成一种文化生活,并将旅游文化定义为"一个民族的共同的文化传统在旅游过程中的特殊表现"。更有学者结合文化和旅游经济属性,认为"旅游是经济性很强的文化事业,又是文化性很强的经济事业"。随着人们文化素养的不断提升,对旅游产品的文化内涵要求明显增强,研究逐渐深入,最终得出结论——文化是旅游业发展的灵魂。旅游文化与旅游活动的关系,就是旅游理论与旅游实践的关系。具体地讲,旅游活动是旅游文化产生的前提,而旅游活动本身就是一种文化现象,旅游文化同时具有综合性和矛盾性。

从实践层面来看,文化是旅游的灵魂,旅游是文化的载体。没有文化的旅游难以触动游客的心灵,无法带来精神的享受。挖掘文化内涵,用文化提升旅游品位,是旅游发展显特色、创精品、提质量的重要途径。旅游是文化的载体,能够以润物无声的方式有效传播文化价值、人文精神,游客在旅游中不仅能欣赏自然风光,也能领略文化魅力、接受文化熏陶。由于文化和旅游的天然相关性,很早便受到政府

---

① 柳红波,河西学院历史文化与旅游学院教授,管理学博士,硕士研究生导师。

部门和领导的重视。在政府文件中,虽然之前很多文件都体现了加强文化和旅游融合的相关表述,但直接提出加强文化和旅游结合的文件是文化部和国家旅游局在2009年联合发布的《关于促进文化与旅游结合发展的指导意见》,其内容主要包括:打造文化旅游系列活动品牌;打造高品质旅游演艺产品;利用非物质文化遗产资源优势,开发文化旅游产品;实施品牌引领战略,引导文化旅游产品开展品牌化经营;鼓励主题公园、旅游度假区设立连锁网吧、游戏游艺场所;举办文化旅游项目推介洽谈会,推动文化旅游企业开展合作;深度开发文化旅游工艺品(纪念品);加强文化旅游产品的市场推广;积极培育文化旅游人才;规范文化旅游市场经营秩序等内容。该文件尽管将文旅结合的实施路径总结为"文化旅游系列活动品牌""旅游演艺产品""文化旅游工艺品(纪念品)"等形式,但并未直接上升到文旅融合的高度,文化与旅游结合发展一方面体现了文化与旅游关系的紧密性,另一方面也体现了当时文化旅游观光产品能较好满足游客的游览需求,游客消费需求尚未达到体验式和沉浸式的文化旅游消费水平。

但随着文化旅游消费成为人们美好生活的重要组成部分,同时出于对中华民族优秀传统文化的创造性转化和创新性发展的需要,文旅融合成为新时代的主要特征。2014年,习近平总书记在《在文艺工作座谈会上的讲话》中指出,随着人民生活水平不断提高,人民对包括文艺作品在内的文化产品的质量、品位、风格等的要求也更高了。文学、戏剧、电影、电视、音乐、舞蹈、美术、摄影、书法、曲艺、杂技以及民间文艺、群众文艺等各领域都要跟上时代发展、把握人民需求。2018年3月,国务院办公厅印发《国务院办公厅关于促进全域旅游发展的指导意见》,明确指出文旅融合的具体措施包括科学利用传统村落、文物遗迹及博物馆、纪念馆、美术馆、艺术馆、世界文化遗产、非物质文化遗产展示馆等文化场所开展文化、文物旅游,推动剧场、演艺、游乐、动漫等产业与旅游业融合开展文化体验旅游,其中所隐含的文化和旅游融合是指加强文化面向旅游者的展示。2018年4月,国务院明确地将新组建的文化和旅游部的职能定位为"增强和彰显文化自信"并"提高国家文化软实力和中华文化影响力";同时,文化和旅游部原部长雒树刚关于文化和旅游融合的系列讲话中也明确指出,文化和旅游融合发展背景下,要用文化提升旅游的品质内涵,用旅游彰显文化自信。由此可见,政府文件表述的文旅融合是将物质与非物质文化变成一种旅游资源,要通过不同的技术手段和商业模式把文化展示出来,从而实现增强文化自信和传播中华文化的目标。事实上,文旅融合政策建设是一个递进的过程,文化和旅游部的组建推动了文旅融合走向深入。针对文旅融合重要载体——旅游演艺,文化和旅游部于2019年出台了《关于促进旅游演艺发展的指导意见》;针对非物质文化遗产与旅游融合,文化和旅游部于2023年出台了《关于推动非物质文化遗产与旅游深度融合发展的通知》。这些政策和文件的出台既是文旅融合实践不断深入的具体体现,也是文化和旅游融合制度建设和政策指导不断推进的重要成果。

(二) 文化和旅游融合的甘肃背景

甘肃省是文化旅游资源大省,文化旅游资源富集度排名全国第五位,但文化旅游资源优势未转化为文化旅游产业优势。2013年,按照国家关于甘肃发展的战略定位和建设文化大省的总要求,甘肃省委、省政府提出建设“华夏文明传承创新区”,计划统筹全省文化资源和各类生产要素,以文化建设为主题,以经济结构战略性调整和经济发展方式根本性转变为主线,确定了围绕“一带”,建设“三区”,打造“十三板块”的工作布局。“一带”是丝绸之路文化发展带;“三区”是以始祖文化为核心的陇东南文化历史区、以敦煌文化为核心的河西走廊文化生态区和以黄河文化为核心的兰州都市圈文化产业区;“十三板块”是文物保护、大遗址保护、非物质文化遗产保护传承、历史文化名城名镇名村保护利用、民族文化传承、古籍整理出版、红色文化弘扬、城乡文化一体化发展、文化与旅游深度融合、文化产业发展、文化品牌打造、文化人才队伍建设、节庆赛事会展举办。其中,“十三板块”中明确提出“文化与旅游深度融合”,随着文化旅游强省战略的快速推进,发展文化旅游业成为推动甘肃经济结构战略性调整和经济发展方式转变的主要手段。2014年,兰州大学郭爱君教授结合习近平总书记提出的“丝绸之路经济带”发展战略,对丝绸之路经济带途经区域发展优势和优势产业进行系统分析,指出中国西北五省区的发展优势是自然资源和旅游资源优势,这也决定了西北五省区的优势产业,分别为石油化工、煤电产业、原材料加工、特色农牧业和旅游业等。因此,甘肃独特、丰富的旅游资源是甘肃省社会经济发展的优势资源,旅游业是甘肃省实现经济结构转型和经济发展的优势产业。

从甘肃省经济发展水平来看,近年来甘肃省经济收入位居全国末位,经济发展压力大;与此同时,甘肃省位于中国西北生态脆弱地区,扮演着国家生态屏障和保护全球生态安全的重要角色。在经济发展诉求与保护生态环境压力双重背景下,甘肃省必须走绿色发展之路。2018年2月,在甘肃省旅游产业发展大会上,甘肃省委、省政府明确提出了旅游强省战略,出台了《关于加快建设旅游强省的意见》,并指出发展旅游产业,建设旅游强省,是甘肃省构建生态产业体系、推动绿色发展崛起的重大举措,是培育发展新动能、实现高质量发展的战略选择。随着2018年3月文化部和国家旅游局组建为"文化和旅游部","旅游强省战略"随之更名为"文化旅游强省战略";甘肃省文化和旅游厅也明确提出要将"文化旅游产业"打造为甘肃省十大生态产业体系的首位产业。同时,根据《甘肃省"十四五"发展规划和二〇三五年远景规划目标》,"十四五"期间,甘肃要实现文化旅游资源大省向文化旅游强省的迈进,到2035年,甘肃省文化建设取得重大成就,文化旅游强省目标基本实现。

在文化旅游强省战略指引下,2019年,甘肃省人民政府办公厅连续出台了多项文旅产业发展政策,包括《甘肃省教育科技赋能文旅产业实施方案》《关于大力促进全省文化旅游产业提质增效的意见》《新时代甘肃融入"一带一路"建设打造文化制高点实施方案》等政策,以上政策均以文化旅游强省建设为背景,以放大文化旅游业综合效应为目标,通过文化旅游融合,大力促进文化旅游产业从资源依赖型向创新开发型转变,从观光消费型向综合效益型转变,从高速增长型向高质量发展型转变,使文化旅游产业成为推动甘肃省绿色发展崛起的首位产业和支柱性产业。

2023年5月,在文化旅游产业快速复苏之际,甘肃省文化旅游发展大会在兰州成功召开,甘肃省委书记胡昌升在全省文化旅游发展大会上强调,要深入学习贯彻习近平新时代中国特色社会主义思想,特别是习近平总书记关于文化和旅游工作的重要论述,全面落实习近平总书记视察甘肃重要讲话重要指示精神,以超常之举推动文旅产业优先发展、高质量发展,打造国际一流旅游目的地,加快文化旅游资源大省向文化旅游强省转变,以文化旅游大跨越谱写中国式现代化甘肃实践新华章。这为甘肃省文化旅游产业发展指明了方向,也坚定了相关从业者的信心。

同时,甘肃省委办公厅、省政府办公厅印发了《关于推动文化和旅游深度融合实现高质量发展的实施意见》,并明确提出建设与中国式现代化甘肃实践相协调、相适应,与深厚文化底蕴、丰富文化和旅游资源相匹配的文化强省的发展目标,力争到2028年文化旅游产业增加值占全省地区生产总值的6%、人均文化旅游消费达到1000元以上。

《关于推动文化和旅游深度融合实现高质量发展的实施意见》从文旅融合角度提出了甘肃省文化和旅游深度融合实现高质量发展的路径和建议:

一是资源融合促共建,要立足甘肃省久远厚重的历史人文资源和丰富多元的自然景观资源,着力推动文化与旅游资源互相整合、要素互相融合、空间互相利用,以达到优势互补、相得益彰、整体提升的目的。

二是产品融合促育新,要以创造性转化、创新性发展为要求,全力推动甘肃省文化旅游产品融合创新,着力培育一批文化旅游精品,积极打造丝绸之路国际旅游枢纽,力争把甘肃建设成为世界级文化旅游目的地。

三是产业融合促兴业,要推动"文化＋旅游"模式创新,将传统与现代、山水与人文完美融合,打造能让游客慢下来、留下来、多消费的旅游目的地;推动构建"文旅＋"全产业链发展新格局,重点打造文旅康养"千亿级产业链"。

四是市场融合促创收,要推动文化和旅游市场主体做大做强,文化和旅游市场管理融合、服务质量创优,境内外文化和旅游市场活力不断提升,以促进甘肃省文旅消费加速升级,实现社会效益和市场效益相统一、双提升。

二、文化和旅游融合存在的问题

(一)消费升级使观光型文化旅游产品难以满足游客需求

在经济转型、消费升级以及产业结构调整等宏观背景下,人民群众对旅游的需求动机、内容、意图以及价值诉求正在发生新的变化。当下,仅仅欣赏好山好水名景点、拍照留影买特产的"打卡式"旅游已经越来越不能满足人们尤其是年轻人的需求,影视、动漫、综艺、短视频等辨识度、新奇度高的文化IP成为旅游产业增长新爆点。人们从观光景区转向特色社区,从繁华都市转向悠久古镇,从购物场所转向文博场馆,赏艺术、看民俗、品历史、观演艺,越来越注重文化风貌和文化场景的体验,越来越追求有内涵、个性化、高品质的文化旅游,这已然成为一种时尚活动。同时,简单的观光文化旅游产品已经难以满足游客需求,游客对文化旅游产品的高要求,倒逼文化旅游深度融合,通过对优秀文化的创造性转化和创新性发展来满足游客所追求的有内涵、个性化和高品质的旅游产品。

(二)文化旅游融合理念存在认识误区

在文化旅游融合理念提出之初,很多人仍以"文化＋旅游"的简单结合来看待文化旅游融合。特别是在观察到很多文化活动与文化旅游活动具有一致性后,便想当然地认为很多具有文化属性的旅游活动或文化旅游产品便是文化旅游融合的具体体现。这种认识明显存在误区。事实上,文化旅游融合的特征之一便是具有明显的创造性,是文化和旅游叠加产生新知识的过程,具有明显的知识溢出特征。笔者认为,"文化×旅游"相对"文化＋旅游"能更好地诠释文化旅游融合的过程。从本质上看,文旅融合满足了受文化动机驱动的人们对美食、艺术展示、历史遗址等文化吸引物以及游学、艺术表演、节庆等文化活动参观访问的需求。新时代条件下,文化与旅游相互渗入、互为支撑、协同并进、深入融合,是推动旅游高品质发展的必然要求。

文化和旅游的融合对社会经济发展意义重大:首先,它能产生显著的经济效益,为旅游目的地创造福祉;其次,通过促进文化理解与体验,推动文化创新和旅游价值共享,有利于文化遗产保护和创意产品开发;最后,也是更为重要的,文旅融合在强化民族形象的塑造、增强文化认同和文化自信方面发挥着不可替代的作用。

(三)文化旅游融合体制机制急需创新

在文化和旅游部组建之前,文化和旅游二者的体制机制保障措施具有明显差异。文化具有事业性质,而旅游具有明显的产业属性,不同的属性造成一系列的政策差异,这一点无可厚非,但在文化和旅游部组建之后,如何更好地为文旅融合提供体制机制保障和服务,这是至关重要的。尽管文化和旅游部结合文化旅游融合实践与业态,针对旅游演艺、非物质文化遗产与旅游融合出台了相关政策和文件,但随着文旅融合进程的加快和文旅产业实践的需要,人才、资金和政策保障仍难以满足文旅产业的高质量发展,急需根据文旅融合产业实践和发展规律创新文旅融合体制机制。

三、文化和旅游融合的框架与层次

根据张朝枝、朱敏敏(2020)的观点,文化和旅游关系的三个层次如图1所示。文化和旅游的关系包括三个层次:一是文化和旅游关系的起源,即文化的身份意义与旅游者追求身份认同,此项对应资源层次;二是文化和旅游关系的发展,面向游客的文化可参观性生产,此项对应产品层次;三是文化和旅游关系的提升,面向游客的文化展示的产业链延伸,此项对应产业层次。本质上,文化与旅游关系的三个层次就是从资源到产品,再到产业的三个层次的融合关系,这三个层次关系纵向先后发生,横向同时并存,相互作用而影响文化和旅游产业发展。

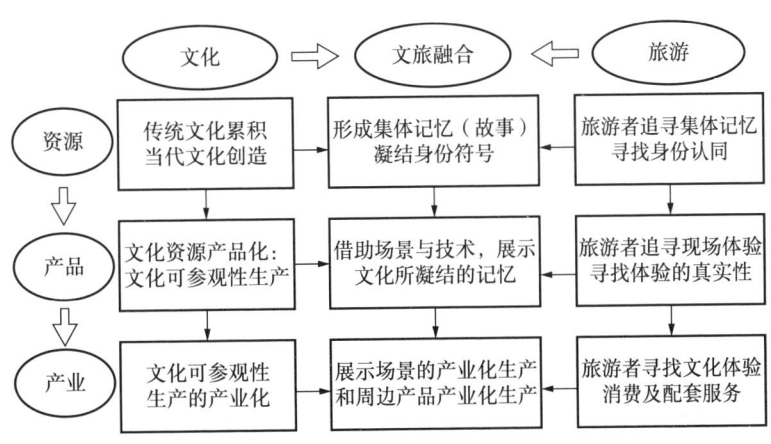

图1　文化和旅游关系的三个层次

（一）建构集体记忆与身份认同：增强文化的旅游吸引力

从文化和旅游关系的起源角度来看，文化与旅游的关系起源于文化的旅游吸引物属性，这是文化与旅游关系的第一个层次内涵。文化包括三个层面的含义，即作为传统、符号和意义的累积，作为建构新的意义和符号的事物，作为建构个人生活方式的符号工具。这三个层面的文化都具有身份识别的意义。具有身份识别意义的文化为什么会具有吸引物属性呢？麦肯内尔认为旅游的根本目的就是获得一种对地方或世界的自我认识的方式，到文化遗产地旅游某种程度上就是去寻找遗产地与自己的联系。或者说，现代游客追求文化旅游体验的时候其实在寻找某种身份认同，对于具有怀旧和文化身份认同需求的旅游者，文化是旅游目的地吸引力的关键组成部分，文化也因此具备了旅游吸引物属性，即旅游者个体对民族与国家集体身份认同的追求使文化或者文化符号成为旅游吸引物。因此，文化和旅游融合的第一个层次的内涵在于，旅游者追求身份认同，而文化承载身份意义，两者相互作用使文化变成旅游资源。随着时代发展，能够成为旅游资源（旅游吸引物）的文化类型也越来越丰富多样。

如前所述，文化和旅游融合的前提是文化具有旅游吸引力，但文化之所以具有吸引力，并不完全是因为其具有某种客观属性，而更多是通过人为建构的符号意义形成的。旅游吸引物建构的过程实质上是意义和价值建构的过程，同时也是旅游吸引物的符号化过程。当不同形式的文化被建构成旅游吸引物时，实际上是其恰当地满足了人们通过文化消费来认同或表征自己的身份需求——这些产品可以用来进行消费者的自我建构、个人经历叙述、成就表达、人际关系表征、文化价值表现、社会地位展现等。因此，增强文化的旅游吸引力的关键是强化文化的身份符号意义。在每个文化体系中都存在着一种凝聚性结构，它由共享的价值观念和行为规范构成，而这些对所有成员都具有约束力的元素又是从对过去共同的回忆中剥离出来的。凝聚性结构激发民众的归属感和认同感，而集体记忆正是凝聚性结构得以产生和存在的基础。在集体记忆的框架里，个体获得了区别于他者的身份界定，同时也产生、巩固和维护了其群体认同。集体记忆是文化认同的代际传承组带。在国家层面,集体记忆是历史延续的要素,有利于增强国家认同、民族团结,以及促进国家复兴;对当地人而言,集体记忆是身份认同的构建基础,旅游可被视作一种或一系列的集体记忆实践。因此,建立集体记忆可以强化文化的身份符号,从而满足当代旅游者身份认同需求,也是将文化转化成旅游吸引物的重要途径。通俗地讲,就是要"讲好故事",将集体记忆植入旅游者的意识中,使旅游者产生相应的身份认同,并由此产生出游动机,文化和旅游融合得以生发。

借助文化旅游现象和活动,强化国民的身份认同和集体记忆,首先体现在遗产旅游场景中。2019 年 8 月,习近平总书记在敦煌考察时,强调敦煌文化是中华文明同各种文明长期交流融汇的结果。要铸就中华文化新辉煌,就要以更加博大的胸怀,更加广泛地开展同各国的文化交流,更加积极主动地学习借鉴世界一切优秀文明成果。研究和弘扬敦煌文化,既要深入挖掘敦煌文化和历史遗存蕴含的哲学思想、人文精神、价值理念、道德规范等,更要揭示蕴含其中的中华民族的文化精神、文化胸怀,不断坚定文化自信。要加强对国粹传承和非物质文化遗产保护的支持和扶持,加强对少数民族历史文化的研究,铸牢中华民族共同体意识。2020 年 5月,习近平总书记在山西云冈石窟考察历史文化遗产保护工作时说,这是人类文明的瑰宝。习近平强调,云冈石窟体现了中华文化的特色和中外文化交流的历史。要坚持保护第一,在保护的基础上研究利用好。发展旅游要以保护为前提,不能过度商业化,让旅游成为人们感悟中华文化、增强文化自信的过程。要深入挖掘云冈石窟蕴含的各民族交往交流交融的历史内涵,增强中华民族共同体意识。

通过文化与旅游融合,将隐藏在回忆空间中的文化象征意义进行阐述,唤起旅游者的民族记忆和文化记忆,以共同的历史记忆凝聚情感力量,从历史传统文化深处唤起个人与国家命运的同频共振。通过在场体验与历史回溯,旅游者与国家民族久远的过去、共同的文化发生密切的关联,并在与现实的映照中,将自己与民族历史和族群文化紧密联结,产生对民族文化的认同和对国家的归属感,进而激发对民族和国家的责任感与使命感。

（二）集体记忆的可参观性生产：加强文化的展示性和可参观性

从文化和旅游关系的发展来看，当文化成为某种旅游资源后，越来越多的旅游者前来参观"文化"，但并非所有文化都具有可参观性。因此，将文化旅游吸引物根据游客的需要恰当地展示出来，即对文化资源进行可参观性生产显得日益重要。

文化的可参观性生产是游客体验文化的基础，可参观性的生产主要包括四种形式。一是以博物馆为载体的物质文化遗产展示。这种形式始于欧洲的宫廷贵族，他们把个人收藏品对少数精英、特权阶层、艺术家、鉴赏家开放。18世纪中期，皇室贵族的收藏品开始向普通大众展出，大众博物馆逐渐形成。二是以传统节庆或艺术表演为载体的非物质文化遗产展示。在20世纪70年代英美等西方国家"艺术导向"的城市再生策略影响下，一些城市通过举办相关艺术活动来吸引游客刺激当地经济，传统节日或仪式成为其中的一种重振或复兴当地文化与传统的手段。三是以历史街区和城镇为载体的综合展示。随着怀旧成为消费趋势，消费主义的逻辑被运用到文化展示场所的利用上，历史街区作为一种保护城市历史文化的物质载体的概念在城市化进程中被提出，大量古城镇与历史街区被改造成文化展示与现代商业消费空间。四是以技术手段和主题空间为载体的创造性展示。博览会的技术成就直接催生了"一种具有连贯性背景和整体化环境的展示空间"——以迪士尼为代表的主题公园，而技术的进步又把这种展示发展到全新境界，使其不仅是文化景观，而且成为身体体验。这四种文化展示或者可参观性生产的形式依次将可展示的文化范围扩大，从物质到非物质，到非物质与物质环境的整合，再到当代创造性文化展示，实际上是文化展示或者可参观性生产的技术水平不断提高的结果。从另外一层角度来看，旅游发展也会促使文化不断走向商品化。上述四种形式是目前文旅融合产品层面的主要形式和文化旅游资源向文化旅游产品转化的核心路径。

（三）面向游客的文化展示产业化：延长文化旅游体验的产业价值链

从文化和旅游关系的变化来看，当文化不断被生产成文化旅游产品时，旅游产品销售的商业利益推动产品的产业化发展,如游客对文化可参观性展示的消费刺激了文化可参观性生产的市场化供给,博物馆、历史街区与城镇、演艺产品和主题公园也逐渐形成了相应的产业链,即文旅产业。文旅产业本质上是面向游客消费的文化展示产业(即可参观性生产相关行业集合),如市场化运营的博物馆或展览行业、面向游客的演艺行业、文化街区与主题城镇、主题公园、文化创意产业等。

越来越多的游客被生动的文化展示吸引来之后,与之配套的服务需求催生了相关产业供应链。从产业融合的视角看来,文化和旅游产业的融合形成了新的文化旅游产业,使得原来的商业模式发生了根本变化。因此,相应的价值主张、业务系统以及盈利模式都必须进行相应的创新,以适应产业发展态势。文化和旅游融合要求从过去各自提供文化艺术产品、观光游览产品,转变为将文化内核以体验的形式展示给游客,更大程度地实现"顾客价值",进行价值主张创新;其次,需要重新识别自身的资源和能力,以及确定不同利益相关者之间的关系,进行业务系统的创新;最后,传统旅游产品主要依赖门票或演出销售获取收入,盈利渠道单一,需要凸显文化价值,拓展多元化的价值增长点。

四、文化和旅游融合的实现路径

文化和旅游融合过程中应重点关注通过文旅融合,如何实现文化旅游资源向文化旅游产品的转化,而文化旅游产业往往伴随着产品吸引游客前来之后的配套服务,因此,此处的文化和旅游融合实现路径主要针对文化的展示性和可参观生产,即针对文化旅游产品开发。当文化成为旅游吸引物后,怎样让文化更具"参观性",或者说怎样让游客获得更好的体验,成为文化与旅游关系进一步发展的基础。在长期的实践中,文化的可参观性生产已经形成以下四种模式。

(一) 以物质遗产展示为核心的博物馆模式

这种展示模式通常针对可移动文物,将一些文化遗产置于固定的空间、按一定的规则进行集中展示,辅之以相应的解说,给游客以文化体验。该模式起源于贵族们对宝物的炫耀性展示,繁荣于大众对珍宝奇物的好奇追求。随着现代展示科技的进步而创新展陈方式,游客的体验也随之变化。

古丝绸之路贯穿甘肃全境,丝绸之路甘肃段在历史上处于农耕文化与游牧文化、中原文化与西部文化、华夏文化与外来文化的交汇地。甘肃境内遗留有大量的遗址、遗迹和历史文物等物质遗产,全省共有不可移动文物16895处,国有收藏单位藏品51.2万件(套),世界文化遗产地7处;全省境内长城总长度3654千米,居全国第二;其中明长城总长度1738千米,居全国第一。馆藏文物登记在册的约43万件,其中3240件为国家一级文物,11万多件为珍贵文物。依托境内丰富的物质遗产,甘肃博物馆数量众多。统计数据显示,甘肃省博物馆纪念馆共有248个,每10.08万人就拥有1座博物馆,居全国第二。博物馆是甘肃目前文化物质遗产可参观性生产的主要方式,但甘肃省依托物质遗产展示为核心的博物馆模式产业化明显不足,应以传统文化空间为依托,发展综合文化体验空间。例如,成都安仁博物馆小镇以博物馆业为主导,文化产业综合发展,是集博物展览、休闲度假、购物观光、培训教育、主题居住功能于一体的综合性文化旅游小镇,形成"文化＋旅游＋商业地产"新型博物馆产业。

(二)以非物质遗产展示为核心的节庆或演艺展示模式

这种展示模式最早起源于传统节庆活动,发展于街头杂耍与民间表演,后来逐渐发展成为面向游客的专门演出,再后来在技术手段的支持下成为集现代技术与传统表演于一体的文化展示模式,如源于《印象·刘三姐》的印象系列、宋城集团的千古情系列等。截至2022年12月31日,甘肃省现有国家级非遗名录项目83项,省级名录项目493项,入选国家级、省级非遗名录项目的代表性传承人617名。这些丰富的非物质文化遗产为非物质文化遗产展示和可参观性生产提供了丰富资源,目前借助丝绸之路(敦煌)国际文化博览会、敦煌行·丝绸之路国际旅游节等国际知名节会进行非遗展演和展示,部分优秀非物质文化遗产以演艺的形式展示,目前形成了《又见敦煌》《丝路花雨》《敦煌盛典》《回道张掖》《阿兰拉格达》等知名旅游演艺节目,受到了游客的欢迎和喜爱。但目前对于非物质文化遗产的节庆和演艺展示明显不足,节庆展示尚未常态化,旅游演艺具有明显的区域性特征,全面性和深入性展示明显不足。同时,应结合《又见敦煌》和《回道张掖》旅游演艺的成功经验,以文艺演出和旅游资源为依托,发展文化旅游演艺产业,延伸产业链条。如《印象·刘三姐》《宋城千古情》等经典演艺产品形成品牌后,在全国重要旅游地进行扩张,形成以文化演艺为主体的新型文化旅游业。

（三）以生活文化展示为核心的历史古镇与主题街区模式

历史古镇与历史街区通过展示当地"在形成发展中特有的自然风貌、形态结构、文化格调、人文资源、工艺建筑、历史底蕴、景观形象等的沉积、积累",再现当地的社会生活文化。这种模式是一种综合性展示,有机地将物质文化遗产与非物质文化遗产以及当地人的生活方式融为一体,以活态的方式展现给游客,增强了游客体验的具身性。目前,大概有五种历史古镇建设模式,即历史复刻的"假古董"模式,如苏州吴门印象等;传统再造的新中式模式,即将历史建筑元素与现代材质巧妙融合,如安徽黄山元一大观二期;"历史保留＋历史改造"的新旧混合模式,如上海新天地、成都太古里等;仿造异域风情模式,如天津佛罗伦萨小镇;以及多种特征的混合模式,将古今中外多种风格相结合,如武汉楚河汉街等。

甘肃目前在主题街区和历史古镇方面进行了一定程度的探索。沙洲夜市、甘州巷子等已经有了较高的知名度和影响力,其他市州主题街区仍主要以当地居民消费为主,更多扮演着当地居民休闲空间的角色。这种探索与地方旅游业的发展程度存在关联。甘肃省内的历史古镇运营成功者寥寥,这与古镇主题选择、位置选址、业态创新等因素有着必然联系,需要学界和业界共同发力解决这种困境。

（四）以技术手段为核心的创造性主题展示模式

从早期的博物馆藏品陈列到民族村落的微缩景观,从传统艺术表演到声光电背景烘托的表演,从实物展陈、实景演出到以声光电技术的虚拟再现,为游客提供沉浸式体验,技术进步不断催生新的文化展示方式。例如,华强方特的东方神画系列产品将传统故事、动画故事以技术手段在主题公园再现,并向全国扩张,形成集文化内容生产与技术展示于一体的主题文化娱乐产业模式。

媒介与可参观性文化之间的关系构成映射与同构的关系,旅游产品是"可参观性"文化传播的中介,而媒体又对其呈现进行文化的二次中介,使得文化展示更为集中、立体,进而完成传播媒介的旅游吸引物建构。通过博物馆、旅游演艺、历史街区及主题公园等形式的可参观性生产,可以加强旅游者的现场体验感。

五、文化和旅游融合的发展与载体

文旅融合"融"什么?文旅融合是新时代背景下我国践行习近平新时代中国特色社会主义思想的新目标和新使命,文旅融合的核心在于解决文化旅游"两张皮"的问题,推动文化和旅游的深度融合和高质量发展。文化和旅游部原部长雒树刚在文化和旅游工作座谈会中提出,文旅融合要做到"宜融则融、能融尽融、以文促旅、以旅彰文"。具体而言,文化和旅游融合发展主要包括理念融合、职能融合、资源融合、产业融合、技术融合和公共服务体系融合。文化和旅游融合载体主要包括市场主体和空间载体。

(一) 理念融合

文化和旅游融合不是单纯地对文化资源进行旅游产业化的开发,也不是在旅游过程中添加一些简要的文化元素,更不是产业间的消融解构、此消彼长,而是一种发展思维、一种发展理念。正如"互联网＋"和"文化＋"强调的是产业间的相融共生、互利共赢。文旅融合的基础是从理念和思维上树立融合发展的意识,明确文化和旅游融合不是简单的结合,而是二者超越彼此边界的深层互动与叠加。

(二) 职能融合

文化和旅游部的组建是贯彻党的十九大精神、全面深化改革、推动国家治理体系和治理能力现代化的重要体现,致力于解决多年来文化主管部门和旅游主管部门在行政管理体制上多头管理、职责分散交叉等问题,解决诸如旅游文化资源在保护和利用方面难以统筹把握、协调管理等问题。文化和旅游部的组建只是职能融合的开始,应在理顺管理机构体制机制的基础上,充分整合和发挥资源融合、人才融合、资本融合的优势,推动文化和旅游的可持续发展。

(三) 资源融合

文化旅游的灵魂在于文化资源所具有的独特性和原真性。文化资源是人类在自身发展过程中创造的物质财富和精神财富,包括物质文化遗产、非物质文化遗产等;旅游资源则包含了文化资源。在中华人民共和国国家标准《旅游资源分类、调查与评价》的8个主类中,就有4个主类(E建筑与设施、F历史遗迹、G旅游购品、H人文活动)涉及文化资源。文化旅游资源通过活化开发和利用,能够转化为具有持续开发潜力和优势的价值。此外,通过文化资源的产业化和商品化,静态的物质资本能够转化为可被人们感受和体验的文化资本,实现"文化产业的旅游化"和"旅游产业的文化化"。根据世界经济论坛《2017年旅游业竞争力报告》,中国文化旅游资源丰富,其竞争优势位居全球首位,但中国文化旅游竞争力的综合排名为全球第15名。因此,要深入挖掘文化旅游资源潜力,借助互联网信息技术和融媒体传播技术,推动优秀文化旅游资源保护和活化利用,向存量资源要效益,将资源优势转化为产业优势,释放经济发展新动能。

(四) 产业融合

产业融合的关键在于产业价值链的融通。文化产业和旅游产业有各自的产业发展规律和逻辑,文化产业附加值高、变现能力强且最具融合力,旅游产业消费感染力、产业带动力和经济拉动力强。从市场角度看,基于共同的内在需求和目标群体,文化和旅游将从互为市场,走向整合市场。从产品和业态角度看,文化观光游、文化体验游、旅游演艺、文创产品、影视旅游、依托文化资源和非物质文化遗产开发的各类旅游产品类型丰富。寻求匹配文化产业和旅游产业价值链的契合点和融合点,有利于充分发挥文化旅游在产业发展中的相互作用及在整个社会经济中的推动作用。此外,在文化和旅游产业及相关产业融合发展中,要注重培育和发展新业态,使其成为经济社会持续发展的重要力量。

(五) 技术融合

技术融合发展给产业融合创新带来了新的发展机遇。5G时代,文化旅游和科技深度融合,有利于触发文化旅游产品形式、组织形态、发展渠道以及生态环境的重大变革,进一步开拓市场空间,提升产业效能。2018年3月,国务院印发《关于促进全域旅游发展的指导意见》,提出要推动旅游与文化、科技融合发展,借助大数据分析加强市场调研,充分运用现代新媒体、新技术和新手段,提高营销精准度。随着数字经济的快速发展,虚拟现实、云计算、物联网、人工智能等多领域技术发展迅猛,且不断加快与文化和旅游产业的融合。科技的快速发展将带来文化和旅游产业呈现方式和体验感受的颠覆性改变,加快推动文化和旅游的深度融合。同时应注意到,以新兴信息技术为引领的技术革新使文化内容和符号得以通过新兴媒介在旅游消费和生产的各个环节得以呈现和传播。从空间层面看,博物馆、展览馆、文创基地、文化产业园多有旅游的功能,而景区景点、酒店住宿、旅游购物等设施也都是传播文化、创造文化的重要载体,伴随着技术、产品、市场的融合,旅游产业空间与文化产业空间也最终得以融合。

(六) 文化和旅游公共服务体系融合

长期以来,公共文化服务和旅游公共服务不但各具其名,而且自成体系。《中华人民共和国公共文化服务保障法》将我国公共文化服务建设纳入规范化、标准化、均等化、体系化轨道。近年来,以基本公共文化服务标准化、均等化为突破口,一个立足人民群众基本文化需求、体现时代发展趋势、符合文化发展规律、具有中国特色的现代公共文化服务体系正在建立中。与公共文化服务相比,旅游公共服务的内涵和外延一直不甚明确,不同机构和学者对其概念、分类和构成的理解差异较大,这与旅游自身的综合性、复杂性以及旅游公共服务与旅游商业服务边界的模糊有很大关系。过去数年,旅游管理部门以"厕所革命"、旅游交通、旅游安全保障、"无障碍旅游"等为抓手,在促进旅游公共服务体系化、标准化、社会化、信息化方面做出了积极努力,但总体而言,旅游公共服务体系在内涵外延、发展依据、体系框架等方面并不十分明确,也未纳入国家公共服务体系,缺少稳定资金来源。

主客共享的文化和旅游公共服务体系有其存在的可能性。优质高效的公共文化服务,不仅能够满足本地群众的基本文化需求,也可为游客体验异地文化提供重要载体;部分旅游公共设施同时具备为本地居民提供服务的可能。在文化和旅游融合发展的背景下,要更好地满足居民和游客美好生活需要,建成覆盖城乡、便捷高效、保基本、促公平的公共文化和旅游服务体系,就需要对文化和旅游公共服务的具体构成、发展导向、规划标准、建设方式、配套政策等做出系统安排。

(七)文化和旅游融合的市场主体

企业是文化和旅游融合发展的市场主体。宋瑞(2019)指出,据不完全统计,各地新成立的国企或私营旅游企业中,有60%以上的企业都冠以"文旅集团"的名称;2017年,全国各类文旅基金数量已超过100家,规模上百亿的超过10家。总体来看,文化和旅游融合发展还需要大批具有支撑力、带动力、创新力的企业,尤其是既懂文化市场,又擅长旅游经营的大型企业;大量的小微企业也面临各种生存压力,需要更多支持,才能焕发其创新活力。在这方面,要充分发挥旅游企业集团、文化企业集团、文旅投资公司、产业基金等市场主体的作用,通过产品、项目、资本、技术等渠道,推动文化和旅游在具体经营层面的深度融合;培育一批资金实力雄厚、管理经验丰富、具有战略眼光的大型文化和旅游企业集团;以股份制改革为重点,推动产业关联度高、业务相近的国有文化企业联合重组,支持旅游集团、出版传媒集团、演艺集团做强做优做大;发展一批综合实力强、市场活跃度高、创新能力突出的民营文化和旅游企业在新三板、创业板上市。

实践证明,具有企业家精神的文旅企业因其经营管理的灵活性、创新性,在文化和旅游深度融合过程中扮演着执行主体的角色。近年来,甘肃各级各类文旅企业数量明显增多,但也应注意到,现有文旅企业的创新创意能力与文化和旅游深度融合发展的要求有不小差距。

（八）文化和旅游融合空间载体

近年来，为推动文化和旅游融合，国家各级政府创新推出了一批文旅融合的基地、示范区、试验区、园区、工程等，其承担着文旅融合空间载体功能，极大地推动了文化和旅游的融合发展。截至2024年4月，全国共有384家国家文化产业示范基地和34家国家级文化产业示范园区，其他各种文化产业园共计3000余家；此外还有大量国家文化与科技融合示范基地、全国版权示范园区（基地）、国家动画产业基地、国家新闻出版产业基地（园区）等；特色文化产业发展工程；工业旅游示范点、农业旅游示范点、科技旅游示范基地、康养旅游示范基地、研学旅游（行）示范基地、全域旅游、红色旅游经典景区、国家级旅游度假区、民族民俗文化旅游示范区、跨区域特色旅游功能区以及国家文化旅游重点项目等。为不断丰富产品有效供给，文化和旅游部正在推进国家文化公园试点建设，重点打造以长城、大运河、长征为主题的三大国家文化公园。这些基地、示范区、试验区、园区和工程是实现文化和旅游融合的重要载体。

六、文化和旅游融合的支撑体系

在文化和旅游融合过程中，制度保障等支撑体系不可或缺，文化和旅游融合支撑体系主要体现在以下五个方面。

（一）体制机制

2018年3月以来，国家、省、市、县（区）四级文化和旅游行政部门机构改革稳步推进。在全面落实"三定"方案（定职能、定机构、定编制）的基础上，仍需在工作理念、工作思路、工作方式、工作内容等方面进行整合、磨合与调整，从而按照"宜融则融，能融尽融"的原则，推动理念融合、职能融合和服务融合。同时，要进一步深化文化和旅游领域"放管服"改革；实现国有旅游企业和国有文化企业的融合发展，推进国有文化和旅游企业的混合所有制改革；以各类改革试点工作为抓手，在国家文化公园、国家级旅游业改革创新先行区、国家全域旅游示范区、边境旅游试验区的建设等各项工作的推进过程中,突出文化和旅游融合的思路和内容,探索文化和旅游融合发展的新体制、新机制、新模式、新经验。

(二)法规政策

《中华人民共和国旅游法》《中华人民共和国公共文化服务保障法》《中华人民共和国电影产业促进法》等的颁布与修订,为促进文化和旅游的健康发展提供了良好环境。随着文化和旅游融合工作的推进,研究制定促进文化和旅游融合发展的指导意见、根据融合发展和机构改革的需要编制"十四五"文化和旅游发展规划都变得非常必要。同时,也需要对文化和旅游领域的相关法律法规、管理规范、行政条例、政策要求、项目审批、行业标准等进行梳理,对不适应融合发展要求的内容加以修订;引导地方制定适合本地发展实际的文化和旅游融合发展政策,加强区域合作,避免重复建设;及时总结文化和旅游融合发展的阶段性经验和成果,制定相关标准或评估体系。

(三)产业统计

2004年,国家统计局制定了《文化及相关产业分类》,并先后于2012和2018年进行了修订。《国家旅游及相关产业统计分类》也于2018年进行了修订。对比两大体系,在具体分类项目、内容等方面有较大程度的交叉。基于文化和旅游融合发展的需要,应对二者进行细致比较,研究将其加以整合的必要性和可能性;同时根据国民经济产业分类体系和投入产出表,对文化和旅游的总体规模、经济贡献、二者融合的产出等进行科学客观的评估;在此基础上,研究建立统一的文化和旅游业统计体系、产业核算体系和政府考核体系。

(四)人才教育

不管是从行政管理角度还是产业发展的角度来看,长期以来文化和旅游的关系并不紧密。近年来,随着民营演艺、文化娱乐、艺术品市场等的发展以及以旅游演艺、主题公园、文旅小镇、主题酒店、博物馆旅游等为代表的文化旅游走热,产业层面的人才流动变得较为普遍。未来要推动文化和旅游的进一步融合发展,就需要既懂文化专业知识又懂旅游专业知识、既懂文化管理又懂旅游管理的复合型人才。在政策研究制定、公共服务、产业融合发展、文化和旅游资源调查与利用等方面,需要一大批行政管理复合型干部;在经营管理方面需要一大批从事文化和旅游跨行业融合业务的复合型人才。为此,除了大规模的交叉培训外,更需要打通文化和旅游的教育体系及人才培养渠道。

(五) 资金支持

政府公共资金的投入对于引导文化和旅游融合发展具有重要作用。在这方面,要整合原有文化系统和旅游系统的各项专项资金,完善公共资金的使用,并建立文化与旅游融合发展的专项基金;引导金融机构加大对文化旅游融合发展示范项目、重点项目的信贷投放;发挥各地文化产业投资基金和旅游产业基金的撬动和带动作用,引导担保公司为文化旅游发展提供融资担保;鼓励银行业金融机构通过知识产权质押贷款方式支持文化旅游企业创新发展,积极运用直接债务融资工具,拓宽文化旅游企业的直接融资渠道;通过PPP模式推动文化和旅游融合发展,克服旅游领域的过度商业化和文化领域的低效率化。

参考文献

[1] 张朝枝,朱敏敏.文化和旅游融合:多层次关系内涵、挑战与践行路径[J].旅游学刊,2020(3).

[2] 宋瑞.如何真正实现文化与旅游的融合发展[J].人民论坛·学术前沿,2019(11).

[3] 范周.文旅融合的理论与实践[J].人民论坛·学术前沿,2019(11).

[4] 傅才武. 论文化和旅游融合的内在逻辑[J]. 武汉大学学报(哲学社会科学版), 2020(2).

[5] 汪永臻, 曾刚. 空间视角下丝绸之路文化遗产廊道构建研究——以甘肃段为例[J]. 世界地理研究, 2022(4).

[6] 李炎. 现代性驱动: 文化与旅游融合的根本逻辑[J]. 人民论坛·学术前沿, 2019(11).

[7] 郭爱君, 毛锦凰. 丝绸之路经济带: 优势产业空间差异与产业空间布局战略研究[J]. 兰州大学学报(社会科学版). 2014(1).

[8] 徐翠蓉, 赵玉宗. 文旅融合: 建构旅游者国家认同的新路径[J]. 旅游学刊. 2020(11).

河西走廊与丝绸之路

高荣①

河西走廊是古丝绸之路的交通咽喉,被誉为"丝绸之路黄金段"。汉代"河西四郡"的设置和河西走廊新农业区的开辟,为丝绸之路的畅通繁荣奠定了坚实基础。尽管在不同历史时期,丝绸之路的走向不尽相同,但河西走廊是中原通往今新疆天山南北和更远的中亚、西亚、南亚及欧洲、北非最重要的地区。今天所讲的丝绸之路,就是指我国古代以丝绸贸易为主要特征,由我国内陆地区经河西走廊、新疆地区通往中亚、西亚、南亚、欧洲和北非的经贸文化交流的陆路通道。丝绸之路在促进中国与外部世界的经济文化交流、增进世界各地的相互了解和友谊方面,发挥了枢纽与杠杆作用,被誉为"人类文明的运河""中西文化交流的大动脉""欧亚大陆的历史纽带"。因此,研究丝绸之路离不开河西走廊,研究河西走廊的历史自然也会与丝绸之路相联系。

一、关于河西与河西走廊

河西位于甘肃西部,因其地处黄河以西而得名。但是,人们通常所说的河西地区并不是严格以黄河为界,而主要是指祁连山以北,今嘉峪关、酒泉、张掖、金昌和武威五市辖区;今兰州市所辖的永登、皋兰两县和白银市所辖的景泰县及靖远县的一部分,虽然也位于黄河以西,但一般并不将其视为河西地区。

---

① 高荣,河西学院历史文化与旅游学院教授,历史学博士,博士研究生导师。

作为特定地理名称的"河西",最早见于《史记》记载:"于是汉已得浑邪王,则陇西、北地、河西益少胡寇,徙关东贫民处所夺匈奴河南、新秦中以实之,而减北地以西戍卒半。"当时"河西"的地域范围是"西并南山至盐泽",也就是今兰州黄河以西至罗布泊一带。由于汉朝最初只在河西地区设置了酒泉一郡,故又称"河西酒泉";此后,随着对河西统治的巩固和内陆地区人口的不断迁入,西汉王朝又先后设立了酒泉郡、张掖郡、敦煌郡和武威郡,史称"河西四郡"。"河西四郡"下设禄福、觻得、敦煌、姑臧等35个县,其辖区覆盖今石羊河、黑河和疏勒河三大河流域,其中黑河下游今内蒙古额济纳旗一带为张掖郡居延县所辖。此后,"河西"的地域范围在不同时期屡有变化,如两汉之际窦融保据时期,"河西"还包括金城郡(今兰州市)辖区;而在明代,河西的范围还包括今青海、新疆两省区的一部分。但就总体而言,基本上是以汉代"河西四郡"辖区为基础的。

就地貌特征而言,河西南面是祁连山脉,又称南山;北面自东向西依次有龙首山、合黎山和马鬃山,统称为北山。在南、北两山之间,形成了一条呈西北—东南走向的狭长走廊,故称河西走廊。河西走廊东起乌鞘岭北部的古浪峡,西迄古玉门关疏勒河下游甘肃、新疆交界处的库木塔格沙漠东缘,长约1000千米,宽数千米至200千米不等,海拔1000米—2500米(祁连山局部山峰超3000米)。主要由敦煌—瓜州盆地、酒泉—张掖盆地和武威盆地等三个独立的内陆盆地组成。由于河西地区主要的政治、经济和文化中心大都位于河西走廊,人们习惯上常以河西走廊代指河西地区。但就地域范围而言,河西地区要远大于河西走廊,河西走廊只是河西地区的一部分。河西地区是以河西走廊为主体,包括兰州黄河以西、乌鞘岭以东兰州、白银、武威三市所辖地区,以及甘肃省域内的北山山地、阿拉善高原南缘、柴达木盆地北部一隅及祁连山地。

北山山地位于甘肃省西北端北纬41°—42°,是塔里木盆地与阿拉善高原之间的一系列中低山及山间低地、谷地的总称。其西端楔入罗布泊洼地,东端延伸到弱水西岸,北抵中蒙边界,南接疏勒河下游谷地。北山大部分属甘肃省,有少部分在新疆境内。北山山地海拔高度为1500米—2500米。

阿拉善高原是指弱水以东、狼山—贺兰山以西、河西走廊以北至中蒙边界的地区,其南缘包括今金塔县和高台、临泽、甘州三县区位于合黎山—龙首山以北的部分,以及金昌市和武威市所辖的民勤县、凉州区局部和古浪县北部。阿拉善高原海拔800米—1600米,有巴丹吉林沙漠、腾格里沙漠和乌兰布和沙漠等。

河西走廊地处南、北两山之间,南边的祁连山高耸入云,终年积雪,极难翻越;河西走廊北边的北山远不像祁连山那样高峻陡峭、逶迤连绵,对过往商旅和军队而言,并非不可逾越的屏障。但是,由于北山以外是腾格里沙漠和巴丹吉林沙漠,即使能越过北山,也难以穿越浩瀚无垠、荒无人烟的沙漠。相比之下,走廊腹地则平缓易行,又有片片绿洲分布其间,无疑是理想的行进路线。不论是东来西往的使者商旅,还是南下北上的征战军队,大多取道河西走廊,使之成为名副其实的交通走廊。

祁连山的冰雪融水为河西走廊提供了丰富的水资源,滋润和哺育了这片广袤的土地,使之呈现勃勃生机。河西走廊大大小小50多条内陆河流均发源于祁连山,这些内陆河又汇集为石羊河、黑河和疏勒河三大水系。凭借三大水系众多河流的灌溉滋润,在河西走廊腹地形成了三块面积较大的绿洲,即武威绿洲、张掖绿洲和酒泉绿洲。这里自古以来就是水草丰美、宜农宜牧的地区,直到今天,这三大绿洲地区仍然是河西乃至甘肃较为发达富庶的地区。"正是祁连山的雪水,哺育了河西走廊的草场和绿洲,大大改变了它的荒漠景观,把它变成了一个宜农宜牧,适于人们生养蕃息的丰饶之乡,从而使它从一条地理意义上的走廊变成了一条历史的走廊。"因此,如果没有祁连山,没有祁连山的雪水,也就没有河西的繁荣,没有河西的历史。

二、关于丝绸之路

"丝绸之路"的名称,最初是由德国地理学家李希霍芬(Richthafan,1833—1905年)于1877年提出的。他把从公元前114年至公元127年中国与河间地区(中亚锡尔河与阿姆河之间地带)以及中国与印度间以丝绸贸易为媒介的这条西域交通道路称为丝绸之路。1910年,德国东方学家阿尔巴特·赫尔曼(Albert Herman)在

《中国和叙利亚之间的古代丝绸之路》一书中,将丝绸之路从中国河间地域扩大到遥远西方的叙利亚,并被学者广泛接受。但是,对于丝绸之路起源于何时、始于何地、经行哪些地区等问题,学术界仍有不同看法。

(一) 关于丝绸之路存在的时限

1. 汉唐时期

丝绸之路是指远古以来,从东亚开始经过中亚、西亚连接欧洲和北非的东西交通路线的总称。但丝绸之路的基本走向形成于两汉时期,一般是指汉唐时期中国内陆由陆路经河西走廊、新疆地区通往中亚、西亚、南亚、欧洲和北非的经贸文化交流之路。这条丝绸之路是由约4000年前的玉石之路衍生发展而来的。

2. 公元前2世纪至公元13、14世纪间

丝绸之路是指公元前2世纪至公元13、14世纪间横贯亚洲陆路的交通干线,是古代中国同西方各国经济文化交流的通道。在这条道路上,古代运送的物品以中国丝绸最为大宗,故以此取名。

3. 先秦至明清时期

虽然我国内地和西域、中亚、西亚以及欧洲等地的往来始于何时已无从确考,但东西方的交通道路,无论陆路还是海路,很早以前就已通达。特别是从我国中原地区经河西走廊,绕过塔克拉玛干沙漠,翻越帕米尔高原到河间地区,直到西亚、欧洲的陆路交通大道,更是古代东西方人民往来和游牧部族迁徙的必经之路。中外考古资料表明,欧亚大陆早在石器时代就已有某种程度的联系。丝绸之路作为东西方各民族经济文化交流的道路,早在先秦以前就已通达。唐代以后,特别是宋元以来,丝绸之路虽因海陆交通发达而退居次要地位,但仍是一条十分重要的商路,元代仍然大量运输丝绸,明代依然畅通。海路的繁盛,使得民族的纷争和政权的更迭,只是给贸易带来了一些影响而已。

（二）关于丝绸之路开辟的时间

1. 张骞开辟丝绸之路

汉武帝派张骞自长安出使西域，经河西走廊、新疆地区，过帕米尔高原，首次建立了中原王朝与中亚的官方联系。此后，丝绸之路逐渐延伸至西亚、南亚和地中海沿岸，成为连接欧亚的贸易与文化通道。

2. 丝绸之路的形成是一个历史过程

公元前6世纪至公元前4世纪，是对丝绸之路形成有重大影响的时期；公元前4世纪到公元1世纪，是丝绸之路开通时期，张骞两次出使西域，使中国政治、经济、文化影响越过帕米尔高原，与中亚、南亚、西亚及地中海沿岸连接起来，丝绸之路全线正式开通；公元1世纪到6世纪，是丝绸之路巩固和发展的新阶段；公元7至9世纪，是丝绸之路发展的顶峰；9世纪以后，中国经济、政治中心开始南移，特别是海上贸易有了重大发展，丝绸之路逐渐衰落，元明时期曾一度繁荣，但其规模已不能与汉朝同日而语，也无法与海上贸易相比。早在张骞通西域以前，丝绸之路已经出现，《山海经》《穆天子传》《竹书纪年》《尚书》《左传》和《史记》之《秦本纪》《赵世家》等文献记载，以及克里米亚半岛、德国斯图加特市西北霍克杜夫村、俄罗斯巴泽雷克地区、新疆阿拉沟东口和乌鲁木齐鱼儿沟等地的考古发现都说明，春秋战国时期中原地区的丝绸已经由河西走廊、新疆，传到中亚和更远的地区。公元前2世纪张骞通西域和河西四郡的设立，丝绸之路得以畅通并日渐繁荣。因此，古丝绸之路的形成，应不晚于公元前5世纪。

3. 丝绸之路始辟于秦，盛于汉唐

西域的名称大约出现于汉武帝后期，但我国内陆与西域的交流则可上溯到遥远的上古时期。国外将秦的译音作为对中国的称谓，足见秦的影响早就传至遥远的西方，东西交通在秦时已经存在。这是考察丝绸之路起源最实质的问题。

作为中西方文化交流的一条实际通道，丝绸之路的产生有着非常悠久的历史。

文献记载表明,先秦时期黄河流域就与葱岭以西地区有较为密切的联系,而遥远的古希腊也对远东地区有了一些模糊认识。春秋战国之际,东西方之间已经沿着如今被称为丝绸之路的欧亚大陆交通路线开展丝绸贸易。汉朝开辟丝绸之路和经营西域在某种意义上是对远古交通道路的重新认识和拓展,但更重要的是中原地区已开始有意识地关注外部世界并延伸本土文化的活动空间。中西文化交流在丝绸还未成为主要贸易商品之前的远古时期就已存在,"草原之路"与"绿洲之路"的出现正是这种交流存在的具体表现,它们可谓是丝绸之路的前身。但是,丝绸之路的真正辉煌与繁荣,及其世界历史意义的体现,始于汉唐时期。

4. 丝绸之路源于"草原之路",盛于元代

丝绸之路始于游牧民族的游牧生活,早在公元前6世纪,这一时期中国的丝织品已流传到国外,并远达欧洲。但是,早期中国丝绸传入西方,当始于公元前7世纪至5世纪的"草原之路"。这条线路大致是从亚速海沿岸的塔那伊司,经里海、咸海、巴尔喀什湖北部地区,到达阿尔泰山以南、天山以北地区,与匈奴的贸易路相衔接,进而形成一条东起蒙古高原,西至黑海沿岸,纵横欧亚草原地带的东西交通线,历经汉唐至元明,作为主要交通线路之一,在古代中国的对外经济文化交流中发挥了重要作用。其中,元代是"草原之路"的最盛期,"草原之路"从起点塔那伊司到终点元大都,都处在元朝的统治范围之内。

除了"草原之路"和经过河西走廊与新疆的丝绸之路外,两千多年以前,在我国西南地区还存在一条经四川西南和云南,连接东南亚、南亚的重要通道,其对外运输的大宗商品仍然是丝绸,故称为"南方丝绸之路"。这条南方丝绸之路,还通过我国东南与西南地区间由多条水陆通道构成的交通网,与海上丝绸之路间存在着密切联系。但不能过分拔高南方丝绸之路的作用,尤其在三国以前和唐宋、明清时期,其贸易活动是很有限的,而且时断时续,并非一贯畅通。

5. 丝绸之路自史前时期就已存在,"海贝之路"是丝绸之路的先导

所谓丝绸之路,是自新石器时代以来,由地中海岸到中国海岸,横贯欧亚非大陆古典时代的先进地带,东西南北,穿插其间。从史前时代到商周时期,我国内地

从中原到关中,从关中到西域、西南地区,存在着种种交流的通道——"海贝之路",这是丝绸之路的先导。从史前时代的仰韶文化、齐家文化、马家窑文化到商周时代的卡约文化、商周文化,时间跨度相当长,从玉门火烧沟遗址、青海大通县上孙家寨、乐都柳湾、新疆哈密、乌鲁木齐南山矿区鱼儿沟和阿拉沟东口,到夏代二里头文化、商代二里岗文化、殷墟妇好墓、四川广汉三星堆、云南晋宁石寨山及陕西、甘肃众多西周墓葬中,都发现了产于我国东海、南海地区的海贝,这些海贝除用于装饰和祭祀外,还充当了货币的角色。因此,海贝的传播已成为中国早期国家日常生活的重要组成部分。这种交流的通道,就是"海贝之路"。

6. 最早的丝绸之路应是"玉石之路"

"丝绸之路"是李希霍芬命名的,用中国人自己的叫法,特别是上古人的叫法,则首先是"玉石之路"。早在4000年前,就存在一条经由河西走廊"西玉东输"的"玉石之路"。河西走廊亦农亦牧的经济结构和众多族群杂居状态,真正发挥了促进文明交流的作用。因此,河西走廊的文明史意义是双重的,对西方文明是2000年的丝绸之路,对中华文明是4000年的"玉石之路"。没有经河西走廊输入中原的昆仑山和田玉,就没有中华文明"化干戈为玉帛"和"君子比德于玉"的价值观;反之,没有中原文明的玉石神话为驱动,也不会有西部美玉输入中原。距今4000至5000年的马家窑文化时期,自东向西延伸的"海贝之路"和自西向东延伸的"玉石之路"在甘肃汇合,孕育了丝绸之路的雏形。春秋战国时期,甘肃东部一带养马业的进一步发展最终推动了丝绸之路的形成。

(三)关于丝绸之路起点与走向

1. 丝绸之路始于长安

丝绸之路东起西汉长安(东汉为洛阳),经渭河流域、陇西高原,穿越河西走廊的武威、张掖、酒泉、敦煌,出玉门关或阳关,过塔里木盆地,跨越葱岭,经中亚和阿富汗、伊朗、叙利亚直达地中海东岸,全程7000多千米,将中国与中亚、南亚、西亚和欧洲、非洲连接起来,仅在中国境内就有将近2000千米。但历史上的丝绸之路不是一成不变的,随着地理环境和政治、宗教形势的变化,不断有一些新的道路被开通,也有一些道路走向逐渐发生变化,甚至废弃。《汉书·西域传》关于"自玉门、阳关出西域有两道"的记载只是反映了西汉末年的情况。西汉初期,南北两道的分岔点并非敦煌的阳关和玉门关,而是罗布淖尔附近的楼兰。元凤四年(公元前77年),傅介子去北道的大宛,却从楼兰西北行至龟兹再到大宛,就是明证,故《后汉书·西域传》有"自鄯善逾葱岭出西诸国有两道"之说。车师成为北道的必经之地是西汉末期的事。而南朝宋、齐、梁、陈四国与西域的交往,大都是沿长江到益州(今成都),再北上龙涸(今松潘),经青海湖畔的吐谷浑都城,西经柴达木盆地到敦煌,与丝路干道汇合;或更向西越过阿尔金山口,进入鄯善地区,与丝路南道汇合,这条道被称为"吐谷浑道"或"河南道",也称"青海道"。还有从中原北方或河西走廊向北到蒙古高原,再西行天山北麓,越伊犁河至碎叶(今托克马克附近)进入中亚地区。这条道后来也被称作"北新道",在蒙古汗国和元朝时期最为兴盛。

2. 不同时期丝绸之路的起点并不是固定不变的,而是随着中原政权和西部各国都城的迁徙,各民族、各地区与中原王朝关系的好坏以及政治形势的变化而变化的

西周和西汉时丝路起点在都城长安,东汉时则延伸至洛阳。魏晋南北朝时期,因中原分裂动荡,多个政权对峙,政治中心多元化,丝绸之路的起点也出现迁移和多元化倾向,故洛阳(曹魏、西晋及北魏迁都后)、长安(前赵、前秦、后秦、西魏、北周时期)、平城(即大同,北魏太武帝拓跋焘皇始三年即398年迁都平城,至孝文帝太和十八年即494年迁都洛阳前)、邺城(东魏、北齐、后赵时期)和凉州都曾是一定时期内丝绸之路的起点。隋唐以长安和洛阳为两都,二者在中外经济文化交流中各有优势和盛衰,基本上具有同等重要的地位。其时,自长安至洛阳一带成为一个特殊的地理单元,既是全国政治核心区域,又是经济文化中心地区。在此区域内,长安、洛阳东西辉映,中西交流进入黄金时代,东、西两都共同担负着丝绸之路起点的任务。从唐后期开始,中西交通路线、功能和内容都发生了重要变化。一是吐蕃占领西域,"草原之路"兴起,海上交通也开始发展起来;二是从中国西传的茶叶、瓷器等与丝绸一样成为输出的大宗商品,丝绸逐渐失去了一枝独秀的地位;三是新的交通工具出现,世界各地陆海交通发展起来,许多空间阻隔被打破,每个城市都能独立地与域外沟通和交流,文化传播的起点便突破了个别政治、经济中心的单一模式而变得更加多元,很难说某个城市处于中外交通起点的中心地位了。因此,古代丝绸之路,并不一定都是东起长安、洛阳,西止于罗马和亚历山大里亚,在这些大城市建立之前,丝绸之路早已存在。更早的丝绸之路,起点应当是杭州湾附近的钱山漾遗址区或河姆渡遗址区;丝绸之路由东到西所经的通西域途径,也不必限于出玉门、阳关的南北两道,沿青藏高原东南坡而出滇越,经印度,也是一路;北方通过匈奴、乌孙,又自有一路。总之,古代丝绸之路为中西古典文明关系的物质象征,它曲折萦回于一大片东西十分辽阔而南北又异常复杂的与亚欧非相关的大陆上。所谓丝绸之路,东西南北,穿插其间,由新石器时代而来,数千年,人类文明孕育滋长,继往开来,绵绵不绝。当然,由于各地的各类商品物资往往都是由产地运到京城,再由京城运往各地,因此,把丝绸之路的起点定在京城,似乎更合理也更自然些。

(四) 丝绸之路的兴衰与运行机制

丝绸之路的发展,可概括为五个阶段:公元前6世纪至公元前4世纪,是对丝绸之路形成有重大影响的时期;公元前4世纪到公元1世纪,是丝绸之路开通时期;公元1世纪到6世纪,是丝绸之路巩固发展的新阶段;公元7世纪至9世纪,是丝绸之路发展繁荣的鼎盛时期;9世纪以后,丝绸之路逐渐衰落,之后到元、明时期,丝绸之路曾一度繁荣,但其规模已无法与汉朝相比,也无法与海上贸易相比了。

古代丝绸之路贸易是一种接力式的中转贸易,商品中转站和集散地起着重大的推动作用。从事丝路贸易的商人,往往只是把商品从一个贸易中心城市运到并不遥远的另一个贸易中心城市。在这两个贸易中心城市之间,必然还有若干较小的城市可供商队休整。商人把货物运抵一个贸易中心后,往往销售给当地商人。当地商人除在本地销售部分商品外,还把相当一部分商品贩运到距离更远的另一个贸易中心城市。这一段路程的运输就由另一批商人承担了。很少有商人将货物从长安一直运到地中海沿岸,而是靠几个中转集散地,接力式地运转。不论是东方物品的西传,还是西方物品的东来,都是以这种接力的方式辗转运输的,而且所有陆上远距离贸易都只能以这种方式进行。因此,要维持一条陆上贸易通道,沿途各地就要有较为发达的商品经济、若干货物集散中心城市或者可供过往客商补给、休息的较大居民点,以及一定数量以贸易为生的商人。这是维持陆上贸易通道不可或缺的条件。虽然丝绸之路沿途接力点或中转集散地并非完全固定的,但河西走廊、塔里木盆地、中亚、印度、波斯,则是丝绸之路商品运行最重要的接力点和集散地。古代丝绸之路的运行,并不是沿线各国自觉联合、统一行动的结果,而完全是自发的,从沿途各国自身需要出发,有赖于各国经济文化的发展和各国境内道路交通建设。这种接力式的运行方式之所以长久不衰,不仅有赖于沿线各国经济发展的需要,也有赖于各国特别是东西方经济文化的差异和它们之间较强的互补性。但在张骞出使西域的时期,滇缅一带不具备这样的条件。因此,西汉并不存在所谓的"南方丝绸之路"。

三、河西走廊与丝绸之路

(一) 丝绸之路是古代沟通亚欧非三大洲最重要的国际通道,河西走廊则是丝绸之路上唯一不变的交通干道

在世界文明发展史上,河西走廊是古老的中华文明、美索不达米亚文明、古印度文明和地中海文明的交流汇聚之区。世界三大宗教——佛教、伊斯兰教、基督教,以及祆教、摩尼教、犹太教等宗教都曾经过丝绸之路传入中国,中国早期的养蚕、造纸、印刷等技术及思想文化与自然科学知识也经由此道传向世界。丝绸之路的具体线路虽有多条,但经过河西走廊和新疆的线路始终是丝绸之路的主干道。其中河西走廊因其独特的地理环境优势和便捷的交通条件,成为汉唐时期丝绸之路唯一不变的交通干道。

（二）河西走廊地区是我国率先对外开放的地区，也是我国走向世界的第一条通道

在民乐东灰山、张掖西城驿、玉门火烧沟等遗址出土的大量炭化小麦、大麦籽粒等史料表明，在史前时期，河西走廊就已经开始了与西方世界的经济文化交流。汉武帝开设河西四郡，张骞"凿空"西域，则是中原王朝与西方世界之间官方交流的真正开始。从此，东西方之间的政治、经济、文化交流全面展开，尽管交流方式既有和平时期的互通有无，也有战乱时期的强取豪夺，但最终都促进了世界文明的发展进程。在大规模的海上交通开辟之前，河西走廊无疑是我国最先打开的对外开放窗口。

（三）河西走廊是丝绸之路得以畅通繁荣的关键

河西走廊从东到西分布有石羊河、黑河、疏勒河三大内陆河水系，以此为基础形成的武威—永昌绿洲、张掖—酒泉绿洲和玉门—敦煌绿洲成为宜农宜牧的沃土。汉代河西走廊新农业区的开辟，使之与关陇地区、塔里木盆地南北旧农业区连接起来，为丝绸之路的畅通奠定了坚实的物质基础。河西走廊发达的畜牧业，不仅为丝路贸易提供了物质基础和交通保障，更是丝绸之路畅通的重要保证。河西走廊特殊的政治军事地位，使历代中原王朝无不在此建立严密完善的行政管理组织和军事防御体系，从而有力地保障了丝绸之路的畅通与安全。

（四）河西走廊是丝绸之路历史遗存最典型、最丰富的地区

河西走廊有极为丰富的长城烽燧、石窟寺、古墓葬和古城遗址，以及汉晋简牍、墓室壁画、敦煌文书、西夏文书等出土文字、图像资料，这些遗迹遗存和遗物，无论种类还是数量，在丝绸之路沿线罕有其匹。这些遗存既是丝绸之路发展的历史见证，更成为简牍学、敦煌学、丝路学、西夏学、藏学、民族学和长城文化、石窟艺术、佛教文化等领域学术研究的基础或发端。

（五）地处丝绸之路咽喉的河西是多种文化交融荟萃的枢纽区域，也是中国传统文化"承前启后，继绝扶衰"之地

自汉代以来，"商胡贩客，日款于塞下""商旅往来，无有停绝"。他们在从事商业贸易、外交往来的同时，也带来了各具特色的文化习俗，河西则成为承接、融合和传播各种文化的纽带。正如季羡林先生所论："世界上历史悠久、地域广阔、自成体系、影响深远的文化体系只有四个：中国、印度、希腊、伊斯兰，再没有第五个；这四个文化体系汇流的地方只有一个，就是中国的敦煌和新疆地区，再没有第二个。"河西走廊的佛教艺术，"决不单单是外来佛教艺术的模仿和重复，它是在我国中原艺术传统、河西走廊本土艺术传统的基础上广泛地吸收了西域各地和印度、波斯湾等外国艺术影响之后，创造出来的具有中华民族气派的民族造型艺术体系，集中体现了佛教艺术中国化的发展演变过程……没有'本土性'，敦煌文化就无法扎根，就难以长久地生存下去……没有'本土性'，这个交汇点即使可能形成，也决不会长久下去"。在古代中西文化交流的过程中，河西以其特殊的地理位置，在接收、吸纳不同地域、不同民族、不同类型文化，不断丰富和发展具有浓郁地方特色的河西"本土文化"的同时，也对来自各地的其他文化产生了深刻影响。不论是中原学术和文化礼仪的西传，还是西方宗教文化和音乐、舞蹈、绘画等艺术风格的东渐，莫不如此。这在敦煌莫高窟、瓜州榆林窟、肃南马蹄寺石窟和凉州天梯山石窟等石窟壁画和河西各地墓室壁画及其他考古材料中，都表现得非常明显。多种宗教艺术汇集融合于此，呈现出对各种文化的兼容并蓄、海纳百川之势。佛教、伊斯兰教、印度教、摩尼教等西方宗教文化的东传，以及中原文化的西渐，都是经过河西地区得以完成，河西的中转与通道作用无可替代，为促进各种文化发展与传播、丰富世界文化宝库做出了重要贡献。特别是魏晋十六国时期，中原传统文化有赖河西地区得以保存、传承，故有"秦凉诸州西北一隅之地，其文化上续汉、魏、西晋之学风，下开（北）魏、（北）齐、隋、唐之制度，承前启后，继绝扶衰"之说。

（六）河西走廊是丝绸之路上各民族融合的重要舞台

在历史上,河西不仅是中西方丝路交通的咽喉和文化交流的枢纽,而且也是古代各族交往的舞台。除了原先即在河西活动后又迁出河西的塞种、月氏、乌孙等民族和汉武帝以后陆续从内地迁入的汉族外,羌族、氐族、匈奴、吐谷浑、鲜卑、突厥、吐蕃、粟特、回鹘、党项、蒙古族及后来的回族、满族和藏族等,都曾在河西扮演过重要的角色。直到今天,河西依然是多民族聚居地区。河西的历史,就是在与周边地区和民族的交流融合中不断发展的。正是在与众多民族长期的交流融合过程中,形成了河西文化兼容并包、博采众长、多元共存、相互促进的优势和特点。河西的许多地名如敦煌、张掖、祁连、居延、姑臧、觻得、昭武、骊靬等都源于少数民族语言,效谷、寿昌、禄福、武威、民勤、民乐、永昌等地名又带有浓厚的汉文化特征。河西各地在生产方式上表现为农牧兼营;一些居民在生活习惯尤其是在服饰、饮食、居住和宗教信仰等方面,具有明显的游牧民族遗风,还有的则一直保持着本民族的特色,但总体上仍然是相互影响、相互促进的。因此,河西的经济发展与社会进步,凝聚了各民族人民的智慧和汗水;没有各民族的和睦相处、团结奋斗,就谈不上河西的社会稳定与经济繁荣。古代如此,今天亦然。

参考文献

[1]　陈寅恪.隋唐制度渊源略论稿[M].北京:中华书局,1977.

[2]　李明伟.丝绸之路贸易史[M].兰州:甘肃人民出版社,1997.

[3]　丝绸之路考察队.丝路访古[M].兰州:甘肃人民出版社,1983。

[4]　长泽和俊."丝绸之路"研究的回顾与展望[J].国外社会科学,1978(5).

[5]　孙培良.丝绸之路概述[J].陕西师范大学学报(哲学社会科学版),1978(3).

[6]　石云涛.汉唐间丝绸之路起点的变迁[J].中州学刊,2008(1).

[7] 张德伟.古丝绸之路繁荣的地理人文因素分析[J].聊城大学学报(社会科学版),2007(2).

[8] 叶舒宪.丝绸之路还是玉石之路——河西走廊与华夏文明传统的重构[J].探索与争鸣,2013(7).

[9] 中国大百科全书·交通卷[M].北京:中国大百科全书出版社,1986.

[10] 贾应逸.丝绸之路初探[J].新疆大学学报(哲学社会科学版),1980(4).

[11] 陈霞.丝绸之路的开通及其对新疆历史的影响[J].西域研究,2013(3).

[12] 顾关福.丝绸之路的复兴与中国同中亚的合作[J].现代国际关系,1993(11).

[13] 陈晋肃.敦煌文化:世界文化交流史上的精彩华章——著名敦煌学家、敦煌研究院名誉院长段文杰先生访谈录[J].探索与争鸣,2002(9).

[14] 纪宗安.丝绸之路与中西经济文化交流[J].暨南学报(哲学社会科学),1994(3).

[15] 李凯.先秦时代的"海贝之路"[J].青海社会科学,2010(1).

[16] 李明伟.丝绸之路研究百年历史回顾[J].西北民族研究,2005(2).

[17] 陆敬严.丝绸之路考略[J].同济大学学报(人文社会科学版),1997(1).

[18] 卢苇.丝绸之路的出现和开通[J].史学月刊,1981(4).

[19] 日知.张骞凿空前的丝绸之路——论中西古典文明的早期关系[J].传统文化与现代化,1994(6).

[20] 苏海洋,雍际春,晏波,等.丝绸之路陇右南道甘肃东段的形成与变迁[J].西北农林科技大学学报(社会科学版),2011(3).

[21] 王云度."丝绸之路"始辟于何时[J].徐州师范学院学报,1984(1).

[22] 杨建新.论丝绸之路的产生、发展和运行机制[J].西北史地,1995(2).

[23] 张国刚.丝绸之路与中西文化交流[J].西域研究,2010(1).

[24] 张英莉,戴禾.丝绸之路述论[J].思想战线,1984(2).

[25] 顾学稼.南方丝绸之路质疑[J].史学月刊,1993(3).

国家文化公园发展战略与政策

贾小军[①]

国家文化公园是我国原创的文化工程建设模式,是由国家推进实施的重大文化工程,即通过整合具有突出意义、重要影响、重大主题的文物和文化资源,实施公园化管理运营,实现保护传承利用、文化教育、公共服务、旅游观光、休闲娱乐、科学研究功能,形成具有特定开放空间的公共文化载体,集中打造中华文化重要标志,以进一步坚定文化自信,充分彰显中华优秀传统文化持久影响力、社会主义先进文化强大生命力。"国家文化公园"是国家、文化、公园三个具有深刻内涵词语的有机整合。国家代表着宏观格局与事物的最高层级,体现着国家意志和顶层设计,其蕴含着两层含义:一是由国家批准并主导建设,二是文化资源对于国家而言具有重要价值并极具代表意义。文化代表着本质属性与显性特征,承担着唤醒民族之魂和追溯文化之根的历史责任。公园代表着空间属性和文化的物质载体,体现着特定的空间权属和全民性的公益性质。概言之,国家文化公园中的国家是权属关系,文化是内涵主题,公园是平台载体。可以说,国家文化公园建设是保护和利用文化资源、传承优秀文化、树立文化自信的重要手段。

一、国家文化公园发展战略

2017年,中共中央办公厅、国务院办公厅印发的《国家"十三五"时期文化发展

---

① 贾小军,河西学院历史文化与旅游学院教授,历史学博士,硕士研究生导师。

改革规划纲要》提出,依托长城、大运河、黄帝陵、孔府、卢沟桥等重大历史文化遗产,规划建设一批国家文化公园,形成中华文化的重要标识。这是"国家文化公园"概念的首次正式亮相。2019年7月,中央全面深化改革委员会第九次会议审议通过了《长城、大运河、长征国家文化公园建设方案》,这是从中央层面将建设国家文化公园的宏伟构想落实到"建设的指导思想、主要任务和落实举措"的纲领性文件,是以"长城、大运河和长征"为核心的线性文化遗产保护、传承与利用的重大创新,也标志着我国国家文化公园建设的帷幕正式拉开。

《长城、大运河、长征国家文化公园建设方案》从指导思想和基本原则、建设目标和建设范围、功能区划和重要举措等方面为平稳有序推进三大国家文化公园建设指明了具体方向。作为国家文化建设的重要举措和重大文化工程,三大国家文化公园对于保护、传承和利用我国重要的文化资源和文化标识、中华民族的代表性符号和精神象征等具有重大战略意义。

2020年10月,中国共产党第十九届中央委员会第五次全体会议通过的《中共中央关于制定国民经济和社会发展第十四个五年规划和二〇三五年远景目标的建议》指出,传承弘扬中华优秀传统文化,加强文物古籍保护、研究、利用,强化重要文化和自然遗产、非物质文化遗产系统性保护,加强各民族优秀传统手工艺保护和传承,建设长城、大运河、长征、黄河等国家文化公园。

2022年1月,长江国家文化公园建设正式启动,国家文化公园的数量从四个增加到五个。随着长城、大运河、长征、黄河、长江五大国家文化公园建设格局的确定,国家文化公园逐渐由构想转变为现实,迎来发展热潮。

二、国家文化公园建设的重点

根据《长城、大运河、长征国家文化公园建设方案》和《中共中央关于制定国民经济和社会发展第十四个五年规划和二〇三五年远景目标的建议》,国家文化公园首先主要是保护重要文物和文化资源(有突出意义、重要影响和重大主题),同时也要通过灵活多样的形式对资源进行合理利用,实现文物和文化的开放共享(如文化教育、旅游休闲等）。要以长城、大运河、长征、黄河等国家文化公园沿线的一系列主题明确、内涵清晰、影响突出的文物和文化资源为主体，通过文化教育、旅游休闲等方式将这些独具特色和价值的中华文化全面立体地呈现出来，把这几处国家文化公园建设成为具有特定开放空间的公共文化载体，集中打造中华文化重要标志。

（一）长城：保家卫国，众志成城

长城国家文化公园以秦汉长城、明长城主线为重点，涉及15个省级行政区，文化内涵丰富。作为中华民族的代表性符号和中华文明的重要象征，长城是中国古代劳动人民智慧的结晶，是中华民族自强不息的精神载体，更是中华民族众志成城、坚韧不屈的凝聚力和爱国精神的集中体现。因此，要把长城文化公园建设成为国内最好的爱国主义教育基地和体现中华民族聪明才智与社会治理能力的标志性工程。

（二）大运河：南北融通，巧夺天工

中国大运河是世界上最长的运河，也是世界上开凿最早、规模最大的运河。作为中国古代劳动人民在东部平原上创造的一项伟大水利工程，它至今仍在发挥着重要作用。大运河的历史作用主要体现在经贸与文化方面，开放性是它的重要特征。中国大运河，特别是京杭大运河是贯通中国政治、经济、文化的大动脉。从历史上看，贯通南北的大运河对中国历代的政治局势有着举足轻重的作用，是维系中央集权和中国大一统局面的政治纽带。特别是元朝实现全国统一以后，直至明朝和清朝，中国再也没有出现大分裂，贯通南北的大运河在其中起到了直接作用。大运河的贯通与大一统局面的形成，加强了国内各民族之间的紧密联系与融合，促进了中华民族的团结，进一步加强了中华民族的凝聚力和向心力。可以说，中国大运河国家文化公园建设主题就是南北融通的大一统思想。

（三）长征：艰苦卓绝，必胜信念

长征国家文化公园以中国工农红军第一方面军(中央红军)长征线路为主，兼

顾红第二、四方面军和红二十五军长征线路,沿线共涉及江西、贵州、四川、甘肃、陕西等15个省级行政区。长征是中国共产党人重要的历史记忆。1934年10月,中央红军主力被迫实行战略性转移,离开中央革命根据地,进行长征。历尽千辛万苦,红军于1935年10月到达陕北革命根据地,行程约两万五千里。

　　长征不仅是中国革命的重要转折点、震惊世界的伟大壮举,也是人类历史上的伟大奇迹,其蕴含的艰苦卓绝、毫不畏惧的长征精神是中华民族的宝贵精神财富。长征胜利的根本原因在于中国工农红军具有不怕艰苦、不怕牺牲的革命英雄主义精神,长征的胜利向中国和世界宣告,中国共产党领导的中国工农红军是不可战胜的。长征国家文化公园是展示中国共产党人艰苦卓绝和必胜信念的宣言书。

三、《长城国家文化公园(甘肃段)建设保护规划》

　　2022年2月,甘肃省政府召开新闻发布会,对《华夏文明传承创新区建设"十四五"规划》《长城国家文化公园(甘肃段)建设保护规划》《长征国家文化公园(甘肃段)建设保护规划》进行政策解读。据介绍,到2025年,甘肃省将完成华夏文明传承创新区建设规划任务,长城、长征、黄河三大国家文化公园基本建成。长城国家文化公园将建设"河西汉塞""明代雄关""陇右屏障(战国秦)"等3个核心展示园,建设"居延古道"等3个风景道示范段及8个特色展示点;长征国家文化公园将建设以一条长征文化主题线和北上胜利会师、奔赴陕甘革命根据地为主题的两大长征文化片区;黄河国家文化公园将建设黄河干流文化旅游带以及大夏河、湟水、洮河、渭河、泾河五大支流文化廊道。

(一)《长城国家文化公园(甘肃段)建设保护规划》概况

　　长城是我国首批列入世界遗产名录的文化遗产,是我国现存体量最大、分布范围最广的文化遗产,以其上下两千年、纵横数万里的时空跨度,被誉为人类历史上最为宏伟壮丽的建筑奇迹和无与伦比的文化景观。甘肃是长城资源大省,境内长城修建始于战国时期,其后历代多有修筑,现存遗迹主要修建于战国、汉、明三个时期,这三个时期的长城西端起点均在甘肃境内。全省长城总长度为3654千米,居全国第二,其中明长城1738千米,为全国之首。

《长城国家文化公园(甘肃段)建设保护规划》,是甘肃省制定的长城国家文化公园建设保护规划。《长城国家文化公园(甘肃段)建设保护规划》以"打造中华文化重要标志"为总体方向,着力打造保护传承、研究发掘、环境配套、文旅融合、数字再现五大重点工程和"河西汉塞"等核心展示园、"居延古道"等风景道示范段,到2025年全面建成"三园、三段、八点一线"空间布局。

《长城国家文化公园(甘肃段)建设保护规划》立足甘肃长城资源禀赋现状、保护利用工作实际,围绕突出"万里长城"整体辨识度和中华民族精神标识主题,以加强长城文物和文化资源保护传承弘扬为主线,共确定了七个章节。第一个章节对甘肃长城国家文化公园建设背景进行了较为全面的分析,包括整体环境、本体保存状况、长城沿线文化和自然资源、保护管理现状及价值分析等。第二个章节明确了长城国家文化公园建设总体要求,包括指导思想、基本原则、总体定位、发展目标等。第三个章节确定了公园建设保护内容,制定了功能区建设要求,划定了总体空间布局。第四个章节提出了管控保护、主题展示、文旅融合、传统利用四类功能区建设保护方案。第五个章节明确了保护传承、研究发掘、环境配套、文旅融合、数字再现五大重点建设工程。第六个章节制定了"河西汉塞"等三处核心展示园、"居延古道"等三处风景道示范段、临泽等八处特色展示点建设方案,明确了规划分期。第七个章节提出了规划实施保障措施。

《长城国家文化公园(甘肃段)建设保护规划》以长城及其沿线一系列主题明确、内涵清晰、影响突出的文物和文化资源为主干,生动呈现长城作为中华文化的独特创造和价值理念,促进科学保护、世代传承、合理利用,积极拓展思路、创新方法、完善机制,探索新时代长城文物和文化资源保护传承利用新路径。

(二) 总体布局:"三园、三段、八点一线"

《长城国家文化公园(甘肃段)建设保护规划》总体框架和主要内容是严格按照中央国家文化公园建设方案确定的,其主要特色和亮点是结合时空分布、地域特色、发展需要等要素,对全省长城文化资源进行了系统梳理,对价值内涵进行了准确提炼,并以此为依据划定了形成"三园、三段、八点一线"的总体布局,旨在打造长城国家文化公园甘肃段示范区。

"三园"为"河西汉塞""明代雄关""陇右屏障(战国秦)"三个核心展示园。"河西汉塞"核心展示园主要展示世界文化遗产玉门关遗址,丝路要隘阳关遗址和敦煌汉长城。"明代雄关"核心展示园则主要展示明代长城西端起点"天下第一雄关——嘉峪关"、万里长城第一墩、悬壁长城、酒泉肃州区边弯长城。"陇右屏障(战国秦)"核心展示园主要展示战国秦陇右屏障西端起点望儿咀段长城,临洮、通渭、岷县境内的长城墙体、壕堑、烽火台、山险及相关其他遗存等。

"三段"则是以三处核心展示园为基点,以汉长城、明长城、战国秦长城资源为分支,汇集形成的三条展示带。汉长城集中展示带以敦煌、瓜州、玉门、金塔等地部分点段为重要展示节点,形成甘肃汉长城集中展示带,其中重点打造金塔长城国家风景道示范段。明长城集中展示带以嘉峪关、酒泉肃州、山丹、临泽、永昌、民勤、古浪、天祝、景泰、兰州西固等地部分点段为重要展示节点,形成甘肃明长城集中展示带,其中重点打造山丹长城国家风景道示范段。战国秦长城展示带,以临洮、通渭、静宁、环县、华池等地部分点段为重要展示节点,形成甘肃战国秦长城集中展示带,其中重点打造榜罗镇长城国家风景道示范段。

"八点"是根据全省长城分布特点,结合核心展示园、集中展示带分布范围,建设临泽、永昌、民勤、古浪、天祝、景泰、环县、华池八个长城特色展示点,并将依据长城及其周边自然风光、文化景观等设置不同的展示主题。

(三) 多种手段全面展现长城文化

围绕"三园、三段、八点"总体布局,《长城国家文化公园(甘肃段)建设保护规划》分别设置了具有特色的保护展示主题。如"三园"中的"河西汉塞"核心展示园,提出要通过建设展示步道和风景道示范段,让参观者实地了解甘肃长城最西端阳关、玉门关和敦煌长城墙体独特的芦苇夹砂石营建形式,全面展示烽火台的碳化芦苇、红柳枝条积薪等建筑材质。

《长城国家文化公园(甘肃段)建设保护规划》还提出要依托雅丹地貌周边长城资源,开发重走汉长城体验项目,着力打造丝绸之路及边塞文化沉浸体验式游览区。其中,"三段"中的"陇中脊梁"风景道示范段,要重点建设榜罗镇境内蜿蜒20余千米的战国秦长城,这是甘肃境内保存最为完好的一段秦长城。

《长城国家文化公园(甘肃段)建设保护规划》还提出,要配套完善的基础设施,展示榜罗镇长城周边的农业与自然风光,并结合长征国家文化公园重点展示园"榜罗镇会议旧址",共同打造体验园区,开展乡村旅游、红色旅游等项目。

"八点"中的"天祝特色展示点",提出要加强数字基础设施建设,重点展示乌鞘岭山麓、雪域高原上的长城风光,并对周边的松山古城进行勘探发掘,对城门、瓮城等部分墙体结构进行模拟复原展示,对城内的道路、房屋等进行标识,通过多种展示手段,全面展现天祝县丰富的长城文化。

(四) 全面部署"四区五工程"

按照中央国家文化公园建设方案要求,《长城国家文化公园(甘肃段)建设保护规划》还分别就重点建设的四类主体功能区和五个关键领域基础工程进行了全面部署,形成了层次清晰、重点突出、丰富多元的长城国家文化公园建设保护格局,这"四区五工程",就是《长城国家文化公园(甘肃段)建设保护规划》安排的重点任务。

1. 四类主体功能区

(1) 管控保护区涵盖甘肃省内所有长城文化遗产,包括被认定且公布为文物保护单位的长城段落保护范围、世界文化遗产区,以及新发现发掘长城相关文物遗存临时保护区。

(2) 主题展示区是长城文化展示的关键区域和主要空间,建设核心展示园、集中展示带、特色展示点互为支撑、互相串联的分层次多元化主题展示体系。

(3) 文旅融合区是文化旅游深度融合发展示范区,以推动文旅深度融合为基本路径,全面推进跨区域资源要素整合、集聚发展,做大做强长城文化旅游品牌,重点建设敦煌、嘉峪关、张掖、武威、兰州、酒泉、玉门七大文旅融合板块,带动甘肃全域旅游快速发展。

（4）传统利用区是长城文化展示利用延伸功能区，将进一步丰富长城国家文化公园建设业态，扩大空间覆盖面，提升内容延展性，包括建设以阿克塞哈萨克族自治县、肃北蒙古族自治县、肃南裕固族自治县、天祝藏族自治县为代表，具有民族特色的传统利用区，以大靖镇、连城镇、青城镇、金崖镇为代表的历史文化名镇名村传统利用区。

2. 五项重点工程

（1）保护传承工程建设内容主要包括机构建设、保护修缮、场馆建设、研学基地建设和实景演出创作等内容。

（2）研究发掘工程主要包括挖掘长城文物和文化资源，阐释长城文化的历史价值、社会价值、时代价值，做好长城主题文化艺术创作。

（3）环境配套工程包括风景道示范段打造、旅游交通体系建设、环境整治、绿化美化、公共服务设施改造提升等。

（4）文旅融合工程包括核心展示园改造、特色展示点的提升、文旅融合小镇建设等项目。

（5）数字再现工程将建设甘肃省长城动态数据库，加强长城沿线通信基础设施建设，打造长城国家文化公园甘肃省数字平台，推出"历史文化资源＋虚拟现实"等数字体验项目。

四、《长征国家文化公园（甘肃段）建设保护规划》

《长征国家文化公园（甘肃段）建设保护规划》，经省国家文化公园建设领导小组同意，并报请国家文化公园办公室审批，于2021年12月正式印发。长征国家文化公园（甘肃段）建设分重点建设阶段（2020—2021年）、深化推进阶段（2022—2023年）和全面提升阶段（2024—2035年）三个阶段进行。

《长征国家文化公园（甘肃段）建设保护规划》除"前言"外，共有十章，分三大部分。

第一至二章为第一部分,是《长征国家文化公园(甘肃段)建设保护规划》编制背景和总体要求。第三至九章为第二部分,是《长征国家文化公园(甘肃段)建设保护规划》的核心部分。第十章为第三部分,是《长征国家文化公园(甘肃段)建设保护规划》实施的保障措施。

(一)第一部分

第一章"规划背景",主要陈述了红军长征经过甘肃的基本史实、建设长征国家文化公园(甘肃段)的重大意义和总体目标。

第二章"总体要求",主要说明了建设长征国家文化公园(甘肃段)指导思想、基本原则、进度安排和规划依据。

(二)第二部分

第三章"资源禀赋",全面梳理了全省长征文化资源,概括了甘肃省长征文化资源的特征。

第四章"空间布局",为长征国家文化公园(甘肃段)建设的空间布局,即"一线两区多节点"。"一线"是"一条长征文化主题线",即以"重走长征路"主题线路为依据构建一条长征文化主题线——"北上会师·创建革命根据地"长征胜利线。"两区"是"两大长征文化片区",即以长征在甘肃的行进阶段为依据,构建北上胜利会师、奔赴陕甘革命根据地两大长征文化片区。"两区"以红军长征在甘肃的一系列重要战役战斗和会议旧址为承载,包含全省8个市州46个县区,以及红军西路军5个市州12个县区,主要以长征文化、革命根据地文化为主,是红色文化资源的重要集聚区和革命精神传承教育区。"多节点",即在划定的文物保护范围内设置核心区,重点打造以会宁红军会师旧址、南梁革命根据地旧址、俄界会议—腊子口战役旧址、哈达铺会议旧址、榜罗镇会议旧址、两当红色革命旧址、红二十五军四坡村战斗旧址、山城堡战役旧址、中共中央西北局岷州会议纪念馆、中共中央西北局洮州会议纪念馆等建设保护节点。

第五至八章,以我省长征文化资源特征和分布情况为依据,规划了"管控保护、主题展示、文旅融合、传统利用"四类主体功能区。

第五章"管控保护区",由国保、省保单位保护范围组成,同时包括与长征有关的纪念馆、博物馆和其他文化生态保护区,主要对文物本体及周边环境严格保护管控。管控保护区分为核心区、拓展区和辐射区。核心区由6处国保、2处省保及71处市县保单位保护范围组成。拓展区由19处长征纪念馆、收藏长征文物的博物馆等文化资源保存地区组成。辐射区主要包括会宁、通渭、宕昌、临潭、迭部、环县、静宁等县域。

第六章"主题展示区",选取了我省意义突出、影响重大的文物文化资源,结合"一线两区多节点"空间布局,形成核心展示园、集中展示带、特色展示点互为支撑、互相串联的展示体系。其中,核心展示园由5个国家级展示园和4个省级展示园组成。集中展示带由3条基础良好、交通便利、价值较高的区段组成。特色展示点以遗址遗迹旧址、纪念碑和纪念馆为主,由茨日那毛泽东旧居、八路军兰州办事处旧址等16处组成。

第七章"文旅融合区",将主题展示区的长征文化资源与周边历史文化、自然生态、现代文旅资源有机融合,形成资源互联、优势互补的文旅融合发展区。按照文旅资源等级,规划建设示范区、拓展区和辐射区三类。示范区以红色文化为主,计划建2个国家级、9个省级、11个市县级,共22个示范区。拓展区是结合大景区规划和文化分区而设计,共5个。辐射区是在示范区和拓展区周边规划建设,共4个。

第八章"传统利用区",选择管控保护区、主题展示区、文旅融合区之外人口密度高、红色文化代表性强、区位带动性强的15个县,分长征沿线红军村和长征主题红色小镇(红军街)两类建设。规划建设41个红军村,7个红色小镇(红军街)。

第九章"重大工程",规划通过实施"保护传承、研究发掘、环境配套、文旅融合、数字再现、宣传教育"六大基础工程,推进长征国家文化公园建设,2023年底基本完成建设任务。①保护传承工程。围绕长征文化资源普查与数据库建设、濒危长征文化资源抢救性保护、长征文化口述史资料抢救挖掘、长征文化核心特色村镇建设保护,组织实施一批长征文物本体保护项目。②研究发掘工程。围绕长征精神研究、长征主题文艺精品创作、构建长征文化传承发展的理论体系和话语体系,开展长征文化研究,推出一批优秀科研成果,为传承弘扬长征精神和革命文化提供坚实支撑。③环境配套工程。围绕长征沿线生态治理修复、道路交通配套建设、文化遗产地村镇风貌提升改造、打造交通复合廊道、提升服务设施水平、形象识别系统使用等建设。④文旅融合工程。围绕长征精品旅游线路打造、长征文艺精品剧目创作、长征文化研学旅行教学体系与基地建设、红色文化影视拍摄、红色文化文创产品研发设计等工作展开。⑤数字再现工程。围绕长征国家文化公园信息化建设和数字平台,构建甘肃长征文化资源数据库、研发推广移动平台App等。⑥教育培训工程。围绕弘扬长征精神,建设长征精神教育培训基地、社会实践基地、建设长征主题教育培训体系,构建红色教育培训服务标准体系进行。

(三)第三部分

第十章"保障措施",从组织领导、政策保障、宣传引导、督促落实四方面,为落实《长城国家文化公园(甘肃段)建设保护规划》提供保障。

除长城国家文化公园、长征国家文化公园之外,黄河国家文化公园(甘肃段)的建设也已全面推进。2023年7月,国家发展改革委、中共中央宣传部、文化和旅游部、国家文物局等部门联合印发《黄河国家文化公园建设保护规划》。《黄河国家文化公园建设保护规划》范围包括黄河流经的青海、四川、甘肃、宁夏、内蒙古、陕西、山西、河南、山东9个省(区),以黄河干支流流经的县级行政区为核心区,各地可根据实际情况和黄河故道发展历史延伸至联系紧密区域。《黄河国家文化公园建设保护规划》提出,构建黄河国家文化公园"一廊引领、七区联动、八带支撑"总体空间布局,分类建设管控保护、主题展示、文旅融合、传统利用等四类重点功能区;提出全面推进强化文化遗产保护传承、深化黄河文化研究发掘、提升环境配套服务设施、促进黄河文化旅游融合、加强数字黄河智慧展现五大重点任务实施。黄河在甘肃境内两进两出,干流总长度913千米,总流域面积达14.59万平方千米。甘肃区域内黄河文化积淀深厚,既是华夏文明发源地之一,又是黄河上游多民族文化的集聚地、丝绸之路的"黄金带"。据相关报道,黄河国家文化公园(甘肃段)的建设主要包括"立足资源优势找定位""加强系统保护上水平""壮大文旅产业提品质""讲好黄河故事铸品牌"等几个方面的内容。

五、国家文化公园建设中的几个误区

(一)误区一:国家文化公园就是由国家来建设

《长城、大运河、长征国家文化公园建设方案》要求完善国家文化公园建设管理体制机制,构建中央统筹、省负总责、分级管理、分段负责的工作格局。要加强组织领导和政策保障,广泛宣传引导,强化督促落实,确保《长城、大运河、长征国家文化公园建设方案》部署的各项建设任务落到实处。

我国的国家文化公园建设由中央负责宏观统筹、资金补助和监督推进,地方承担内部协调、具体建设和运营管理任务。具体而言,也就是由中央成立国家文化公园建设工作领导小组,对全国的国家文化公园进行统筹建设;资金方面,通过中央财政予以补贴,各相关省(市/区)设立国家文化公园管理区,整合和协调本省内的相关资源,并通过地方财政进一步补充完善国家文化公园建设资金。这就是说,国家文化公园主要由地方来建设。《长城、大运河、长征国家文化公园建设方案》提出重点建设管控保护、主题展示、文旅融合、传统利用四类主体功能区。其中,管控保护区需要国家全力支持,主题展示区需要国家大力支持,文旅融合区和传统利用区只能靠地方和社会资本。

(二)误区二:国家文化公园就是要加大保护

《长城、大运河、长征国家文化公园建设方案》要求,国家文化公园主要保护重要文物和文化资源(有突出意义、重要影响和重大主题),同时也要通过灵活多样的形式对资源合理利用,实现文物和文化的开放共享(如文化教育、旅游休闲等)。不管是物质文化遗产还是非物质文化遗产,在遗产传承和利用的过程中,深度融合人民群众精神需求和文化生活,实现遗产的开放共享,而文化旅游将是国家文化公园活化利用的重要方式。

(三)误区三:国家文化公园是一个独立封闭的空间单元

全面推进的3个国家文化公园(长城、大运河、长征),都是有虚有实、断断续续、有线性概念难以形成线性整体的。其中,这些线性遗产中,如文保单位、观景台和垛楼等为实点;线则有虚有实,其中长城遗址遗迹等是实的,要以保护为主;但旅游带、景观带、文化带等大多是概念性的,是虚的,只有个别有遗址遗迹支撑的区段才是实的。

参考文献

[1] 吴殿廷,刘宏红,王彬.国家文化公园建设中的现实误区及改进途径[J].开发研究,2021(3).

[2] 钟晟.文化共同体、文化认同与国家文化公园建设[J].江汉论坛,2022(3).

[3] 刘平安.长城国家文化公园建设:让文物和文化资源焕发新时代风采[N].光明日报,2022-04-18.

[4] 王庆生,明蕊.长征国家文化公园建设及其国家认同研究:基于文旅融合视角[J].中国软科学,2021(1).

[5] 柏贵喜.系统论视域下国家文化公园建设:结构、功能、机制[J].中国非物质文化遗产,2022(1).

[6] 张祝平.黄河国家文化公园建设:时代价值、基本原则与实现路径[J].南京社会科学,2022(3).

发展乡村旅游　助力乡村振兴

代兰海[①]

乡村振兴战略是习近平总书记2017年10月18日在党的十九大报告中提出的战略。党的十九大报告指出,农业农村农民问题是关系国计民生的根本性问题,必须始终把解决好"三农"问题作为全党工作重中之重。党的二十大报告指出,全面建设社会主义现代化国家,最艰巨、最繁重的任务仍然在农村。坚持农业农村优先发展,坚持城乡融合发展,畅通城乡要素流动。乡村振兴战略提出以后,中共中央、国务院围绕乡村振兴作出了一系列重要部署。

2018年,中央一号文件《中共中央 国务院关于实施乡村振兴战略的意见》对实施乡村振兴战略进行了全面部署;同年,中共中央、国务院印发了《乡村振兴战略规划(2018—2022年)》。2019年,国务院印发《国务院关于促进乡村产业振兴的指导意见》。2020年,中央一号文件《中共中央 国务院关于抓好"三农"领域重点工作确保如期实现全面小康的意见》明确指出"抓紧研究制定脱贫攻坚与实施乡村振兴战略有机衔接的意见"。2021年,中央一号文件《中共中央 国务院关于全面推进乡村振兴加快农业农村现代化的意见》发布,文件提出,把全面推进乡村振兴作为实现中华民族伟大复兴的一项重大任务,举全党全社会之力加快农业农村现代化,让广大农民过上更加美好的生活。同年,《中华人民共和国国民经济和社会发展第十四个五年规划和2035年远景目标纲要》(以下简称《纲要》)发布,《纲要》第七篇"坚持农业农村优先发展 全面推进乡村振兴"为"十四五"时期的"三农"工作指明了方

---

①　代兰海,河西学院历史文化与旅游学院副教授,理学博士,硕士研究生导师。

向;同年,国务院印发《"十四五"推进农业农村现代化规划》。2022年,中央一号文件《中共中央 国务院关于做好2022年全面推进乡村振兴重点工作的意见》对乡村振兴重点工作做出部署。2023年,中央一号文件《中共中央 国务院关于做好2023年全面推进乡村振兴重点工作的意见》指出,必须坚持不懈把解决好"三农"问题作为全党工作重中之重,举全党全社会之力全面推进乡村振兴,加快农业农村现代化。2024年,中央一号文件《中共中央 国务院关于学习运用"千村示范、万村整治"工程经验有力有效推进乡村全面振兴的意见》指出,深入贯彻落实习近平总书记关于"三农"工作的重要论述,坚持和加强党对"三农"工作的全面领导,锚定建设农业强国目标,以学习运用"千万工程"经验为引领,以确保国家粮食安全、确保不发生规模性返贫为底线,以提升乡村产业发展水平、提升乡村建设水平、提升乡村治理水平为重点,强化科技和改革双轮驱动,强化农民增收举措,打好乡村全面振兴漂亮仗,绘就宜居宜业和美乡村新画卷,以加快农业农村现代化更好推进中国式现代化建设。

上述一系列政策、措施的出台,表明乡村振兴战略是新时代做好"三农"工作的总抓手,具有重大的现实意义和深远的历史意义。实施乡村振兴战略,既是解决发展不平衡不充分问题的需要,也是满足人民日益增长的美好生活需要的现实要求,还是实现全体人民共同富裕的必然选择。

一、共同富裕下的乡村振兴

(一) 中国乡村发展主要进程

改革开放以来,随着中国社会经济的快速发展和工业化、城镇化的加速推进,中国农业生产、农村生态、农民生活发生了深刻变化,乡村地域系统也经历了根本性转变。以序次推进的温饱型社会、小康型社会、富裕型社会建设为目标,以社会主义新农村建设和全面建成小康社会为时间节点,1978—2050年的中国乡村发展可划分为解决温饱(1978—2004年)、小康建设(2005—2020年)和实现富裕

(2021—2050年)三个主要阶段(图1)。

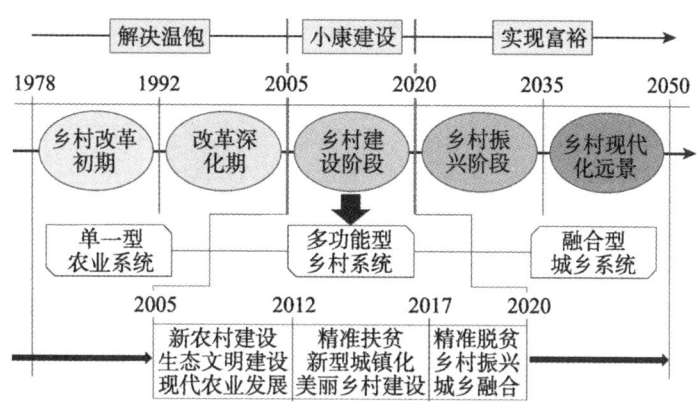

图1　1978—2050年中国乡村发展主要进程

1. 解决温饱阶段(1978—2004年)

改革开放初期,受高度集中的计划经济体制和二元结构的影响,中国乡村发展滞后,农民普遍处于温饱不足的状态。该阶段乡村发展的重点在于推进体制机制改革和政策制度创新,以发挥市场在资源配置中的基础性作用,进而促进城乡要素流动、解放农村生产力、推进粮食生产,解决农村普遍存在的温饱不足问题,同时为工业化、城镇化提供原始资本积累。需要注意的是,虽然这一阶段的粮食生产基本告别了短缺,但是结构性剩余和不足的矛盾依旧突出;受二元结构的影响,农业剩余被过多地转移到工业和城市,形成城市对乡村、工业对农业的剥夺,对内改革的重心也随着改革的深入逐渐由乡村转移到城市。

2. 小康建设阶段(2005—2020年)

进入21世纪,在解决温饱的基础上,党中央基于国际发展经验的总结和国内发展形势的研判指出,中国总体上已进入以工促农、以城带乡的发展阶段,初步具备加大力度解决"三农"问题的能力和条件。这一阶段乡村发展的重点在于通过建机制、补短板等建立健全"三农"政策体系,加快实现农民增收致富和农村全面小康,进而破除城乡二元结构体制以统筹城乡发展。然而,受国内外发展环境的影响和乡村资源本底的束缚,乡村发展面临着供需矛盾加剧、长效动力不足、农民增收放缓、资源环境压力增大、城乡资源要素配置失衡等诸多问题,这些深层次的问题和矛盾制约着乡村发展迈向更高层次。

3. 实现富裕阶段(2021—2050年)

小康社会的全面建成标志着中国特色社会主义进入新时代,社会主要矛盾也转化为人民日益增长的美好生活需要和不平衡不充分的发展之间的矛盾。在这一背景下,党的十九大适时提出实施乡村振兴战略,旨在通过解决城乡发展不平衡、乡村发展不充分等重大问题,引领乡村发展迈向更高水平阶段。整体来看,当前及未来相当长的一段时间里,中国乡村发展的重点在于通过多元措施推进乡村产业振兴、人才振兴、文化振兴、生态振兴、组织振兴,进而统筹解决乡村发展在人、地、业、钱、财等方面面临的突出问题和难题,将乡村建设成为集田园综合体、生命共同体、村镇有机体、特色经济体、创业联合体于一体的综合性地理空间,最终实现农业强、农村美、农民富和城乡融合发展。

(二)共同富裕下的乡村振兴

共同富裕是社会主义的本质要求,是中国人民千百年来追求的理想。实现共同富裕是马克思主义的一个基本目标,也是中国共产党初心和使命的重要体现。党的十九大以来,以习近平同志为核心的党中央,坚持共同富裕是社会主义的本质要求,把促进全体人民共同富裕摆在更加重要的位置。

2021年10月16日出版的第20期《求是》杂志发表了习近平总书记的重要文章《扎实推动共同富裕》。文章指出,共同富裕是社会主义的本质要求,是中国式现代化的重要特征。党的十八大以来,党中央把握发展阶段新变化,把逐步实现全体人民共同富裕摆在更加重要的位置上,推动区域协同发展,采取有力措施保障和改善民生,打赢脱贫攻坚战,全面建成小康社会,为促进共同富裕创造了良好条件。现在,已经到了扎实推动共同富裕的历史阶段。

2022年5月16日出版的第10期《求是》杂志发表了习近平总书记的重要文章

《正确认识和把握我国发展重大理论和实践问题》。其中,在第一个问题"正确认识和把握实现共同富裕的战略目标和实践途径"里,习近平总书记明确指出,在我国社会主义制度下,既要不断解放和发展社会生产力,不断创造和积累社会财富,又要防止两极分化,切实推动人的全面发展、全体人民共同富裕取得更明显的实质性进展。

从实现共同富裕的角度审视乡村振兴战略,可以发现高质量乡村振兴既是共同富裕的重要内容,也是推进共同富裕的重要路径。从国家角度来看,随着绝对贫困问题的解决,发展不平衡不充分的问题更加凸显,乡村振兴战略的基本出发点便向实现共同富裕的伟大目标转变。乡村振兴战略是在新时代背景下对新农村建设的延续、超越与升华,既体现了农业农村发展到新阶段的必然要求,也反映了党中央对"三农"问题的再思考、再出发、再部署。新农村建设20字方针和乡村振兴战略20字总要求表述比较如表1所示。

表1　新农村建设20字方针和乡村振兴战略20字总要求表述比较

新农村建设	乡村振兴战略	表述比较
生产发展	产业兴旺	要求农业农村经济更加全面繁荣发展
生活宽裕	生活富裕	要求持续促进农民增收、促进农民消费升级、提高农村民生保障水平
村容整洁	生态宜居	要求促进农业农村可持续发展,建设人与自然和谐共生的现代化农业农村
管理民主	治理有效	要求健全自治、法治、德治相结合的乡村治理新体系
乡风文明	乡风文明	以更高标准促进乡风文明

二、乡村振兴的实施路径

(一)发展新型集体经济

集体经济是农村经济的重要组成部分,在农村经济中占有重要地位,发展壮大农村集体经济是加快实现乡村振兴的重要举措。传统意义上的农村集体经济,主要是劳动者的劳动联合,而新型农村集体经济不仅包括劳动者的劳动联合,还包括劳动与资本、技术、管理等联合。新型农村集体经济既包括改造后的农村集体所有制经济,也包括基于私有产权形成的合作制和股份合作制经济,以及公有产权和私有产权联合的混合型集体经济。具体实践中,主要包括以下几种类型。

1. 物业经营型

引导、扶持村集体利用集体所有的非农建设用地或村留用地,兴建标准厂房、专业市场、仓储设施、职工生活服务设施等,通过物业租赁经营等方式,增加村集体收入,激发农村集体经济内生动力。

2. 资产盘活型

对村集体闲置的会堂、厂房、祠堂和废弃学校等设施,通过公开拍卖、租赁、承包经营、股份合作等多种方式进行盘活,增加村集体收入。资产盘活将村集体闲置资源作用发挥到最大化,在"闲置"中挖掘发展先机、激活发展潜力。

3. 生产服务型

围绕村域产业化经营,创办多种形式的村级经营性服务实体,为农户提供生产资料、农业机械、技术咨询服务等,或开展联结龙头企业和农户的中介服务,或兴办农产品等专业批发市场,通过开展购销服务增加村集体收入。

4. 产业带动型

从发展特色农业和农产品入手,把加快农村集体经济发展与提升现代农业发展水平相结合,以农户庭院经济破题,逐步扩大经营规模,提高产品档次,形成区域性主导产业和拳头产品,在促进产业发展中增加农村集体经济收入。

5. 村落建设型

以历史文化村落、中心村建设为载体,依托村落建筑、乡土文化、民俗风情和人居环境等优势,充分利用美丽乡村建设成果,大力发展美丽经济,拓展集体经济发展空间,打造村域景区、农家乐、民宿经济等,把"绿水青山"变成"金山银山"。

（二）乡村工业驱动

乡村工业化浪潮从20世纪60年代发轫,到90年代进入高潮,典型代表是以轻工业为主的苏南乡镇企业。

进入21世纪,通过乡村工业化振兴乡村已经越来越难,这既与产业发展的内在规律有关,也与生态文明理念逐渐提升有关。现代世界经济竞争过程中,资本越来越聚集,产业规模和科技含量不断提升,原来以"低小散"为特征的乡村工业仅仅是历史发展的一个阶段性需求。如今,工业向园区集中、农民居住向城镇社区集中、农业向适度规模经营集中的"三集中"已经是全国性普遍趋势。在可以预见的未来,乡村振兴必须探索出一条不同于工业文明的新模式。

（三）农村电商拉动

农村电商是指通过网络平台整合各类农村资源,拓展农村信息服务业务和服务领域,使其成为覆盖县、镇、村的三农信息服务站。近年来,我国农村电商发展迅速,电商销售成为农产品销售的重要渠道,推动了农业转型升级,成为农民增收的新支撑,乡村振兴的潜能正被不断激发。

随着农产品电商的兴起,人流、物流、资金流进一步向农村地区延伸,电商逐渐向农村覆盖,出现了一个新的经济现象——"淘宝村"。"淘宝村"现象是指聚集在某个村落的网商,以淘宝为主要交易平台,以淘宝电商生态系统为依托,形成规模和协同效应的网络商业群聚现象。

（四）乡村旅游引领

随着中国城市中产阶层的崛起,消费市场越来越多地转向旅游文化活动,乡村田园和山河海滨作为城市人短途休闲旅游目的地,迎来了发展的历史性契机。乡村旅游是以乡村特色资源为基础,将传统农业与旅游业结合的新型产业。有学者认为,乡村旅游是改革开放以来"中国农民的第三次创业","是中国农民继家庭联产承包责任制、乡镇企业后的第三大发明"。

就甘肃省而言,2016—2021年,甘肃全省累计建成全国乡村旅游重点村32个、省级乡村旅游示范村310个、乡村旅游专业村1270个、合作社301个、乡村民宿3500家,农牧家乐21500户,全省文化旅游业累计带动59.2万贫困人口脱贫。2021年,甘肃省乡村旅游游客接待量达1.31亿人次,实现乡村旅游收入390.33亿元。

三、乡村旅游与乡村振兴

（一）乡村旅游助推乡村振兴的时代背景

1. 社会结构变化

作为中国社会结构的基础,城乡关系是乡村旅游得以产生和壮大的根源所在。长期以来,"乡土中国"是中国社会结构的基本特征,形成了典型的城乡二元结构。进入21世纪以来,延续数千年的"乡土中国"经历了深刻的特征转变与结构瓦解,城乡二元结构逐渐松动,城乡间要素配置日渐活跃,城乡分工与融合不断加强,中国也从以农为本、以土为生、以村而治、根植于土的"乡土中国",向乡土变故土、告别过密化农业、乡村变故乡、城乡互动的"城乡中国"转型。

"城乡中国"是理解转型期中国结构形态的新范式,也是理解乡村旅游助推乡村振兴的关键。城市资源投入乡村旅游产业,进城务工人员返乡进行旅游创业,城市居住群体利用节假日进入农村乃至购买第二居所,其动力皆可以追溯到社会结构变化。

2. 乡村功能转型

如果说社会结构变化是乡村旅游的推力,乡村功能转型则适时发挥了拉力作用。这一转型的实质是乡村生产性功能的消解及其向非生产性功能的转化,使乡村呈现为一种"后生产主义"形态,具体表现为重新发现"农耕文化"的价值,重构"生活、生态与生产"兼具的乡村功能,发掘"乡村性"对于城市工业文明的意义,安放在外游子的乡愁情怀,认识历史长河中的文化赓续。

乡村除了具有传统农业的功能外,还有产业发展功能、文化科普功能、旅游观赏休闲功能、生态修复与环境保护功能等。当前,中国进入新发展阶段,实现乡村振兴,必须推动乡村功能复兴和优化,向"经济＋社会＋自然＋文化＋治理"复合生态系统优化转型,激活乡村振兴的内驱力。

3. 国家政策调整

国家政策在乡村旅游发展中起着直接的导向作用。2017年,党的十九大报告首次提出实施乡村振兴战略;2018年,中共中央、国务院印发《乡村振兴战略规划(2018—2022年)》,2020年我国如期完成了新时代脱贫攻坚目标任务,现行标准下农村贫困人口全部脱贫,消除了绝对贫困和区域性整体贫困,乡村发展的重心实现了从脱贫攻坚到乡村振兴的历史性转移。

同时,新时代中国社会主要矛盾发生变化,人民对美好生活的向往更加强烈,"绿水青山就是金山银山""山水林田湖草是一个生命共同体"等生态文明理念深入人心,国家政策导向明确传递了乡村旅游之于乡村振兴的积极意义,并为乡村旅游发展创造了良好的外部环境。

(二) 乡村旅游助推乡村振兴的机理分析

1. 乡村旅游驱动乡村产业定位由传统向现代转变

产业振兴是乡村全面振兴的基础和关键。长期以来,我国乡村产业结构呈现一二三产业比重严重失衡、关联度不大、功能单一等特点,不仅限制了乡村产业的发展空间,也抑制了产业现代化的发展。

乡村旅游作为一种新兴产业形态,跨越了传统的行业边界,具有较长的产业链和较广的覆盖面,拉动效应和辐射效应显著。它不仅拓宽了乡村产业的发展空间,推动了一二三产业的融合发展,还提高了要素组合和配置效率,增强了乡村产业的竞争力,促进了乡村产业向高效、高质量、高回报方向转型,加速了乡村产业的现代化进程。

随着乡村旅游的兴起,农业的焦点不再局限于农业生产,而是通过农旅融合,将农业开发为集农业观光、农事体验、农业教育于一体的产品形态,从而实现纵向产业链条延伸、横向农业功能拓展,实现农业多功能价值转型和满足城市中产阶层精神文化消费需求。

2. 乡村旅游促使乡村空间规划由局部向整体转变

良好的生态环境是吸引游客的最基本要素,是乡村旅游开展的前提,更是乡村振兴的基础。开展乡村旅游对农村空间规划提出了更高的要求,推动农村空间规划打破传统思想观念的束缚,实现局部向整体的转变。

在空间利用上,乡村旅游整合乡村内部与外部、协调乡村景观与乡村环境,按照整体系统的思路对整村甚至区域进行规划开发,可以将乡村塑造成为定位明确、特色凸显的旅游目的地。

3. 乡村旅游推动乡村居民人文素养由落后向先进转变

良好的乡风不仅是乡村社会文明程度的体现,更是寄托乡情乡愁的重要载体。乡村旅游是一种致力于乡村价值再造的活动,在这个过程中能有效提升乡村居民的综合素质。

其一,发展乡村旅游有利于激活和保护乡村传统的农耕文明、民间工艺、民俗节庆等特色文化,并通过艺术表演、沉浸体验等形式使特色文化得到弘扬与传承,从而构筑乡风文明的"软环境"。其二,乡村旅游的发展能带来先进的文化。先进文化的引入可以改善不良的乡风习俗,产生新的文化基因,从而实现文化创新。

4. 乡村旅游促进乡村治理主体由一元向多元转变

乡村旅游是一种多产业融合发展的综合产业,由多种市场主体组成。乡村旅游推动人民群众切实参与乡村事务的治理,可以激发乡村内部活力,增强群众的参与感和获得感,并进一步保障村民在乡村的主体地位。

乡村旅游支持农民参与乡村旅游开发并获得收益,能够有效回应政府、企业、村民等利益主体的权利诉求和利益博弈。相较于传统的乡村治理,乡村旅游发展不仅打破了原有治理环境的封闭性,也进一步优化了乡村治理的多元关系。

5. 乡村旅游推动乡村经济效益由短期向可持续转变

生活富裕是乡村振兴的根本,也是人民美好生活的基础。发展乡村旅游能够拓宽农民的收入渠道,主要途径如下。

(1) 将闲置土地进行流转,用于开发旅游项目,取得土地经营权流转收入。

(2) 利用自有场地、房屋、设施开办农家乐,提供餐饮、住宿、停车、购物等服务,取得经营收入。

(3) 以自有生产资料和各项资产投资入股旅游项目,取得权益收入。

(4) 出售特色农副产品、手工艺品、旅游纪念品等,取得商品收入。

(5) 成为参与建设乡村旅游项目的一员,取得工资和劳务收入。

总之,乡村旅游与乡村振兴的关系可以理解为一个螺旋上升、层次不断推进的过程。乡村旅游的发展可以驱动乡村产业定位、空间规划、人文素养、治理主体、经济效益等各项发展状态进行调整,达成对"产业兴旺、生态宜居、乡风文明、治理有效、生活富裕"目标的响应,进而实现乡村全面振兴。在这种循环往复推进的过程中,乡村旅游的发展水平不断提升,乡村振兴战略也可以得到更加有效的实施。乡村旅游助推乡村振兴的作用机理如图2所示。

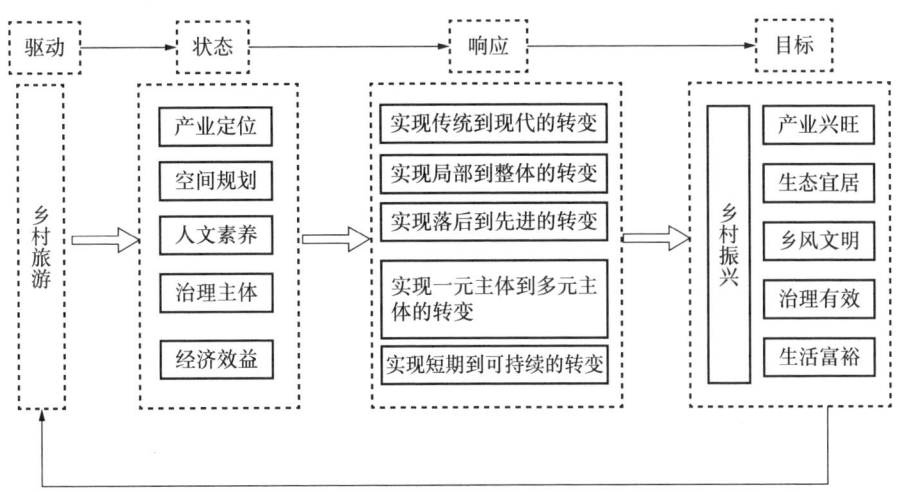

图2 乡村旅游助推乡村振兴的作用机理

（三）乡村旅游助推乡村振兴的开发模式

1. 文化依托型开发模式

文化依托型开发模式,是指依托乡村当地独特的文化氛围及文化产物,因势利导地开展各项旅游活动。根据所依托文化的具体类别,又可将其细分为以下四类。

（1）历史文化依托型:指以当地深厚的历史文化底蕴和古建筑、遗址风貌为旅游吸引物发展的乡村旅游模式,比较典型的有古村落旅游。历史文化依托型的开发模式难以模仿复制,在发展过程中,应避免过度商业化倾向,注重对古建筑、遗址的修复和保护,保留古风古味。

（2）民俗文化依托型:指依托民族民风习俗、民族艺术和节事活动,并对其进行创造性转化和创新性发展,包括民族文化表演活动和民族特色商品销售。该种模式在发展过程中,要注意处理好外来文化与当地民俗文化共生问题,深入挖掘民族文化内涵,提高乡村旅游档次。

（3）文化景观依托型:指依托能够反映和代表区域独特文化内涵的建筑、绘画、宗教艺术、音乐、服饰等景观和艺术形式而形成的乡村旅游模式,具有历史和文化双重属性。在其开发过程中要注重对建筑景观的保护、对人文艺术的与手工技艺的继承,以及丰富对历史文化内涵的解读。

（4）文化创意依托型:指依托当地民间文化艺术开展的乡村旅游活动,在商品化趋势下,常伴随文创产业的开发。这种开发模式在发展过程中,要加强艺术创新,注重与时代元素相结合,始终保持艺术创作的生命力。

2. 景区依托型开发模式

景区依托型开发模式是指依托附近自然风景名胜或历史人文景区优势、借助良好的区位优势和客源流量条件,因地制宜地发展乡村旅游。甘肃省张掖市临泽县倪家营镇南台村采用的就是这种模式。

南台村以张掖七彩丹霞5A级旅游景区为依托,逐渐形成了以"住宿餐饮、旅游观光、休闲体验、商贸服务"为核心的乡村旅游产业格局,吸引了大批游客前来观光。短短几年时间,这个发展受限的山区贫困村发生了翻天覆地的变化,展现出全新的面貌,开启了全新的经济发展与产业建设,相继荣获"中国美丽休闲乡村""中国乡村旅游模范村"等荣誉称号。

景区依托型开发模式为乡村地区与景区共享优质区位资源提供了有效资源,节省了部分基础设施建设,可以作为景区旅游的有力补充。通过发展乡村民宿、餐饮、零售等与景区互补的产业,缓解景区客源压力,促进全域旅游发展。

在实施该模式的过程中,乡村旅游需要克服对景区发展的被动依赖,积极进行旅游资源开发,强化项目营运管理能力,延缓旅游地生命周期中停滞和衰落阶段的到来,寻求主动发展。

3. 生态依托型开发模式

生态依托型开发模式,是指依托乡村当地良好的绿色生态资源和优美的乡野景色进行乡村旅游开发的模式,充分体现了乡村旅游的乡村性与自然性。

生态依托型开发模式节省了旅游开发成本和时间成本,依托乡村本身自然优美的乡野生态进行开发,进入成本和退出成本都相对较低。在实施该模式的过程中,务必处理好开发与保护的关系,保持人与自然的和谐共处,维持生态环境的平衡性;要培养村民的环境保护意识,完善基础设施建设,提高乡村旅游服务水平。

4. 产业依托型开发模式

产业依托型开发模式,是指借助产业发展形成的经济基础和吸引力,进一步开展乡村旅游活动,如文创产业和农业产业。其中,文创产业常与文化依托型开发模式共生,而农业产业涉及范围更加广泛,包括农林牧渔业。甘肃省张掖市甘州区长安镇前进村采取的即是该种模式。

前进村地处张掖市南部,依托城郊、交通便利优势,以良种奶牛养殖繁育、优质鲜奶生产、肉牛繁育购销、牧草种植加工、有机肥生产为主导产业,在此基础上,精心培育打造绿色、有机、特色旅游产品,发挥甘肃前进牧业、全国致富带头人(大学生村官)培训基地的辐射带动作用,不断提升旅游产业发展的品牌知名度和美誉度,做大做强乡村旅游产业,增加了群众的就业机会,提升了群众的收入水平。

产业依托型开发模式有利于推动农村产业的结构调整,促进农业、农副产品加工与销售业、旅游业的融合发展,产生协同经济效益,适用于产业规模效应显著的农村地区。

四、关于乡村旅游助力乡村振兴的反思

通过发展乡村旅游促进乡村振兴虽被学界业界推崇为最具有发展潜力的方向,但这并不意味着二者具有天然的耦合性。识别乡村旅游引导乡村振兴模式的潜在风险,反思乡村旅游助力乡村振兴的条件和方向,是目前研究的当务之急。

(一)乡村旅游产业的脆弱性

旅游经济作为一种特殊的经济结构,与地区产业之间存在着密切的联系,旅游经济的发展会受到诸多因素的影响,存在着脆弱性的问题。一旦脆弱性超过某一临界阈值,就可能造成旅游危机,从而严重影响当地旅游产业的发展。如果旅游产业变成乡村的支柱产业,旅游业的脆弱性将直接导致乡村经济的脆弱性,给当地经济社会发展带来重创。

(二)乡村旅游发展的区位条件

区位不仅指某事物占有的场所,还包含位置、布局、分布及位置关系等方面的意义。良好的区位条件是乡村旅游发展的重要条件。

在当前城市中产阶级有"乡愁"的背景下,只有一些具有区位优势的农村(如靠近城市近郊、交通要道、高流量景区的农村等)才可以通过发展休闲农业或乡村旅游满足城市人的"乡愁"需求,其他绝大部分农村缺乏上述区位条件。要警惕乡村旅游发展"一窝蜂"现象,避免资源浪费和环境破坏。

(三)乡村旅游发展的资源属性

旅游资源是旅游业发展的前提和基础,基于旅游资源形成的旅游产品和活动

是旅游目的地存在和发展的核心要素。乡村旅游资源是乡村旅游目的地借以吸引旅游者的最重要因素,也是确保乡村旅游开发成功的必要条件。

随着城市中产阶层的崛起,只有具有特色旅游资源的乡村(如古村落、历史文化名村、环境优美的乡村等)才能满足城市人的"乡愁"需求,才会在市场上占据优势,吸引资本投资。和区位条件类似,现实中绝大多数乡村不具备以上资源属性,盲目开发、跟风建设甚至低劣模仿,只能引起低水平恶性竞争。

(四) 乡村旅游发展的主体性

在城市化背景下,目前乡村建设的主流方案是发展乡村旅游,将田园风光打造为城市人的旅游消费品,将乡村空间变成城市中产阶层的消费空间。所谓乡村旅游能促进乡村振兴,实际上是消费主义振兴乡村,消费主义逐渐成为乡村建设的主流思路。在这种城乡关系中,乡村可能会失去主体性、地方性知识和发展能力。如果缺乏科学的引导,城市化将难以助力乡村振兴,城市化也许能为城市中产阶层建设美丽乡村,却无法改变城乡之间的发展不平衡。

同时,乡村旅游发展能否转化为乡村振兴的动能,关键看基层的治理能力。当前,一些地区基层政府治理能力仍较为薄弱,在面对乡村旅游这一新兴产业时表现得尤为突出。因此,如何提升基层政府治理能力,促进基层社会治理体系和能力现代化,夯实乡村振兴基础,成为目前急需突破的瓶颈问题。

参考文献

[1] 郭远智,刘彦随. 中国乡村发展进程与乡村振兴路径[J]. 地理学报,2021(6).

[2] 廖彩荣,陈美球. 乡村振兴战略的理论逻辑、科学内涵与实现路径[J]. 农林经济管理学报,2017(6).

[3] 叶兴庆. 新时代中国乡村振兴战略论纲[J]. 改革,2018(1).

[4] 李实,陈基平,滕阳川. 共同富裕路上的乡村振兴:问题、挑战与建议[J]. 兰州

大学学报(社会科学版),2021(3).

[5] 黄承伟. 论乡村振兴与共同富裕的内在逻辑及理论议题[J]. 南京农业大学学报(社会科学版),2021(6).

[6] 刘炳辉. 乡村振兴的"宁波经验"——基于五个村社的讨论[J]. 文化纵横,2021(2).

[7] 刘守英,王一鸽. 从乡土中国到城乡中国——中国转型的乡村变迁视角[J]. 管理世界,2018(10).

[8] 刘祖云,刘传俊. 后生产主义乡村:乡村振兴的一个理论视角[J]. 中国农村观察,2018(5).

[9] 李繁荣. 中国乡村振兴与乡村功能优化转型[J]. 地理科学,2021(12).

[10] 辛本禄,刘莉莉. 乡村旅游赋能乡村振兴的作用机制研究[J]. 学习与探索,2022(1).

[11] 贾未寰,符刚. 乡村旅游助推新时代乡村振兴:机理、模式及对策[J]. 农村经济,2020(3).

[12] 向延平. 乡村旅游驱动乡村振兴内在机理与动力机制研究[J]. 湖南社会科学,2021(2).

[13] 贺雪峰. 关于实施乡村振兴战略的几个问题[J]. 南京农业大学学报(社会科学版),2018(3).

[14] 于法稳,黄鑫,岳会. 乡村旅游高质量发展:内涵特征、关键问题及对策建议[J]. 中国农村经济,2020(8).

[15] 仇叶. 乡村旅游产业的过密化及其对乡村振兴的影响——对乡村产业振兴路径的反思[J]. 贵州社会科学,2020(12).

[16] 申端锋,王孝琦. 城市化振兴乡村的逻辑缺陷——兼与唐亚林教授等商榷[J]. 探索与争鸣,2018(12).

[17] 张高军,易小力. 有限政府与无限政府:乡村振兴中的基层政府行为研究[J]. 中国农村观察,2019(5).

[18] 胡高强. 农旅项目为何失败:基层规划内卷化——基于某农旅项目发展过程的考察分析[J]. 西北农林科技大学学报(社会科学版),2021(2).

文旅创意策划与旅游商品开发

赵宏亮①

经过40余年的发展,我国旅游产业的地位、规模与影响都有了质的飞跃。目前,我国已经迈入旅游强国和优质旅游时代,面向人民美好生活需要的高质量发展成为新时期旅游业的核心任务。元宇宙、文旅IP、体验经济、大数据、二次元、UGC、互联网+、区块链、乡村振兴、特色小(城)镇、碳中和、露营经济等新现象、新事物、新理念的出现,对旅游策划和文化创意的发展起到推波助澜的作用。

党的二十大报告指出,要坚持创造性转化、创新性发展,以社会主义核心价值观为引领,发展社会主义先进文化,弘扬革命文化,传承中华优秀传统文化,满足人民日益增长的精神文化需求。要满足人民过上美好生活的新期待,必须提供丰富的精神食粮。文化产业的发展与人类的精神需求紧密相关,人们对更高层次、更高质量文化产品产生需求是经济社会进步的必然结果,也是人们追求美好生活的重要内容。加快文化产业发展,不断丰富文化产品供给数量和质量,是满足人民精神生活需求的重要手段。以文化和创意为核心的文化创意产业因高附加值、高整合性及知识密集性而成为推动文化产业快速高质发展的核心力量,是保持经济增长和培育新增长点的动力源泉。

2018年,文化和旅游部正式组建,赋予文化以旅游的载体,从偏向事业工作到事业和产业协同并进,推出的一系列跟文化相关的政策,强化对知识产权和版权的保护,加大了对文创产业链的支持。

---

① 赵宏亮,河西学院历史文化与旅游学院副教授,硕士研究生导师。

2016年,国务院发布的《"十三五"旅游业发展规划》提出"促进旅游与文化融合发展"。2020年发布的《中共中央关于制定国民经济和社会发展第十四个五年规划和二〇三五年远景目标的建议》中,针对文旅行业提出了多项相关内容,包括推动文化和旅游融合发展,扶持旅游与文化创意产品开发、数字文化产业相融合。

2022年6月,《甘肃省"十四五"旅游业发展实施方案》明确实施"旅游+"和"+旅游"产品体系建设工程,坚持以文塑旅、以旅彰文,推动文化和旅游深度融合、创新发展,持续推进科技、教育、体育、交通、商贸等赋能旅游业创新,丰富旅游产品供给,构建大旅游产业体系。

上述一系列密集的政策、措施出台,表明文化和旅游融合发展将是影响未来中国文旅产业发展的最大变量。文旅融合发展可以提升文旅产品的品质,增强文旅产品的市场吸引力与感召力,推动城市文化产业和旅游业的高质量发展。

一、相关概念界定

1. 文旅融合

1977年,美国学者Mcintosh和Gebert首次提出"旅游文化"的概念,引起学界关于文化旅游的思考和讨论。接着国外学术界开始探讨文化与旅游之间的关系,陆续提出文化旅游发展的经济意义,讨论文化旅游发展过程中出现的新问题以及解决措施,研究如何在旅游的发展和融合过程中保护文化等。

2018年3月,我国文化和旅游部成立后,文旅融合发展问题成为热门话题。目前,全国文旅融合发展积极性高,但也存在各地高举文旅融合发展的旗帜,并未完全理解文旅融合发展的真正内涵,缺乏准确把握文化和旅游的自身发展规律,存在盲目融合现象。基于以上现象,范周提出文旅融合要以理念融合为基础、以职能融合为保障、以资源融合为抓手、以产业融合为核心、以科技融合为助推器,推动文化和旅游的转型升级。杨志纯提倡文旅融合发展要搭建文旅融合新载体、利用文化旅游阵地、深化文化旅游创建,从理论走向行动。

2. 创意旅游

创意是人类生存和进步不可或缺的要素。1993年,Pearce和Butler首次提到"创意旅游"。随后Richards和Raymond提出,创意旅游指旅游者通过参加互动性工作坊(Interactive Workshop)与当地居民密切接触,在旅游过程中学习旅游目的地国家或社区的某种文化或技巧,体验旅游目的地的文化氛围。

创意旅游为旅游者提供一个主动参与实践和学习体验的机会,通过旅游者的积极参与,激发旅游者发掘自身创造潜力的旅游体验。2006年,联合国教科文组织将创意旅游定义为一种趋于参与性、真实性体验的旅行活动,通过参与和学习传统艺术、技艺、文字和语言等地方特色文化,与目的地居民建立联系,并在这个过程中参与传承和创造地方"活"文化。

3. 创意旅游对文旅融合发展的意义

创意旅游作为近年来新兴的旅游形式,应以地方文化为根本,注重审美性文旅产品的消费体验。文旅融合发展过程中融入创意旅游、创意经济,强调旅游者在旅游目的地文化方面的互动性,更能激发旅游者在体验当地文化旅游过程中的创意潜能,从而使旅游者的知识和能力得到提升,丰富旅游者的文化旅游体验。创意产业与文化旅游产品整合发展,在旅游产品设计、旅游市场营销、创意产业等环节充分利用创意手段创新旅游产品,将带动旅游业的转型升级。

二、文化的内涵

人类传统观念认为,文化是一种社会现象,它是由人类长期创造形成的产物,同时又是一种历史现象,是人类社会与历史的积淀物。确切地说,文化是凝结在物质之中又游离于物质之外,能够被传承和传播的国家或民族的思维方式、价值观念、生活方式、行为规范、艺术文化、科学技术等,它是人类相互之间进行交流的被普遍认可的一种能够传承的意识形态,是对客观世界感性上的知识与经验的升华。

"文"与"化"并联使用,较早见于《周易》:"观乎天文,以察时变;观乎人文,以化成天下。"意思是通过观察天象，了解时序的变化；通过观察人类社会的各种现象，用教育感化的手段来治理天下。这段话里的"文"，是从纹理之义演化而来。日月往来交错文饰于天，即"天文"，亦即天道自然规律。同样，"人文"，指人伦社会规律，即社会生活中人与人之间纵横交织的关系，如君臣、父子、夫妇、兄弟、朋友关系，构成复杂网络，具有纹理表象。这段话的意思是，治国者须观察天文，以明了时序之变化，又须观察人文，使天下之人均能遵从文明礼仪，行为止其所当止。在这里，"人文"与"化成天下"紧密联系，"以文教化"的思想已十分明确。

西汉刘向将"文"与"化"二字联为一词，在《说苑·指武》中写道："圣人之治天下也，先文德而后武力。凡武之兴，为不服也。文化不改，然后加诛。"《文选·补之诗》中写道："文化内辑，武功外悠。"这里的"文化"，或与天造地设的自然对举，或与无教化的"质朴""野蛮"对举。因此，在汉语系统中，"文化"的本义就是"以文教化"，是对人的性情的陶冶、品德的教养，本属精神领域之范畴。随着时间的流变和空间的差异，"文化"逐渐成为一个内涵丰富、外延宽广的多维概念，成为众多学科探究、阐发、争鸣的对象。

传统的观念认为，文化是人类在社会历史发展过程中所创造的物质财富和精神财富的总和。它包括物质文化、制度文化和心理文化三个方面。物质文化是指人类创造的物质文明，包括交通工具、服饰、日常用品等，它是一种可见的显性文化；制度文化和心理文化分别指生活制度、家庭制度、社会制度以及思维方式、宗教信仰、审美情趣，它们属于不可见的隐性文化，包括文学、哲学、政治等方面的内容，主要是指人类所创造的精神财富，包括宗教、信仰、风俗习惯、道德情操、学术思想、文学艺术、科学技术、各种制度等。

狭义的文化，是在历史上一定的物质生产方式的基础上产生和发展的社会精神生活形式的总和，指社会的意识形态以及与之相适应的制度和组织机构。1871年，英国文化人类学家泰勒在《原始文化》一书中提出了狭义文化的早期经典学说，即文化是包括知识、信仰、艺术、道德、法律、习俗和任何人作为一名社会成员而获得的能力和习惯在内的复杂整体。

本文对文化的定义为一个国家或民族的历史地理、风土人情、传统习俗、生活方式、文学艺术、思维方式、价值观念等。地域文化是在一定的地域范围内长期形成的历史遗存、文化形态、社会习俗、生产生活方式等,包括历史事件、历史遗迹、历史人物、传统生产工具、生产方式、生活方式与习惯、风情民俗、服饰、民居、建筑风格、传统文艺、歌舞戏剧、宗教信仰、自然和人文景观等。

文化是旅游业赖以存在的基础;文化是当代旅游重要的吸引物;文化是激发旅游动机的源泉;文化是旅游的创意工具。创意与策划归属于文化,是人类文化活动的精神活动,它以人类全部的物质与精神生活为载体,以人类全部的生活与生产成果为核心和源泉,但同时它又是一种超常的人类思维活动。

三、文旅创意策划的内涵

从旅游本身出发,创意就像是点石成金的过程,能让一个地区的旅游业发生翻天覆地的变化。而策划则是更深入地进行挖掘和操作,通过资源和要素的合理运用,达到事半功倍的效果。

从各种辞书中查考,创意一词的"创"字含有创见、创造和创新的意义,"意"字则指思维、意识和理念,"创"和"意"合起来则是指创新性思维。创意就是有创造性的想法和构思。而旅游创意是指旅游发展过程中各个领域、各个层面、各个环节所呈现出来的创造型性思维或创新性思维过程。旅游创意策划就是对某旅游目的地或旅游产品进行创意谋划和构想的过程。

文化创意产业是指在尊重知识产权的框架中,借助现代高新科技,依靠创意工作者的智慧,对文化资源加以提升与再创造,生产出附加值更高的产品。最终目的是形成既能创造财富又可以振兴文化的产业。

文化创意产品,是指依靠创意人的智慧、技能和天赋,借助现代科技手段对文化资源、文化用品进行创造,通过知识产权的开发和运用,而产出的高附加值产品。在本文中,文化创意产品是指用独特的方法策划的独特产品。将其卖给独特的群体,满足独特的需要,最终获取最大的效益。

旅游创意策划的基础是旅游资源,核心是旅游产品,关键是创意和创新。比如旅游代言人的多元化。过去,明星、"大腕儿"是许多旅游目的地或旅游企业代言人的首选;如今,越来越多的普通百姓、旅游从业者、政府官员等成为地方旅游代言人,这样做更接地气,更能展现旅游目的地真实的生活。2020年11月,一则短视频火了。视频中,身穿藏族服饰的丁真有着帅气的面容、原生态的肤色和清澈的眼神。10天之后,丁真进行的首场直播累计吸引了近400万人次观看。11月25日,丁真成为家乡四川甘孜州的旅游代言人,并拍摄宣传片《丁真的世界》,雪山、草地、湖泊、蓝天、白云,壮美的高原风光吸引了众多网友。与此同时,甘孜州政府宣布,2020年11月15日到次年2月1日期间,甘孜州67个A级景区门票全免、酒店半价、机票一折起步。甘孜州的旅游迅速冲上"热搜"。去哪儿网数据显示,四川甘孜地区酒店预订量较去年同期增长89%,其中11月17日成为首个增长高峰,当天酒店预订量较去年同期增长111%。

雪地策马的新疆维吾尔自治区伊犁哈萨克自治州文旅局原副局长贺娇龙也是同时期的旅游红人。除了拍抖音录视频,她还同时做直播带货,个人带货销售额达5900多万元。不只贺娇龙,自她之后,地方文旅部门掀起了一股文旅系统官员代言旅游的热潮。用全英文推广吉林省文化旅游资源的吉林省文旅厅原厅长杨安娣;参加活动意外走红的四川甘孜藏族自治州文化广播电视和旅游局局长刘洪,让这股风潮越刮越热。

官员做地方文旅代言人具备三个优势。一是体现官员媒介素养的提升。随着各地对旅游业发展的重视,现在很多地方领导都会利用各种合适的场合积极向外界推介当地的旅游发展战略和优势,对于吸引外界投资和引进客源大有好处。二是凸显治理方式的转变。官员为地方旅游代言,不仅关注度高、宣传效果好,而且还能充分展现亲民、接地气的一面,与请明星找大腕那种"高大上"的宣传相比,也更为理性和务实,值得提倡和鼓励。三是彰显大胆创新的勇气。官员主动为地方旅游代言,积极向外界展现当地良好的形象,充分体现了敢于担当的勇气和智慧。

四、文旅创意策划的发展历程

文创产业在国外兴起于20世纪90年代,而到了21世纪初,才开始在国内得到关注与发展,因此,若按时间来划分国内旅游文创之路,大致可分为三个阶段。这三个阶段中,国内旅游文创大抵也主要围绕着博物馆,逐步向景区、酒店等其他行业延伸。

1. 2006—2012年:布局阶段

国内的文创产业在发展的前夜,经历过一段并不算短的布局期,政策先行,而参与者尚在缓慢地摸索着这片新土地。2006年,国务院印发《国家"十一五"时期文化发展规划纲要》,明确提出了国家发展文化创意产业的主要任务,其间北京、上海、深圳等城市积极推进文化创意产业,制定发展规划。2008年,故宫博物院成立"故宫文化创意中心",同年成为国内第一家开淘宝店的博物院。那时的旅游文创,尚没有足够肥沃的土壤,只能蛰伏以待时机。

2. 2013—2015年:萌芽阶段

一定程度上来说,国内旅游文创受到了台北故宫博物院的影响。2013年7月,台北故宫博物院面向社会征集创意,推出了大受欢迎的"朕知道了"纸胶带,火遍海峡两岸,一度卖到断货。这让时任北京故宫博物院院长的单霁翔意识到了旅游文创产品的巨大潜力,在实地学习借鉴台北故宫博物院的文创经验后,北京故宫就举办了一场"把故宫文化带回家"文创设计大赛,第一次面向公众征集文化创意,并接连推出"奉旨旅行"行李牌、"朕亦甚想你"折扇等多款产品,反响极佳。

随后,北京故宫博物院又在文创领域推出了首个iPad应用"胤禛美人图"以及"每日故宫"App,截至2015年底,故宫博物院共计研发文创产品8683种,包括服饰、陶器、瓷器、书画等系列,产品涉及首饰、钥匙扣、雨伞、箱包、领带等。

2014年,各项相关政策的出台,为旅游文创保驾护航。2014年8月,《关于推动特色文化产业发展的指导意见》鼓励各地发展文化旅游等特色文化产业;从2015

年起,我国先后出台了《博物馆条例》和《关于推动文化文物单位文化创意产品开发的若干意见》等一系列政策,明确博物馆可以从事商业经营活动,与文化创意、旅游等产业相结合,助推文创产业发展进入"快车道"。

3. 2016年至今:快速发展迭代阶段

北京故宫在文创上取得的成功,带动了整个博物馆行业甚至是旅游业文创的快速发展。2016年被视作国内旅游文创元年,据统计,截至2016年12月,全国4526家博物馆中,被国家有关机构认定具有文创产品开发能力和产业规模的有2256家,这也意味着,仅博物馆,就有近半数加入了浩浩荡荡的文创大军中。

此时,北京故宫凭借"故宫"这一超级IP频频发力,先后推出《我在故宫修文物》等纪录片;而腾讯等团队则推出了《穿越故宫来看你》等作品。相较之下,腾讯在"新文创"领域更具优势。以《王者荣耀》为例,这个深受年轻人喜爱的IP不仅与敦煌研究院开展深度合作,成功传播传统文化,更通过对敦煌IP的创意改造,在线上线下场景都取得了可观收益。

故宫凭借深厚的文化底蕴和丰富的文化元素,成为旅游文创的优质素材库。数据显示,通过外包开发、授权生产、自主研发和跨界合作等模式,结合线上线下渠道,故宫文创迅速走红。

其中,故宫推出的六款口红以"这是一场历史与颜色的告白仪式"为宣传语,每款口红色彩均取自故宫馆藏文物,外观设计灵感则来源于宫廷服饰或装饰。口红盖饰有仙鹤、蝴蝶、瑞鹿、蜜蜂等传统纹样,下方点缀绣球花、水仙团寿纹、地景百花纹等吉祥图案。截至2017年底,故宫文创产品种类已突破1万种,年销售收入达15亿元,甚至超过1500家A股上市公司的营收。

与此同时,以BAT为代表的互联网企业也纷纷布局文旅产业,运用新技术推动"新文创"发展。"云游敦煌"便是数字化文创在文化遗产保护、传承、活化上的重要印证。"云游敦煌"是由敦煌研究院、人民日报新媒体、腾讯联合推出的,首个拥有丰富的敦煌石窟艺术欣赏体验的微信小程序。2020年2月20日,小程序抢先体验版上线。上线10日内,小程序总访问量已经超过500万,独立访问用户累计超过

100万人,其中,"80后""90后"占比超过六成。除旅游景区外,酒店也投入到了文创产业之中,以ZMAX酒店品牌为例,旗下社交电商"宇宙不正经Z货铺"便是面向喜爱探索、有好奇心的年轻人的文创品牌。

还有一种是文化创意产业在空间上的体现,如甘肃的两家五星级民宿。一家在陇南康县,叫"五福临门"以五福"福、禄、寿、喜、财"为主题,将整体面积约为780平方米的房屋,打造成5个小院落。走进"五福临门",游客可看到明净古朴的传统老房子,白墙黑瓦、雕花门窗,古树花墙、青石斜路,形成宅中有园、园中有屋、屋中有院、院中有树、树上见天、天中有月的诗意栖居地。在这里既能饱览朱家沟村的生态之美,感受陇南乡愁与乡情,又能品尝特色小吃,体验乡村旅游之乐。另一家是酒泉肃州区的肃云香庄,它既是一个关于民俗田园生活美学艺术的空间,也是正式挂牌被政府承认的私人收藏博物馆,其间收藏了大量民间器物,采用高超的技艺对其修缮利用,使其与现代居住风格相得益彰,并充分展现其古朴雅致的艺术韵味。这一阶段,在日益庞大的旅游市场的助推下,旅游文创也得以昂扬发展,以博物馆文创产品成交规模为例,2019年上半年整体规模比2017年同期翻了3倍。

中国的线上博物馆文创市场每年以超过100%的增速在高速增长,博物馆旗舰店累计访问人次达16亿,是全国博物馆接待人次的1.5倍。

五、文创发展中存在的问题

故宫文创的成功,使得不少景区、博物馆对文创产生了一些不切实际的幻想,以为只要拿出一点所谓的文创产品,就能获得年轻消费者的青睐,而事实却是,两千多家文创博物馆中实现盈利的仅18家,占比不足1%,"文创掘金"绝非短视之人的事业。

1. 过于追求"爆款"而忽视文化

故宫文创所带来的爆款效应,使得大批后来者试图借助时下热点拉近与年轻消费者直接的文化距离,但爆款的打造并不容易,即使是故宫也曾因过度追求爆款而"翻车"。2019年10月,故宫推出"故宫紫檀系列"护肤品,尽管登上了微博热搜,但热度并没有为这款文创产品带来太多的销量,此后的一系列文创产品,也难以延续曾经的爆款神话。

在旅游文创产品的开发中,文化始终是摆在第一位的,其次是借助创意来实现爆款的打造。忽视了文化作为IP的价值,就难以开发出具有特色的文创产品。旅游IP本质上是景区的核心吸引力,它可以具象为某个景点、某种文化、某个卖点,也可以抽象为一个故事、一种感觉。从本质上说,旅游IP就是景区形象的具体呈现。具体而言,旅游IP的表现形式极为多元:可以是一首歌曲、一部网络小说、一部广播剧,也可以是某个经典人物形象,甚至仅仅是一个名字、一个短语。只要具备改编价值,比如能开发成影视作品,就可以称之为IP。所谓经典IP,通常是指在网络空间已具备一定知名度的作品。

以2022年北京冬奥会吉祥物"冰墩墩"为例,这个IP早在2019年就已面世,但初期并未引起广泛关注。直到冬奥会开幕式惊艳亮相后,才迅速走红。随着赛事推进,冰墩墩相关话题频频登上微博热搜,单日搜索量和浏览量屡创新高,成为现象级文化符号。冰墩墩的成功为文旅IP开发提供了三点重要启示。

(1)IP可以很简单,但一定要特立独行、特点鲜明。

无IP不文旅,得IP者,得"Z世代"。冰墩墩是潮流IP形象的体现,而在潮玩市场日渐成熟的当下,购买IP衍生品的消费习惯早已深入人心。"Z世代"追求时尚潮流,注重个性,已然成为潮流IP的主要消费群体。

(2)IP一定要能够转化,不能获得收益的IP不是好IP。

无商业不成功,好卖是硬道理。北京冬奥会期间,市场上热销的冬奥特许商品,包括冰墩墩和雪容融等毛绒玩具、造型手伴、饰扣、水晶球,以及冰墩墩盲盒、徽章(吉祥物运动造型系列、倒计时系列、民俗系列)、贵金属(开幕式倒计时金银条等)等七大系列产品。其中,冬奥吉祥物冰墩墩展现出超强的"带货"能力。因为正赶上春节,多数奥运授权厂商正在休假,冰墩墩的各销售渠道几乎全面断货。在官方旗舰店,冰墩墩手办只在每天的16:00、18:00、20:00预售,每次限量售卖2000件。作为以憨厚可爱的大熊猫形象设计的冬奥会吉祥物,冰墩墩精准抓住了颜值经济时代的消费心理,加上限时、限量、限地的限购政策,更激发了消费者的购买热情。

(3) 文创IP要成为优秀传统文化的传播载体。

无文化不顶流,文化价值是IP的核心。冰墩墩的成功启示我们,优秀文创IP必须成为传统文化与现代审美的完美结合体。"冰墩墩"等冬奥文创商品在国内外的"破圈",既是中国文化软实力持续提升的成果,也是民族自豪感、自信心的彰显。冰墩墩能吸引无数成年人购买还得益于外国友人对它的热爱。无论是摩纳哥元首阿尔贝二世亲王、日本媒体还是美国跳台滑雪运动员安娜·霍夫曼,这些外国友人对冰墩墩的喜爱无疑在极大程度上激发了国人的民族自豪感。

"网红"经济的内核是IP价值。从本质上说,"网红"是一种在互联网上具有一定流量影响力和变现力的社交资产。"网红"并不局限于在网络上拥有大量"粉丝"的红人,一个产品、一个品牌、一个虚拟形象甚至一座城市都能成为"网红"。"网红"是引客要素,但非留客要素,唯有依靠高质量、创新的产品和服务带动经济和消费,才是长久之计。围绕IP核心进行有创意、有辨识度、有画面感和代入感的网红化包装,再通过社交媒体进行扩散,就变成了游客心中的必"打卡"之地。

2. 旅游文创多是"可复制"产品

当详细分析旅游文创产品的时候,会发现即使是加上了"文创"的名义,大部分产品大多仍逃不开"纪念品尴尬"——长相类似、缺乏地域特色、缺乏文化内涵。在现成的鼠标垫、T恤衫、帆布包、马克杯、钥匙扣、抱枕上做文化"贴图"的所谓文创产品,必然是无法吸引消费者目光的,即使是作为头部的故宫文创,其产品大多也颇为局限,比如曾经的"乾隆系列",其文创产品也大多是印章、手办、折扇、手账、胶带等,在实用性上缺乏真正有深度的价值。尽管较之过去,旅游景点纪念品有了全面的升级,但国内文创还是停留在小物件、小摆件和小纪念品之上。旅游文创的设计未必是原物的高仿,关键在于创意是否能带来惊喜。

在旅游文创产品上没有下功夫的商家,在消费者的需求上也没有花心思。一方面,他们以为只要推出文创产品,就能让消费者趋之若鹜,而事实却泼了一盆凉水。2018年以来,《国家宝藏》你好历史、秦始皇兵马俑博物馆、敦煌研究院、陕西历史博物馆、颐和园、敦煌莫高窟、上海博物馆、苏州博物馆、中国国家博物馆均已上线天猫,与这种"热供给"形成鲜明对比的是消费者的"冷需求"。大部分店铺月销仅数百笔,甚至大多数消费者根本不知道有这样的店铺存在,线上店铺似乎只是一个个形式。

另一方面,商家们则低估了消费者对旅游文创的要求,不少文创产品打着"传播文化"的名义,普通的小物件,加上"文创"二字便能价格翻倍,"物不美价不廉",瞬间就能打消消费者的购物欲望。当下旅游文创产业的浮躁,还体现在缺乏长远而具体的规划,往往是什么热门就做什么,东一榔头西一棒槌,既没有为后续预留和考虑好商业空间,也缺乏统一的主题规划,给人一种"捞一笔就跑"的感觉。

六、文创发展问题的解决对策

1. 深入研究IP

IP的打造需要思考如何深入人心。对于知名旅游目的地而言,文化IP自带流量,如故宫、颐和园、秦陵兵马俑等都具有极高辨识度,但这并不意味着拥有IP就能"躺着赚钱"。文化IP是客观存在,而通过不同的打造方式,可以赋予IP不同的个性、情感与品质。对于中小IP或从零开始的新IP,则需要更专业的运营手段。

日本的熊本熊是文旅IP打造的经典案例。这个胖乎乎、黑身材、带着标志性腮红的形象,以其蠢萌的姿态活跃在网友表情包中。熊本熊不仅融合了当地特色,当地政府还为其策划了丰富活动,如聘任为临时公务员、发起"寻找熊本熊"等活动。这一IP为熊本县带来了持续的经济效益:旅游人数增长近20%,相关文创产品达2万多种。这个几乎虚构的吉祥物成功振兴了一个县的旅游业,其经验值得我国借鉴。

文创产品的核心在于内容创意,即通过"角色拟人化""人物故事化""故事个性化"赋予原型灵魂。正是这种创意让熊本熊从动物形象变成了有情感、有个性的"人",拉近了与受众的距离。相比之下,我国许多以动物为原型的文创产品缺乏性格、情感和故事,注定只能成为普通的橱窗摆设。

2. 重视年轻人的打卡满足

当代年轻消费者追求的 IP 文化,更多是一种文化共鸣和高级感。能够满足小圈子"炫耀"需求的文创产品往往更受欢迎。清华大学文化经济研究院与天猫联合发布的《新文创消费趋势报告》指出,近几年博物馆文创市场呈高速增长态势,越来越多的消费者喜欢在网上购买文创产品,文创已成为年轻人接触博物馆的新方式。从"千禧一代"到"Z 世代",旅游业必须持续关注这些消费主力,而文创产品正是连接景区与年轻人的重要桥梁。

"千禧一代"是指20世纪未成年,在跨入21世纪(即2000年)后成年的一代人。"Z 世代"指出生于1995—2009年的人群。这些年轻消费者重视体验而非物质,更关注价值与服务。调查显示,在他们的价值观中,友情和家庭排在第一位,并不认为一份稳定的工作十分宝贵,也不会努力追求这一点。

"Z 世代"更关心的是"体验",同时也更节俭:他们尝试去挖掘最好的价值和服务。"Z 世代"的青少年对他们父母消费上的影响力,远大于"千禧一代"曾经的影响力:有较高的生活费用且其偏好能显著体现出需求决定产品,而非产品决定需求。从"X 世代"(1965年至1979年出生)到"Y 世代"(1980年至1994年出生),再到"Z 世代"(1995年至2009年出生),游客的需求变得越来越多元化,因此"网红"爆点也必然会持续更新。比如2021年河南博物院推出的"考古盲盒"在线上引发抢购热潮,而其爆发点则在于文创运营人员及时关注到了一位豆瓣网友在小组内分享了自己购买考古盲盒及开盲盒的全过程,并及时与诸多网友展开了互动,才使得盲盒快速"出圈"。与年轻人对话的能力,显然已经成为旅游文创得以走出景区的重点。

即使到现在,很多旅游文创产品店,也只是景点或目的地的附庸,只是作为门票之外二次消费的场所。对旅游文创产品来说,通过精致的文创产品以及多平台的智慧零售,将游客引导至目的地景区,要确保景区不能"见光死",否则,网络滤镜被打破,现实会更令饱含期待的游客难以接受。故宫就在文创爆发的同时,做好了线下景区的服务匹配,提升客户服务体验,进而使得故宫每年的参观人次都持续增长,且"80后""90后"已成为参观故宫的主力。

文化创意与旅游的融合发展是行业必然趋势,既能开发旅游资源的经济价值,也能为文化创意提供变现渠道。二者的良性互动将持续创造社会经济价值。

七、旅游形象创意策划

21世纪是眼球经济时代,注意力成为稀缺资源,策划好的旅游产品必须借助创意才能顺利进入市场,实现自身价值。旅游形象创意策划不仅是旅游企业的事情,也是政府提升地方形象的重要手段。

旅游城市形象力就是传播力,传播力决定旅游辐射影响力。旅游形象与城市形象密不可分、一体两面。

1.相关概念

形象(Image)是指人们通过感知活动所获得的对事物的一种印象。旅游形象是旅游者对旅游目的地(产品和服务)形成的一种整体评价和印象。它是旅游目的地对客源市场产生吸引力的关键,是旅游目的地的象征,旅游目的地之间的竞争在很大程度上是形象的竞争。旅游形象是旅游者对某一旅游目的地的总体印象、认识与评价,是旅游目的地对客源市场产生吸引力的关键,是旅游目的地的象征,旅游目的地之间的竞争在很大程度上是形象的竞争。旅游形象策划是指对某旅游目的地的形象进行创意性的系统谋划。

旅游形象包含旅游理念、语言、标识、视觉行为等方面的印象体系。旅游主题形象更偏重理念和语言,优秀的旅游主题形象更是对旅游发展有起死回生之功效。

比较成功的宣传口号如下:

酒泉——行游酒泉·穿越千年　　　武威——天马行空·自在武威

白银——黄河之上·多彩白银　　平凉——问道崆峒·养生平凉

金昌——中国镍都·西部花城　　临夏——花儿临夏·在河之洲

天水——羲皇故里·锦绣天水　　陇南——南北过渡带·最美陇之南

2. 旅游形象策划的内容构架

1) 理念基础

理念基础主要体现的是一种价值观念、独特精神,它是旅游形象策划的基础、核心和灵魂。旅游形象策划必须建立在深刻的理念分析的基础上,并来自对"文脉"的把握,即对所在地进行地理背景和历史文化分析。通过对旅游目的地的理念分析,形成对旅游产品准确而清晰的认识,并进一步确立用以表达和传播旅游目的地形象的主题和宣传口号。

2) 理念可分为一、二两级

一级理念是将重点放在向旅游者传递一种旅游目的地能够带来的氛围和感觉,即能够给旅游者带来的核心价值。文字表述上应简洁易懂,形象生动,易读易记,并富有诗情画意。旅游总体形象或主题形象的语言表述要仔细推敲,应生动、精练。为了取得好的传播效果,可以采用文字和图片相结合的方式。一级理念一般可以作为旅游目的地的总体形象或主题表达。

二级理念则将旅游目的地不同层面或区段的特征(历史、地理、文化、景物等)作为主题,与目标市场所接受的特点相结合,进行有针对性的具体的阐述,将旅游目的地系统完整地呈现在旅游者面前,对一级理念进行全方位支撑。比如甘肃的二级理念宣传口号设计如下:

上下八千年,寻梦在甘肃。

游甘肃,让我的人生更精彩。

甘肃,千万里追寻着你。

甘肃,和你想的不一样。

一步千年,一眼万里,中国甘肃。

秦时明月汉时关,请到甘肃来旅游。

对张掖市的地脉、文脉进行分析后,其定位如下:

一级理念:一山一水一古城,宜居宜游
二级理念:七彩丹霞,湿地之城,裕固家园,戈壁水乡,地貌景观大观园,暑天休闲度假城,丝绸之路古城邦,户外运动体验区。

更为具体的张掖宣传口号设计如下:

张掖——张开臂膀等你。
甘肃有大美,最美在张掖。
丹霞美,丝路梦,走廊情,张掖行。
行走在丝路,相逢于张掖。
甘肃旅游哪里好,河西走廊数张掖。

3) 彩虹张掖的形象创意策划分析

张掖近年来旅游发展迅速,张掖市委市政府提出打响"彩虹张掖"这一文化品牌,据此笔者也响应政府号召,尝试分析品牌背后的策划依据。"彩虹"是雨过天晴大自然恩赐的美景,是绚丽吉祥的真诚祝福,同时也代表着一种积极、健康、多样化的文化观。但我们还需要进一步提炼和升华,使"彩虹城市"这个概念的外延和内涵更具体化一些。因为目前还有很多城市及国家沿用彩虹城市这个用法,比如新疆的乌苏、阿根廷的布宜诺斯艾利斯等,所以要和它们有差异化。

张掖的旅游资源多样性包括生态多样、景观多样、地质地貌多样、地形多样,以及气候、河流、矿产资源多样。文化多样性包括红色文化旅游多样、宗教文化多样、丝路文化旅游多样、民族文化旅游多样、长城军事文化多样、古城遗址文化多样、非物质遗产文化多样、乡村文化多样、生态文化多样等方面。因此,可以用彩虹的色调来丰富"彩虹城市"的内涵。具体来说,就是用红橙黄绿青蓝紫七种颜色来概述:

①活力红:丹霞地貌,红色旅游。②财富橙:金盏菊。③神圣黄:金灿灿的制种玉米(张掖是全国最大的玉米制种基地);④生态绿:焉支山森林、祁连山生态保护区、湖泊、农田;⑤祁连青:祁连玉、荒漠生态区、矿产;⑥深邃蓝:蓝天(张掖蓝);⑦浪漫紫:夏季盛开的马鞭草和薰衣草。

因为色调更多是凸显彩虹城市张掖的自然美景,而厚重的文化内涵显现得比较少,还需要构筑文化子品牌来支撑。因此,要高度重视张掖文化挖掘传承、发展繁荣,打造体现彩虹城市的文化品牌,即"彩虹城市"文化涵盖"古色"的历史文化、"原色"的民族文化。"原色"彰显的是张掖民族文化的朴素的原始美,"红色"彰显的是张掖文化刚劲的灵魂美,"绿色"彰显的是张掖山水风光的自然美。

总之,我们要打造好"彩虹城市"文化品牌,要更加注重"彩虹城市"文化品牌的文化涵养、文化设计、文化培育、文化运营、文化增值,增加"彩虹城市"文化品牌的知名度、美誉度,不断演绎"彩虹张掖"文化品牌的独特魅力,为张掖新未来提供源源不断的精神动力和智力支持。

九、旅游商品开发

近年来,我国旅游业发展迅速,但作为旅游业四大支柱之一的旅游商品却因为无法满足游客不断增长的购物需求,长期处于滞后状态,严重制约了我国旅游业整体经济效益的增长,成为旅游业发展过程中的短板。根据《新华日报》的报道,2015年全球旅游收入中,欧美购物占比高达70%,国内却不足20%。文化创意产业是近年来发展势头最为强劲的产业,张掖拥有丰富的文化类型,将张掖及甘肃的各类型文化与旅游商品进行巧妙的对接,利用文化创意对现有旅游商品进行深度开发,使旅游商品散发出灿烂的文化光辉,这对促进张掖乃至甘肃的旅游商品开发和旅游事业发展具有十分重要的意义。

1.旅游商品概念

目前,关于旅游商品的定义,主要有狭义和广义两种。狭义的旅游商品主要指旅游者在旅游过程中购买的商品,它的基本特征是具有异地性、艺术性、纪念性、实用性和收藏性。广义的旅游商品范围较为广阔,不仅指在旅游过程中购买的商品,也包括在旅游准备阶段购买的与旅游活动相关的商品。根据研究需要,本文所讲的旅游商品特指狭义的旅游商品,即旅游商品是指旅游者出于商业目的以外购买的,由旅游活动引起的,以旅游纪念品为核心的有形商品,即旅游者在旅游目的地购买的实物商品。

2. 张掖旅游商品存在的问题

1)旅游商品缺乏文化内涵

根据调研,在影响游客购买决策的诸多因素中,旅游商品的文化内涵占了75%。然而,目前张掖市场上的旅游商品大多不注重文化的包装,只注重商品本身的质量,忽略了旅游者的文化体验。旅游商品缺乏能够体现地方特色的文化因子,有的商品即使是体现地方特色的,也只是简单地罗列、复制当地建筑图片或者是相关简介,但往往设计得过于简单直白,没有美感可言,更谈不上提取和挖掘地方文化的深层内涵。

2)旅游商品的同质化严重

该问题主要表现在商品的地域性特征不明显,低端的、同质化的旅游商品充斥市场。在旅游商品的设计中没有体现当地的文化、标志性的符号,没有特色,商品的纪念价值不突出。

3)政府和旅游景区对旅游商品重视不够

政府虽然在文件中强调要开发旅游商品,但缺少实际的推动措施。旅游景区的配套设施也不完善,没有在旅游景区建立旅游购物店,更没有在景区内外引入销售商家,导致旅游景区内缺少和景区内容相关联的旅游商品。即使部分景点有旅游商品销售,也大多是销售本地特色的农产品,但是这些农产品保留时间有限,无法给游客留下永久性的纪念。

3. 基于文化创意的张掖旅游商品开发的对策探讨

1) 让经典在旅游商品中"复活"

文化是旅游的核心灵魂。张掖文化底蕴深厚,丝路文化、民族文化、边塞文化和红色文化等汇聚交融,因此,我们在开发张掖旅游商品时,要将各类文化创意融入商品设计中,让旅游商品散发出深厚的文化气息,让游客看到商品时,既能感悟历史、缅怀先烈,又能给在思想上接受更加直接、长久的熏陶。

2) 打造具有张掖文化特色的旅游商品品牌

2014年,国务院出台了《关于促进旅游业改革发展的若干意见》,提出要实施中国旅游商品品牌建设工程,培育体现地方特色的旅游商品品牌,这说明国家已经在重视旅游商品的品牌建设工作。一方水土养一方人,不同地方有不同的地方文化,张掖有深厚的文化底蕴,但是在开发商品时,务必要突出地方文化特色,挖掘商品的内涵,提升商品的附加值。比如张掖的河西宝卷文化、裕固族文化、佛教文化、边塞诗词文化等,具有悠久的历史和时代价值,若把各类型文化与地方民俗文化相结合,开发潜力巨大。

3) 加强政府主导,为旅游商品创意开发提供政策支持

张掖市各级政府要高度重视旅游商品在旅游业发展中的重要地位和作用,加强对全市旅游商品发展的宏观指导和调控,推出一批适销对路的旅游商品,扶持培育一批生产销售旅游商品的定点生产企业,建成方便游客购物的旅游购物中心。同时,一方面,要加大对旅游商品生产企业的支持力度,培植一批知名的旅游商品品牌,避免无序开发。另一方面,必须要宣传推广。现在已不是"酒香不怕巷子深"的时代。由于游客在旅游目的地的停留时间普遍较短,必须通过多种宣传渠道,特别是充分利用互联网、新媒体等现代传播手段,全方位展示旅游商品的特色和文化内涵,才能有效提升游客的认知度和购买意愿。

总之,开发富有创意且具有文化内涵的旅游商品,能够极大地推动旅游业的发展,对于促进张掖旅游商品的转型升级、提高张掖城市形象具有十分重要的作用和意义。

参考文献

[1] 杨振之,等.旅游原创策划[M].成都:四川大学出版社,2005.

[2] (英)丹尼·卡瓦拉罗.文化理论关键词[M].张卫东,张生,赵顺宏,译.南京:江苏人民出版社,2006.

[3] 沈祖祥.旅游文化学[M].福州:福建人民出版社,2012.

[4] 梁留科.旅游商品创意与设计[M].北京:科学出版社,2016.

[5] 陈放,谢宏.文化策划学[M].北京:时事出版社,2000.

[6] 张鲁君.文化创意与策划[M].福州:福建人民出版社,2013.

[7] 王衍用,曹诗图.旅游策划理论与实务[M].北京:中国林业出版社,2008.

[8] 王珉.创意学理论与案例分析[M].杭州:浙江工商大学出版社,2012.

[9] 厉无畏.创意改变中国[M].北京:新华出版社,2009.

[10] 吕波.168个创意营销金点子[M]北京:中国经济出版社,2016.

[11] 徐丹丹,孟潇,卫倩倩.文化创意产业发展的文献综述[J].云南财经大学学报,2011(2).

[12] 白凯,原勃.扎根理论下的印象系列分析[J].陕西行政学院学报,2009(1).

[13] 杨春宇,邢洋,左文超,等.文化旅游产业创新系统集聚研究——基于全国31省市的PEF实证分析[J].旅游学刊,2016(4).

[14] 尹贻梅,鲁明勇.民族地区旅游业与创意产业耦合发展研究——以张家界为例[J].旅游学刊,2009(3).

[15] 付瑞红.文化产业和旅游产业融合发展的模式与路径[J].经济师,2012(9).

制度创新与张掖旅游发展

柳红波^①

一、张掖旅游业发展现状

张掖,位于河西走廊中部,南依祁连山,北临巴丹吉林沙漠。西汉时设郡,以"张国臂掖,以通西域"而得名,历史上称为甘州。张掖是古丝绸之路上一颗璀璨的明珠,素有"塞上江南"和"金张掖"之美誉。张掖文化积淀深厚,人文景观独特,是国家历史文化名城和中国优秀旅游城市。始建于西夏的张掖大佛寺距今已有1000多年的历史,寺内卧佛是国内最大的室内木胎泥塑卧佛。始凿于东晋时期的马蹄寺、金塔寺石窟群,系国内洞窟艺术之珍品。高台北凉古都骆驼城遗址是国内最大、保存最完整的汉唐古城遗址。张骞出使西域、隋炀帝在焉支山召开万国博览会、马可·波罗旅居甘州、红西路军血战高台等,均是张掖宝贵的历史文化资源。张掖特殊的地理条件造就张掖地形地貌千姿百态,自然景观绚丽多彩,境内高山峡谷、雪峰冰川、森林草原、戈壁沙漠、丹霞丘陵、湿地湖泊等自然景观相间分布,自然禀赋独特而丰富。尤为独特的是约500平方千米的丹霞地貌色彩斑斓,窗棂状、宫殿式、泥乳状、彩色丘陵等丹霞奇观被权威人士赞誉为全国第一,被美国《国家地理杂志》评为世界十大神奇地理奇观之一。

张掖独特的自然景观和丰富的历史文化资源使其具有发展旅游业的天然优势。截至2023年12月,张掖拥有国家5A级旅游景区1家,国家4A级旅游景区21

---

① 柳红波,河西学院历史文化与旅游学院教授,管理学博士,硕士研究生导师。

家,4A级以上旅游景区共22家,数量位列甘肃省14个市州的第一位。近年来,张掖文化旅游业发展迅速,张掖市旅游收入自2006年的3.13亿元增长到2019年的279.06亿元,增长约88倍。2023年,张掖市旅游收入达到211.31亿元,恢复到2019年的76%。2006—2023年张掖市旅游收入和增长率如表1所示。由表可见,张掖市旅游业发展迅速,旅游收入增长率均高于甘肃省25%旅游收入增长率,旅游收入的快速增加,使得文化旅游产业收入在张掖市GDP中的比重越来越大,占到50%以上,文化旅游业成为张掖市名副其实的首位产业和支柱型产业。

表1   2006—2023年张掖市旅游收入和增长率统计表

年份	旅游收入/亿元	增长率/(%)	年份	旅游收入/亿元	增长率/(%)
2006	3.13	—	2015	76	28.92
2007	3.33	6.39	2016	114	50.00
2008	3.71	11.41	2017	157	37.72
2009	4.15	11.86	2018	210.7	34.20
2010	9.16	120.72	2019	279.06	32.44
2011	17.1	86.68	2020	185.0	−33.70
2012	27.14	58.71	2021	197.07	6.52
2013	39.12	44.14	2022	84.44	−57.15
2014	58.95	50.69	2023	211.31	150.25

从张掖旅游发展过程来看,在张掖七彩丹霞尚不知名之前,张掖主要旅游吸引物为张掖大佛寺和马蹄寺,受敦煌莫高窟"形象遮蔽"效应的影响,张掖旅游发展较为缓慢,游客人数较少,2006—2009年的旅游收入能较好说明当时张掖旅游业的发展状况,张掖是兰州至敦煌旅游线路的补给站,为过境地,而非旅游目的地。自2008年张掖七彩丹霞正式开发以来,在政府和景区的大力宣传下,景区知名度迅速提高,游客数量快速增长。2008—2023年张掖七彩丹霞旅游景区接待游客量统计情况如表2所示,截至2023年的数据统计结果显示,张掖七彩丹霞旅游景区成为甘肃省内接待游客较多的景区之一。正是在张掖七彩丹霞旅游景区快速发展、游客数量激增的驱动下,张掖市旅游交通、旅游接待设施、旅游服务设施逐步完善,

张掖开始真正成为受欢迎的旅游目的地。

表2　2008—2023年张掖七彩丹霞旅游景区接待游客量统计表

年份	游客量/(人次/万)	年份	游客量/(人次/万)
2008	1.2	2016	150.1
2009	3.6	2017	196.7
2010	8.0	2018	232.3
2011	15.0	2019	258.97
2012	27.0	2020	160.78
2013	46.0	2021	173.53
2014	70.0	2022	32.5
2015	109.2	2023	287.0

二、张掖景区经营权转让之路

张掖文化旅游业的快速发展引起了广泛关注,各界对其成功原因众说纷纭。笔者认为,旅游景区经营权转让是推动张掖文旅产业崛起的关键因素,其中以七彩丹霞景区的实践最具代表性。2006年4月,《甘肃省人民政府关于进一步加快旅游业发展的意见》中明确提出向国内外投资者开放旅游资源开发和景区(点)经营权,按照旅游资源所有权、管理权和经营权分离的模式,积极探索旅游资源开发和经营的市场化模式。同年7月,第十届全国丹霞地貌旅游开发学术研讨会在张掖市召开,与会专家和学者对张掖丹霞独特性、垄断性的高度评价使地方政府对张掖丹霞地貌有了全面、科学的认识,同时也坚定了地方政府对张掖丹霞进行旅游开发的信心。然而,当时张掖旅游发展较为落后,2006年张掖市接待入境游客仅为123人次,接待国内游客为88.18万人次,较小的市场规模不足以吸引外来旅游企业的进入。此时,市场机制不能充分发挥作用,这就要求政府通过制度创新替代市场机制,即由地方政府代替市场行使一部分资源配置的职能以满足经济发展需要。正是在这样的背景下,临泽县政府开启了临泽七彩丹霞景区经营权转让之路。

　　2006年,临泽县政府开始探索景区经营权转让模式,临泽县政府首先将投资主体瞄准本地具有投资能力的企业家,为了坚定企业家投资开发丹霞景区的信心,他们积极组织协调,推荐企业家到全国知名旅游地或景区进行旅游投资考察。经过两年的积极探索,2008年临泽县丹霞生态旅游开发有限公司与临泽县政府签订协议,联合开发临泽七彩丹霞景区。按照合同约定,民营企业获得景区的30年经营权,负责景区的经营管理工作,临泽县政府负责制定规划和监督管理,景区门票收入按照3:7分成,即临泽县政府每年获得景区门票收入的30%作为景区资源租赁费用,临泽县丹霞生态旅游开发有限公司获得门票收入的70%,以补偿其投资及保证景区正常运营。经过五年的发展,到2012年,企业在景区建设投资约5300万元,在政府和企业大力宣传下,临泽七彩丹霞景区游客量从2008年的1万多人次上升到2012年的27万人次,游客人次增长达20多倍,七彩丹霞景区开发的旅游经济效益初步显现。

　　与此同时,政府每年30%的门票收入及税收不仅使临泽县财政收入大幅增加,而且带动了当地就业和农家乐的快速发展,农民收入大幅上升,政府主导下的旅游景区经营权转让成效显著。在政府大力引导下,当地民营企业和农民积极探索"企业+农户"的景区开发模式,企业组织农户成立"农业观光合作社",并创新提出由"农业观光合作社"集资购买景区观光车参与景区经营管理及利益分配,扩大了景区经济效益的覆盖面,带动了当地居民发展旅游的积极性,张掖七彩丹霞临泽片区的景区开发不仅让临泽县政府支持的景区经营权转让取得了较好的经济效益,而且产生了较好的社会效益。

　　临泽县政府的景区经营权转让取得了较大成功,坚定了张掖市级政府景区经营权转让的信心,特别是临泽县政府在景区经营权转让过程中未出现企业圈地、企业转卖、中途退出和企业因追求短期经济效益造成生态环境破坏等问题。与此同时,张掖旅游业经过5年的快速发展,全市旅游收入由2006年的3.13亿元上升到2011年的17.1亿元,旅游业的快速发展凸显出旅游产品供给明显不足的问题。在旅游市场发育不完善的背景下,依靠政府微薄的财政投资很难在短期内推动张掖旅游的快速发展。因此,景区经营权转让便成为张掖旅游业快速、健康发展的突破口。幸运的是,2012年国家连续出台的推动国家旅游业发展的宏观政策为张掖市景区经营权制度创新奠定了基础。正是在这样的背景下,2012年,张掖市政府采用景区经营权制度创新模式,整合12家旅游景区景点,按照"谁投资、谁受益"的原则,通过合资、独资、股份制、拍卖、租赁、承包等多种方式,出让旅游景区经营权,探索构建所有权、管理权、经营权"三权分离"的景区开发模式和经营管理体制,并于2012年5月21日在北京举行了"张掖旅游景区景点经营权转让方案评估会",多家媒体的报道使张掖景区经营权转让受到了广泛关注。这一举措吸引了大量社会资本投资旅游业,实现了张掖旅游资源向旅游资本的转化,促进了张掖旅游业的快速发展。

三、制度创新:张掖旅游业快速发展的驱动力

(一)景区经营权转让是一种制度创新

我国景区的大规模开发与市场需求密切相关,景区数量的快速增长使得景区的管理体制问题愈发明显。我国景区按其性质归属于不同的管理部门,内涵丰富的景区往往面临着多个管理部门共同管理的现状,管理部门之间争夺利益、推卸责任的现象比比皆是,多重管理主体带来的后果便是景区治理效率低下,景区的健康、持续发展举步维艰。景区管理体制弊端在旅游发展初期尚不明显,但随着旅游市场的不断成熟和旅游经济的持续增长,景区管理制度供给不足导致了资源配置效率低下,阻碍了景区的快速发展。因此,景区制度创新成为景区管理体制改革的关键点。

1998年1月,随着多轮谈判,私营业主获得了经营权,并于同年成立了湖南省黄龙洞投资股份有限公司,实际拥有张家界黄龙洞45年的自主经营权;同年同月,成都万贯(集团)置业股份有限公司整体租赁了四川雅安市"碧峰峡"省级风景名胜区,相隔千里的两地不约而同地将景区经营权作为景区管理体制改革和创新的着力点,是有意还是无意?这种创新和突破是否有理论依据或实践经验?一时间引

起了业界和学界的广泛关注和讨论。2001年,建设部在《关于对四川省风景名胜区出让、转让经营权问题的复函》中明确指出,任何形式的出让或转让(包括变相的以经营权为名义的出让、转让)都与我国现行的法律法规不符。这说明不论企业获得景区经营权合理与否,建设部从当时法律法规的角度并不支持这种做法。那么,景区经营权转让是否更有效率呢?根据产权经济学的观点,产权可以分割,一般将景区产权分割为所有权、管理权、经营权和收益权四个方面。对于四个权利属性的归属依据,巴泽尔认为权利结构的设计是用来在各当事人之间配置各个属性的所有权。具体而言,就是将那些容易产生共有财产问题的权利属性,分配给在管理这些属性方面具有比较优势的主体。换言之,景区产权虽然可以分割,但各项权利的具体归属取决于哪个主体能够更有效地行使该权利。

按照传统的景区管理体制,景区所有权属于国家,而地方政府作为国家代理人拥有景区经营权,其拥有景区经营权的效率是否具有比较优势?全国各地不断推行的景区经营权转让这一事实或许能回答这个问题。实际上,尽管中央主管部门反对地方政府出让景区经营权,但地方政府为了发展地方经济,实现旅游资源的经济价值,往往采取"先做不说"或者"做了再说"等方式,纷纷出让景区经营权,这种"犹抱琵琶半遮面"和"禁而不止"实际上是政府微薄的财政投入和巨大的景区资本需求相互妥协的结果。2012年,国家连续出台《关于金融支持旅游业加快发展的若干意见》和《关于鼓励和引导民间资本投资旅游业的实施意见》,以促进旅游业的快速发展,这使得旅游产业进入了资本角逐的时代,企业经营景区变得有据可依,景区经营权转让这才真正掀开了半掩的面纱。

诺斯认为,制度变迁通常由对构成制度框架的规则、规范和实施的复杂结构的边际调整所组成。制度变迁过程是一种高效率的制度安排替代低效率制度的过程,由于新制度的实施意味着对旧制度的摒弃,旧制度的改良意味着权力边际的变化,制度变迁实质上是一种制度创新过程。张掖景区经营权转让涉及产权属性的割离和产权属性的转变,即景区产权分割为了所有权、管理权、经营权和收益权,景区经营开发权所有者由地方政府变为企业,这提高了景区经营权的使用效率,同时通过与经营权拥有者建立契约来约束新的产权属性,变更了原有产权合同,因此景区经营权转让是一种制度创新。

中国西北地区旅游资源丰富,但经济发展较为缓慢,旅游资源优势难以转化为旅游产品,不能顺利实现旅游资源的经济价值。造成这种现象的主要原因是景区资金投入能力不足和景区管理人才的缺乏,这极大限制了区域旅游经济的快速发展。张掖市政府结合国家政策和自身旅游资源优势,通过制度创新和增加制度供给来促进地方经济的快速发展,根据实际情况提出了"国家金融特许+地方优惠政策=零成本获取国家级旅游景区经营权"的创新模式。"国家金融特许+地方优惠政策=零成本获取国家级旅游景区经营权"是指将景区经营权、管理权和所有权分离,把旅游资源市场化,通过转让景区经营权,吸引经营理念先进、综合实力雄厚的战略性旅游投资企业参与各景区建设,并把转让景区经营权所得资金分期全额返还给投资者。具体而言,张掖景区产权变革是以景区经营权转让的形式,将经营权让渡到经营权使用更有效率、更有比较优势的企业手中,通过企业市场化的运作,投资开发旅游产品,实现旅游资源向旅游产品的转变,进而带动区域旅游经济的快速发展。同时,为了避免企业圈地、坐等景区升值转让等可能减缓景区投资开发进程的风险,提出了按照企业投资额度,分期全额返还企业租赁景区费用的制度安排,调动了企业投资开发景区的积极性。综上可见,景区经营权转让这一创新性的制度安排激活了景区开发潜力,提高了景区经营管理效率,代替了旧的制度安排,这一制度变迁是根据国家政策和产业发展趋势而提出的高效率的制度安排替代旧制度的创新过程。

(二) 制度创新助推张掖旅游目的地的快速发展

1. 旅游目的地发展解释模型

对于旅游目的地发展话题,笔者比较认同中山大学张朝枝教授提出的旅游目的地发展解释模型。他认为,在中国的语境下,旅游目的地发展是一个与地方政府角色紧密相关的问题,在"政府主导"背景下,制度在中国旅游目的地发展中起着至关重要的作用。特别是对于世界遗产地这类受政府严格监督管理的旅游目的地,不考虑制度因素,无法有效解释旅游目的地的发展。这与笔者研究发现的张掖景区经营权转让制度创新是政府主导的强制性制度变迁完全吻合。张朝枝教授以当地旅游基层从业者、旅游管理者、旅游研究者三重身份对张家界旅游发展进行了四十年的观察,同时挖掘与整理的历时性资料和各类调研考察中的访谈的一手材料,总结提炼出以下旅游目的地发展解释模型(即资源—制度—资本—创新,RICI模型),如图1所示。

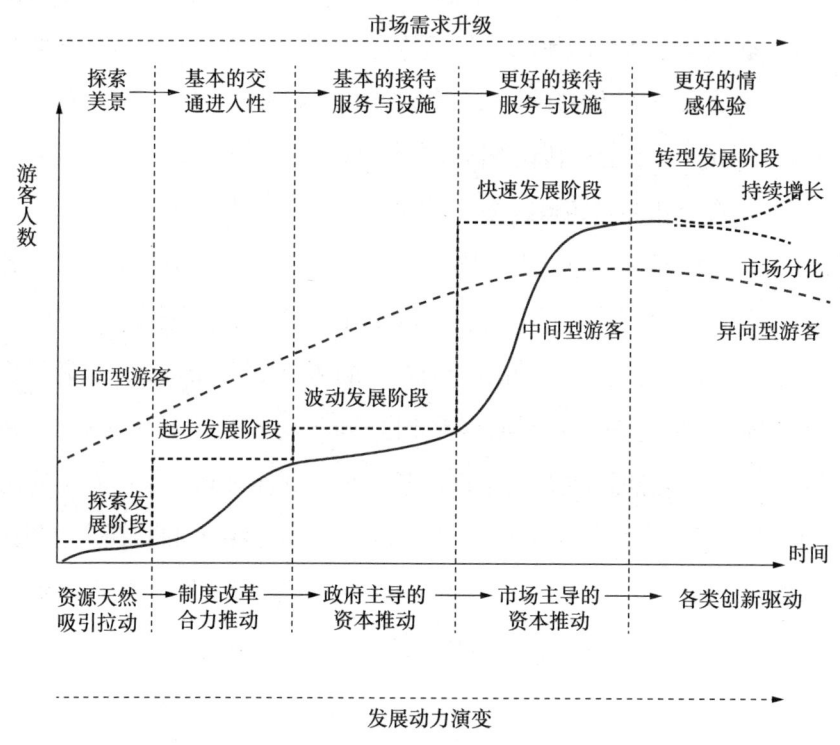

图1　旅游目的地发展解释模型

模型指出,旅游目的地发展是一个供给侧对外部市场响应的过程,在这个过程中先后经历了资源驱动发展、制度驱动发展、资本驱动发展、创新/知识驱动发展四个阶段。

(1)第一阶段:资源驱动发展阶段。

这一阶段旅游发展主要源于资源本身的自然吸引力,游客闻名而至,没有过多的供给侧推动。在此阶段,文化精英对资源的传播起到了重要作用,但其发展瓶颈是基础设施不足。20世纪80年代初期,张家界因吴冠中的一幅画和一篇文章而被广泛关注,吸引了大批游客不畏艰难而来。张掖作为古丝绸之路重镇、国家级历史文化名城,历史文化资源丰富,文化景观类型多样且知名度较高。张掖特殊的地理位置使张掖境内拥有雪山、冰川、森林、草原、湖泊、沙漠、戈壁、湿地、丹霞等独特的自然景观和地质地貌奇观。2003年10月12日,《兰州晚报》刊登了由张掖军分区原政委、中共张掖市委原常委郑复新拍摄的张掖丹霞地貌作品,引起了摄影爱好者和游客等社会大众的广泛关注,再加上从事丹霞地貌研究的黄进、彭华等专家学者的助力推广,张掖丹霞地貌的自然吸引力不断放大,张掖逐渐成为游客追捧的旅游目的地之一。

(2)第二阶段:制度驱动发展阶段。

这一阶段旅游发展主要源于体制改革的红利。经过初期旅游发展,地方各利益相关者矛盾冲突不断加剧,而这种冲突矛盾最终推动管理体制改革,初步形成了发展合力,加速了公共基础设施的建设,同时在旅游营销方面也初步实现了协同发展。张家界从20世纪80年代末期到90年代后期就经历了这一发展过程。1988年,武陵源区人民政府和武陵源风景名胜区的管理体制形成后,张家界市人民政府、武陵源区人民政府集中各方面的资源,在这一阶段完成了张家界的主要景区道路等设施建设,同时以政府为主体投资建设了一批住宿、餐饮等服务设施,解决了上一阶段的旅游发展瓶颈问题,旅游进入一个新的发展阶段。张掖在丹霞地貌开发之前,其核心旅游资源为张掖大佛寺、马蹄寺等宗教文化类文化景观,其开发主体主要为政府,开发主要方向集中在道路等基础设施建设等方面,同时在景区内或周边建设了一批住宿与餐饮接待与服务设施。不容忽视的是,由于张掖宗教文化类旅游资源与敦煌莫高窟等同区域知名度较高旅游资源具有极大相似性,处于敦煌莫高窟的"形象遮蔽"效应中,也不难理解当时张掖旅游业发展缓慢的原因。可喜的是,随着张掖丹霞地貌知名度的不断提高,张掖核心旅游吸引物的转换突破了敦煌莫高窟的"遮蔽",与同区域旅游资源从"互代"向"互补"转化,这一转换为张掖旅游业的快速发展奠定了基础。然而,在张掖丹霞地貌旅游开发过程中,政府虽然在道路等基础设施建设方面发挥重大作用,但是资金短缺使其开发举步维艰,这也是住房和城乡建设部在推荐张掖丹霞参与"中国丹霞"世界自然遗产申报时地方政府选择放弃的主要原因之一。

（3）第三阶段：资本驱动发展阶段。

这一阶段旅游发展的推动力主要源于各类资本对旅游接待设施、旅游产品的投资与建设，解决了旅游接待水平与质量的问题，同时资本也推动了营销工作，从而推动旅游进入高速发展阶段。在此阶段，一方面，基础设施初步完善，管理体制逐渐理顺，多方形成旅游发展合力，但建设资本短缺成为发展瓶颈；另一方面，由于旅游市场需求的提质升级，旅游服务设施质量提升需要大量投资，此时外来资本的进入为解决这一问题提供了动力，资本成为推动目的地服务设施升级、营销手段多元化的重要推手。当然，这一阶段旅游发展的矛盾也日益多元化。2000年左右，基于国内旅游需求迅猛增长，住宿与餐饮设施的数量与档次逐渐跟不上市场需求，此时各类社会资本进入张家界，对原国资旅游接待设施进行收购与重组，或者直接投资建设全新的接待设施并投资开发新景区，同时这些资本对目的地营销的投入也成倍增长，使张家界游客人数飞速增长。

正是基于资金短缺的原因，张掖景区经营权转让为资本的进入打开了方便之门，实现了资源与资本的完美结合，驱动了张掖旅游发展的腾飞。在临泽县积极推动景区经营权转让过程中，临泽县丹霞生态旅游开发有限公司于2008年取得了七彩丹霞临泽片区的景区经营权，开始了景区道路、栈道、标识系统、观景平台的建设工作，截至2012年共投资5300万元，景区接待游客量从2008年的1.2万人次上升到2012年27万人次，增长21.5倍；同时景区在品牌建设方面成效显著，成功创建国家4A级旅游景区和国家地质公园。与此同时，张掖市政府积极寻求旅游产业战略合作伙伴。2012年12月，张掖市与甘肃省公路航空旅游投资集团有限公司（简称"公航旅集团"）签订旅游产业合作开发框架协议，标志着公航旅集团全面启动张掖旅游产业开发，2013年公航旅集团通过经营权整合的方式获得张掖七彩丹霞旅游景区的经营权，组建了张掖丹霞文化旅游股份有限公司，其中公航旅集团控股65%，张掖七彩山旅游有限公司（原临泽县丹霞生态旅游开发有限公司）控股18%，甘肃兴旅文化旅游有限公司占比17%（现已变更）。随着省属国有企业——

公航旅集团的进入,在大量资本驱动下,张掖七彩丹霞旅游景区迎来了飞跃式发展,2019年景区接待游客量约260万人次,成为甘肃省当年接待游客人数最多的景区之一,同时景区成功创建国家5A级旅游景区和世界地质公园。伴随着张掖七彩丹霞旅游景区的快速发展,张掖作为新生旅游目的地发展较快,其旅游综合收入由2012年的27.14亿上升到2019年的279.06亿,增长9倍多,在资本驱动下,张掖逐渐成为西北地区重要的旅游目的地。

(4)第四阶段:创新/知识驱动发展阶段。

这一阶段旅游发展主要源于产品创新、营销创新等基于新知识的创新驱动。在此阶段,旅游目的地已经成为知名品牌,旅游景区景点、旅游接待服务企业都出现恶性竞争的局面,企业只有超越低价竞争进行各类创新才能获得新的发展,从而也推动旅游目的地螺旋式上升。2003年,旅游市场快速恢复,激烈的竞争不断催生新产品,如演艺产品、惊险刺激体验产品、高端度假产品等,这些创新不断推动张家界旅游向前发展。如前所述,张掖通过景区经营权转让实现了资本与资源的有效结合,推动了张掖文化旅游业的快速发展。在经营权转让过程中,景区经营主体——企业不仅带来了资本和人才,其经营的灵活性和紧迫感也有助于景区产品创新和营销创新。随着人民生活水平的不断提高,以文化体验为核心的文化旅游消费成为当前社会经济转型和消费升级的主要特征,有内涵、个性化、高品质的文化旅游产品成为文化旅游消费市场的新宠。为迎合市场潮流,张掖文化旅游经营主体积极开发新产品,张掖丹霞文化旅游股份有限公司开发了热气球、直升机等低空旅游项目,以及有别于普通游的深度游和《阿兰拉格达》等旅游演艺作品;张掖七彩山旅游有限公司投资打造了丹霞口文旅小镇和《回道张掖》旅游演艺作品;冰沟丹霞景区和平山湖大峡谷景区尝试开发骆驼骑行和越野车穿越等旅游体验项目;巴尔斯圣山景区则在开发雪山户外探险和登山体验旅游产品的基础上,增加了星空帐篷和悬崖酒店等项目;另外,目前正在筹划建设的巴尔斯小镇和已营业的槐溪香榭特色民宿均体现出张掖文化旅游业已进入创新驱动发展阶段。

2. 张掖旅游目的地各发展阶段特征

综合以上分析可以发现,张掖旅游目的地发展基本遵循了张朝枝教授提出的资源驱动发展、制度驱动发展、资本驱动发展和创新/知识驱动发展四个阶段,但仔细分析张掖旅游目的地的发展过程,其各阶段与以上四个阶段略有不同。

(1)资源驱动发展阶段。

由于受敦煌莫高窟等高等级、知名品牌同类旅游资源的"遮蔽"效应影响,张掖仅作为丝路大环线的过境地,与旅游目的地要求有不小差距。直到2003年,随着张掖七彩丹霞照片的广泛传播,张掖七彩丹霞因其独特的色彩吸引力受到摄影爱好者、背包客、自驾游客的热捧,这也标志着张掖开始由过境地向旅游目的地转变。在此阶段,被称为"丹霞老雷"的当地村民雷兴义在摄影爱好者的动员下,于2002年贷款3万元、自筹资金2万元,总共花费5万元、历时2年修通了村口至观景台的4千米的观光公路。当时,张掖七彩丹霞旅游景区基础设施不足等问题较为突出,同时由于缺乏统一经营主体,任意收取景区门票和管理混乱等问题开始显现,这为统一经营主体、理顺经营管理体制的制度驱动发展阶段做好了铺垫。

(2)制度驱动发展阶段。

资源—制度—资本—创新模型的制度驱动发展主要指通过体制机制改革解决利益相关者矛盾冲突不断加剧,以及道路等基础设施和住宿、餐饮等旅游接待服务设施建设不足等问题。对于张掖旅游目的地发展而言,此阶段的体制机制等制度改革与模型中的制度驱动有较大出入。如前文所叙,张掖早期核心旅游资源主要为宗教文化旅游资源,且多为国家级文物保护单位,其发展和建设资金主要来自文化部门拨款,政府是其经营管理主体和发展资金提供者。但张掖七彩丹霞旅游景区作为新开发景区,既无开发主体,也无明确的基础设施和服务接待设施建设资金来源,特别是面临巨大投资资金缺口时,必然令经济欠发达地区的自然资源行政管理部门望而却步。因此,如果由地方行政管理部门作为管理主体仅能解决统一经营主体的问题,而景区后期投资建设等问题并不能得到有效解决。基于以上因素的综合考虑,景区经营权制度创新应是制度驱动发展阶段的核心内容,但该内容在旅游目的地发展解释模型中未予体现。这或许与区域经济差异有关,西部经济欠发达地区投资建设一个新景区对地方财政而言压力巨大,因此将景区经营权转让给企业既能解决经营主体不统一的问题,有助于平息并缓和利益相关者的矛盾冲突,也为景区寻找到了投资建设主体。事实上,从张掖七彩丹霞旅游景区建设之初,企业便开始作为经营管理主体,投资完成景区道路、厕所、栈道、导览标识系统等基础设施建设。在景区内部投资建设的同时,政府主要完成了景区外部交通基础设施的投资建设,旅游服务接待设施则按照市场机制由各类企业或个体经营户投资完成。此处强调景区经营权转让在制度驱动发展阶段的核心作用意义重大,在经济发达地区,景区经营权转让较为容易,但在广大西部地区绝非易事,张掖作为新兴旅游目的地的快速发展源于资本进入的快速驱动。横向比较的经验表明,很多西部地区难以成为旅游目的地或者作为旅游目的地发展缓慢的原因不是缺乏资本,而是社会资本缺乏进入的机会。

(3)资本驱动发展阶段。

张掖旅游目的地发展在资本驱动发展阶段与资源—制度—资本—创新模型明显不同。张掖在制度驱动阶段的景区经营权转让直接使目的地发展进入了市场主导的资本推动阶段,直接跨越了政府主导的资本推动阶段,这主要是出于经济欠发达地区政府无力主导资本推动的无奈。结合张掖七彩丹霞旅游景区资本驱动发展的实际,笔者将资本驱动发展阶段划分为以下两个阶段。

第一个阶段为2008—2012年的临泽县丹霞生态旅游开发有限公司开发运营阶段。该阶段为资本驱动发展的初级阶段,运营企业主要对旅游景区开发所需的基础设施和接待服务设施进行投资建设,同时企业利用各种旅游交易会、博览会开展旅游营销推介,并积极与省内外旅行社加强合作,游客人数大幅上升。随着景区成功创建国家4A级旅游景区和张掖国家地质公园,张掖七彩丹霞旅游景区品牌初步形成。然而,随着旅游市场需求的提质升级,运营主体投资能力有限和运营管理水平不高等问题逐步显现,由于旅游服务设施质量提升需要大量投资,并且对运营管理高水平的要求,此时唯有引进大体量资本和高水平的运营管理团队才能有效解决以上问题。另外,在七彩丹霞景区经营权转让之初,临泽县丹霞生态旅游开发有限公司仅取得七彩丹霞景区临泽片区的经营权,七彩丹霞景区肃南片区的经营权则由其他运营主体负责。人为地将景区一分为二并归属不同的运营主体,运营主体采用不同的运营模式,最终导致游客投诉越来越多,这种负面影响在2012年达到顶峰。因此,张掖市政府积极与公航旅集团接洽,并于2012年12月签订了旅游产业合作开发框架协议,2013年通过经营权整合的形式,公航旅集团正式成为七彩丹霞景区运营主体。

第二个阶段为2013年至今的张掖丹霞文化旅游股份有限公司开发运营阶段。公航旅集团牵头成立的张掖丹霞文化旅游股份有限公司理顺了景区管理体制,景区正式进入快速发展阶段。首先,公司投资约1.3亿元修建了游客服务中心,中心总占地面积约9.6万平方米,总建筑面积1.6万平方米。内部严格按照国家5A级景区要求布局,包括售票厅、检票大厅、餐厅、旅游商品展示厅、游客休息区、VIP服务区、候车区、卫生间、银行、邮局、母婴室、超市等景区服务功能;同时投资1.2亿元建设了与游客中心配套的景观广场,总景观面积21万平方米,其中停车场面积为11万平方米。其次,结合政府打造高等级景区品牌和景区高质量发展的需要,张掖丹霞文化旅游股份有限公司委托国梦九州旅游规划设计院编制了《张掖七彩丹霞旅游景区创建国家5A级旅游景区专项规划》,旨在指导张掖七彩丹霞旅游景区创建国家5A级旅游景区,景区围绕交通、游览、安全、卫生、邮电、购物、管理和环境等8方面进行了建设和投资。同时,景区结合世界地质公园建设要求,对标识标牌、解说系统进行了优化和提升。2020年,张掖七彩丹霞旅游景区正式被确定为国家5A级旅游景区,张掖世界地质公园获批"联合国教科文组织世界地质公园"称号,张掖七彩丹霞旅游景区品牌建设取得巨大成就。最后,公航旅集团结合张掖七彩丹霞旅游景区的龙头带动作用,按照旅游消费规律,在张掖七彩丹霞旅游景区出口位置投资2.4亿元建设了丹霞明珠酒店;根据张掖七彩丹霞旅游景区业务板块,分别成立了张掖七彩丹霞科技有限公司、张掖七彩丹霞旅游景区汽车运输有限公司、张掖七彩丹霞景区酒店餐饮管理有限公司、甘肃丹霞之旅旅行社有限公司、张掖丹霞智慧旅游股份有限公司等分公司,为张掖七彩丹霞旅游景区的快速发展提供了重要保障。张掖在景区经营权转让制度创新推动下,资本与资源实现了完美结合,通过资本驱动,由企业负责运营的张掖平山湖大峡谷景区、张掖冰沟丹霞景区、山丹皇家马场景区、巴尔斯圣山景区、神鹿公园景区均塑造了高端景区品牌,景区经济效益和社会效益显著。

(4)创新/知识驱动发展阶段。

在创新/知识驱动发展阶段,张掖旅游目的地发展与模型基本相同。一旦企业在旅游经营中掌握主动权,旅游发展便变得活跃且富有创新性。当企业获得景区经营权,作为景区经营主体时,便进入市场逻辑的轨道。为追求经济收益,企业会结合资源优势和市场需求自觉进行产品创新和开发新业态。以张掖丹霞文化旅游股份有限公司运营的张掖七彩丹霞旅游景区为例,其先在普通观光游的基础上,开发了深度游旅游产品;陆续开发了热气球、动力伞、直升机等低空旅游项目,已举办四届张掖七彩丹霞热气球嘉年华,并在第四届张掖七彩丹霞热气球嘉年华期间,开展了无人机表演、打铁花表演、热气球嘉年华摄影大赛、首届张掖七彩丹霞音乐嘉年华等一系列文旅体验活动,进一步增强了景区知名度和影响力;同时,开发了骆驼骑行、文创商铺、特色餐饮等产品。2024年,景区投资1000多万元用于基础设施改造升级和研学实践实验室建设;《阿兰拉格达》沉浸式梦幻山谷光影演艺提升项目完工复演;投资2100多万元建设祁连山国家公园自然教育与生态体验基地;投资4.37亿元的公航旅丹霞小镇二期建设项目开工建设;投资1000万元智慧景区改造提升项目正在加快推进;投资2000万元的张掖世界地质公园科普馆完成地质遗迹景观影响评价、设计和土地报批。这些项目的顺利开展为七彩丹霞世界级旅游景区建设注入强劲动力。同时,张掖七彩丹霞旅游景区立足于景区信息化发展现状需求,基于大数据、物联网、人工智能等先进技术,融合"文旅＋""智能＋"发展理念,近期拟建立涵盖"资源整合、信息感知、信息共享、数据互通"集智慧管理、智慧服务、智慧营销、创新体验于一体的张掖七彩丹霞旅游景区智慧化体系,具体包括旅游大数据平台、旅游综合服务平台、全网实名制分时预约管控平台、一体化综合票务系统、景区二次消费业态系统等平台和系统,通过科技为景区信息化建设赋能。

四、营销宣传：张掖旅游业快速发展的助推器

（一）节会营销

节会营销在提升旅游目的地品牌知名度、促进产品销售、增强消费者互动、塑造品牌形象、拓展市场渠道等方面具有重要作用。为提升甘肃旅游知名度和品牌影响力，甘肃省委、省政府于2011年开始举办敦煌行·丝绸之路国际旅游节，目前已举办12届；于2016年开始举办丝绸之路（敦煌）国际文化博览会，目前已举办7届；以及每年举办的公祭中华人文始祖伏羲大典等节会，对甘肃旅游知名度和影响力的提升均起到积极推动作用。张掖积极融入甘肃旅游节会活动，自2011年开始，陆续举办张掖·中国汽车拉力锦标赛拉力赛、湿地之夏·金张掖旅游文化艺术节、绿洲论坛、甘肃·张掖丝绸之路文化与旅游产业融合发展高层论坛、丝绸之路古城邦国际学术研讨会、全国新年登高健身大会、全国露营大会，并通过积极探索环青海湖国际公路自行车赛增加张掖赛段，以上活动极大增加了张掖在各媒体的曝光率，大大提升了张掖旅游目的地的知名度和影响力。随着张掖知名度的不断提升，游客接待量和旅游收入屡创新高，2021年张掖市委、市政府印发了《张掖市会展经济高质量发展三年行动方案（2022—2024年）》，提出到2024年底，要将张掖市建设成全国学术会议、商业会议、专业会议、全国性培训和国际会议的聚集地之一，实现节会、旅游、品牌建设的良性互动和协同发展。

（二）影视营销

影视作品作为一种有效的旅游促销手段，对旅游业的发展起到了促进作用。影视作品作为旅游营销的有效手段，具有其他营销方式所不具备的优势。一部成功的影视作品，有着长盛不衰的艺术魅力，从而对旅游目的地有更长时间的展现；吸引人的故事情节能够使人产生强烈的旅游欲望，加上特技效果的应用、明星效应和最佳拍摄角度更强化了旅游目的地的形象。影视作品对旅游目的地的宣传是全

方位、立体和持久的,并可以在一定时期内为本地创造经济效益。作为新兴旅游目的地,张掖借助影视作品扩大其知名度也是旅游目的地营销的必要措施。

张掖七彩丹霞旅游景区景观独特,受到许多影视剧的青睐。2007年,姜文导演的电影《太阳照常升起》在张掖七彩丹霞旅游景区选景拍摄;2008年,电视剧《神探狄仁杰3》将张掖七彩丹霞作为拍摄场景;特别是2009年张艺谋导演拍摄的贺岁片《三枪拍案惊奇》,将张掖七彩丹霞的全貌完美呈现在观众面前,电影中油画般的丹霞地貌勾起了许多观众对西部风光的向往。电影中,小沈阳穿着红肚兜和粉裤子在丹霞风光中疾跑,闫妮穿着水绿的罗裙在丹霞风光中举起枪,孙红雷身着蓝紫色铠甲在丹霞风光中眼神肃杀……这些场景都将张掖丹霞地貌的美以惊鸿一瞥之势刻在观众的脑海里。电影播出后,出于对彩色丘陵的好奇,大批游客来到张掖七彩丹霞旅游景区,影片中的"麻子面馆"目前仍保留在景区,成为丹霞地貌中一处人文景观。2020年,由华特迪士尼公司出品,妮基·卡罗执导的电影《花木兰》在张掖七彩丹霞取景拍摄,电影中的斑斓美景给观众留下了深刻的印象。现今,张掖七彩丹霞已成为中国的重要景观符号,2017年、2020年和2023年,张掖七彩丹霞三次登上央视春晚,出现在央视春晚背景上,张掖丹霞地貌以色彩缤纷、美轮美奂的形象亮相,再次惊艳世界,为张掖七彩丹霞和张掖旅游目的地"圈粉无数"。

(三)全民营销

为进一步提高张掖旅游目的地和景区知名度,自2014年开始,张掖市委、市政府决定开展张掖文化旅游全民宣传行动,每年设置百万奖金,获奖作品包括新闻类作品、文学类作品、摄影类作品、微博微信类作品、音频视频类作品5类。张掖文化旅游全民宣传行动鼓励和引导社会各界充分利用国内外报纸、电视、网络、微博微信、客户端等各类媒体平台,通过组织文艺节会、户外运动、体育赛事等有效途径,广泛开展网络全民推广、文化创作展示交流、志愿者文明旅游咨询、媒体采访和商务推介等多项宣传行动,在全社会形成了"人人关心张掖、人人支持张掖、人人宣传张掖"的浓厚氛围,同时吸引了一大批中央、省属主流媒体和全国各地网红、"大V"积极参与,为提升张掖美誉度和影响力、推动张掖文化旅游业高质量发展发挥了重要作用。连续10年举办的张掖文化旅游全民宣传行动颁奖典礼不仅在张掖市域产生了良好的社会影响,也吸引了人民日报、新华社、央视、光明日报、经济日报、中新社、中国日报、农民日报、甘肃日报、甘肃电视台等数十家中央及省级主流媒体和自媒体的关注,甘肃省、张掖市多家媒体多次对颁奖典礼进行了直播,提高了张掖的知名度和影响力。

参考文献

[1]   Zhang C Z, Xiao H G. Destination development in China: towards an effective model of explanation. Journal of Sustainable Tourism, 2013(2).

[2]   柳红波. 西北地区旅游制度变迁主体与动因:张掖景区经营权转让的实证[J]. 开发研究, 2017(1).

[3]   柳红波. 张掖景区经营权转让应规避"四种风险"[N]. 中国旅游报, 2012-11-26.

[4]   张陇堂. 张掖转让景区经营权之路[N]. 中国旅游报, 2012-11-19.

第二篇章

智慧赋能文旅产业与
文旅融合新业态

大数据、人工智能和智慧旅游

廖绍雯[①]

一、大数据

最早提出"大数据"时代到来的是全球知名咨询公司麦肯锡。麦肯锡提出,数据已经渗透到当今每一个行业和业务职能领域,成为重要的生产因素。人们对于海量数据的挖掘和运用,预示着新一波生产率增长和消费者盈余浪潮的到来。大数据指的是所涉及的数据量规模巨大到无法透过主流软件工具,在合理时间内进行撷取、管理、处理,并整理成为帮助企业经营决策的资讯。大数据有五个特点:Volume(大量)、Velocity(高速)、Variety(多样)、Value(低价值密度)、Veracity(真实性)。

那么大数据到底有多大呢? 一组名为"互联网上一天"的数据告诉我们,一天之中,互联网产生的全部内容可以刻满1.68亿张DVD;发出的邮件有2940亿封之多(相当于美国两年的纸质信件数量);发出的社区帖子达200万个(相当于《时代》杂志770年的文字量);卖出的手机为37.8万台,高于全球每天出生的婴儿数量37.1万……

仅根据2013年的统计,互联网搜索巨头百度已拥有数据量接近EB级,阿里、腾讯表示自己存储的数据总量都达到了百PB级以上。此外,电信、医疗、金融、公共安全、交通、气象等各个方面保存的数据量也都达到数十或者上百PB级。截至

---

① 廖绍雯,河西学院信息技术与传媒学院副教授。

2023年12月31日,百度数据总量大约10亿GB,存储网页1万亿页,百度每天处理来自138个国家和地区的数十亿次搜索请求。百度以其庞大的数据存储和管理规模,每天能够处理100PB的数据,实现了毫秒级的响应速度。

随着大数据的急速发展,大数据的挖掘使用也成为一种趋势。大数据的应用是以大数据技术为基础,对各行各业或生产生活方面提供决策参考。大数据信息在电商、传媒、金融、交通、电信、安防、医疗等多个领域的广泛应用,充分证明了其存在的价值。洛杉矶警察局和加利福尼亚大学合作利用大数据预测犯罪的发生;谷歌流感趋势(Google Flu Trends)利用搜索关键词预测禽流感的散布;统计学家内特·西尔弗(Nate Silver)利用大数据预测美国选举结果;麻省理工学院利用手机定位数据和交通数据建立城市规划;医疗行业早就遇到了海量数据和非结构化数据的挑战,因此,近年来很多国家都在积极推动医疗信息化发展,这使得很多医疗机构有资金来做大数据分析。

大数据技术使散落于社会生产生活各个角落的数据都产生了价值。大数据技术以量化的数据形式总结、分析、改变着人类社会,从而使人类社会向着数字化、自动化、智能化的方向发展。当大数据技术与其他技术相碰撞,便会迸射出更大的力量。大数据在各个领域中的运用只有起点,没有终点,未来还将产生无限的可能。

二、人工智能

科技的发展,推动着互联网信息技术的崛起,为社会发展、产业振兴提供了强大的动力支持。人工智能技术作为本时代最前沿的科技,拥有强大的机器控制系统以及仿真模拟功能,将其运用到社会当中,能够为人们的生活、生产提供强大的辅助效用。

人工智能技术主要体现在以下几个方面:深度学习、计算机视觉、自然语言处理。深度学习在很多机器学习领域都有非常出色的表现,在图像识别、语音识别、自然语言处理、机器人、网络广告投放、医学自动诊断和金融等各大领域均有广泛应用。计算机视觉是一门研究如何使机器"看"的科学,是指用摄影机和电脑代替人眼对目标进行识别、跟踪和测量等,并进一步做图形处理,使电脑形成更适合人眼观察或传送给仪器检测的图像。自然语言处理(Natural Language Processing,NLP)是一门融语言学、计算机科学、数学于一体的科学,是计算机科学领域与人工智能领域中的一个重要方向。这门科学研究能实现人与计算机之间用自然语言进行有效通信的各种理论和方法,在人们日常生活中主要应用于机器翻译、语音识别、信息检索、文字识别等方面。

人工智能可应用于教育、医疗、家居、商业零售、交通、旅游等多个方面,并日益发挥出无可替代的作用。

三、智慧旅游

2008年,IBM时任总裁彭明盛发表了关于"智慧地球"的演讲。智慧是智能的高级阶段,但在范畴上超出了智能,智慧在智能之上,更重视人的充分参与和发挥作用。智慧城市(Smart City)是对"智慧地球"的具体实践和主要实现方式。智慧城市是指利用各种信息技术或创新理念,集成城市的组成系统和服务,以提升资源运用的效率,优化城市管理和服务,以及改善市民生活质量。受"智慧城市"这一概念的启发,学者提出了"智慧旅游"(Smart Tourism)的概念。智慧旅游是从智慧城市衍生出来的,同时也是智慧城市的组成部分之一,因为几乎所有的城市都具备旅游的功能,其希望通过建设智慧旅游促进旅游产业的跨越式发展,满足游客多样化的和个性化的需求,实现旅游资源更有效和合理的配置。2011年,国家旅游局正式提出用10年时间基本实现智慧旅游。之后,我国先后公布了几批智慧旅游试点城市。

一些学者认为,智慧旅游是基于新一代的信息通信技术(ICT),为满足游客的个性化需求,提供高品质、高满意度服务,而实现旅游资源及社会资源的共享与有效利用的系统化、集约化的管理变革。也有学者认为,智慧旅游是基于新一代的通信技术,将云计算、物联网、互联网和个人移动终端、人工智能等技术进行集成和综合。还有一些学者认为,智慧旅游是一种通过物联网、智能数据挖掘等技术在旅游体验、产业发展、行政管理等方面的应用,使旅游物理资源和信息资源得到高度系统化整合和深度开发激活,是面向未来的全新的旅游形态。此外,更综合的观点认为,智慧旅游是基于新一代信息技术并结合原有技术,以构建感知层、网络层、应用层为目标,充分利用公共平台,向政府、企业、游客、居民提供应用,建成高度信息化的现代旅游业。总之,智慧旅游在目前还没形成一个统一的、科学的定义,各学者对智慧旅游概念的认识及对智慧旅游的定义各有侧重,但是都基本表达了一个共同的认识——智慧旅游通过新一代信息技术,改善旅游管理和旅游服务,提升游客体验,实现旅游业的转型升级。大数据和人工智能技术背景下的智慧旅游,主要运用互联网和人工智能等各项技术整合旅游资源,进而为消费者提供便捷服务,对游客实现个性化旅游具有重要作用。

(一) 大数据背景下的智慧旅游

大数据主要是将云计算作为信息储存和处理工具,把大量不断变化的非结构数据信息储存起来,随时完成计算及对计算情况的分析,计算和分析得出的结果可为政府相关部门、旅游企业以及游客提供决策参考。大数据背景下的智慧旅游,主要运用互联网和物联网等各项技术,在进行旅游管理时,根据旅游信息框架,开展基础设施建设,使政府相关部门以及旅游企业可以做出科学决策,构建科学的旅游管理模式。以大数据为基础的智慧旅游平台,主要指将大数据平台作为核心,以云计算为辅助,在与旅游行业融合的过程中,对行业信息进行反馈的一种平台,这个平台可以形成大量的旅游行业数据,对促进游客实现个性化旅游具有重要作用。

在旅游领域,运用大数据技术提供旅游行业决策数据支撑、强化数据整合开放、实现旅游公共安全、提升景区服务、实现旅游民生服务碎片化、丰富服务方式等多项旅游服务。通过在旅游大数据平台上的汇聚,推动旅游经济发展、提升政府服务和监管能力已成为趋势。

1. 大数据给智慧旅游带来的影响

1) 大数据为智慧旅游发展提供支撑

大数据的功能在于为消费者提供更具针对性的服务,帮助游客做出更适合的决策。大数据时代,旅游开始从传统的观光型转为体验型,游客从原先的借助旅行社转为依托互联网的新型旅游者,旅游信息获取途径多样,并且更具针对性。终端设备通过对游客数据信息的挖掘,帮助游客精准定位自身消费行为,进而带动当地旅游行业的发展。

2)大数据推动旅游产业创新升级

旅游业的竞争核心在于创新。产品创新及服务成为吸引游客前往的重要因素。随着当前科学技术的发展,旅游产品同质化现象日益严重,已不能满足游客多样化的需求,因此旅游产品需要创新。旅游企业通过分析游客的大数据信息,挖掘游客的喜好,进而针对性地开发旅游新产品,从而推动旅游行业产品创新升级。

3)大数据促进旅游产业转型升级

大数据能够帮助旅游企业进行定位和决策,从而带动传统旅游业的转型和升级。线上旅游业的发展以及线上和线下的融合,能够帮助旅游企业开发更多旅游市场新节点,进而为游客提供更优质的服务。传统旅行社利用自身的资源和服务,通过大数据加强线上和线下的整合,实现旅游产品的转型和升级。

4)大数据帮助旅游企业精准定位

大数据有助于旅游企业对游客进行精准的市场定位。通过大数据的分析和挖掘,旅游企业能够获得不同的样本和信息,同时根据旅游行业的动态以及消费者的特征针对性地开发旅游产品,还能够建立起基于大数据的数学模型,对未来的旅游市场进行预测,为游客提供优质服务。

5)大数据助力旅游企业拓展业务

大数据的特点不仅仅体现在数据量大上,更在于发现和理解信息内容及信息与信息之间的关系,以此帮助企业更为快速准确地做出决策,更好地指导企业下一步的行动。大数据已成为一种商业资本,如果你用心,就能巧妙地用它来"创造"新产品和开发新的服务。社交媒体是产生大数据的一个重要源头。截至2017年,携程已拥有2.5亿名会员,腾讯的微信月活跃用户在2016年8月已突破8亿个。庞大的消费群体、高频的消费以及评论数据,是企业开展大数据应用研究的重要数据基础。在某种社交媒体上,关注每天有多少人谈旅游、有多少人谈论某个旅游景区或某类旅游项目,通过技术分析,我们会发现对某类旅游内容的谈论在人员的性别、年龄、职业、地域上都有很大差异。作为一个市场的决策者,我们可以通过分析判断哪些人对哪些景点感兴趣,对景区中的什么项目感兴趣,尤其是一些连旅行社都不知道的旅游项目,很容易从这些社交媒体中发现。有些超级"驴友"往往是发现新的旅游项目和线路的"大侦探"。多关注他们的微博微信朋友圈,直接跟他们沟通,会得到很多旅游企业不知道的信息。在激烈的市场竞争中,这些信息可谓无价之宝,谁早一步获得,谁就会占得市场商机,最早开辟出新的旅游线路,针对不同的人群打开市场。现在,大数据技术无疑已经成了旅游企业的新型"淘金术",通过大数据技术,企业可以获得更多的业务拓展和发展机会。

6) 大数据让旅游服务更"智慧"

国家旅游局曾在2014年将"智慧旅游"作为当年的旅游宣传口号。"智慧旅游"作为一个开放性的主题,体现了旅游业各个领域与互联网的深度融合发展,表现在智慧旅游管理、智慧旅游服务、智慧旅游营销等多个方面,既有对推广渠道的创新,又有对推广内容的引导,更有对相关旅游服务的要求,而大数据则让智慧旅游在服务上有着更具体的体现。

智慧旅游需要智慧的经营者和政府提供的智慧的公共服务。在智慧旅游建设中,我们要牢牢把握一个原则,就是以游客为本,以游客实际需求为目标。基于大数据的智慧旅游管理系统,可将环境生态监控、旅游接待、视频监控等数据一并收录存储,并将数据图形化、可视化,消除大数据多样性的壁垒,实现大数据与多元化数据的全面管理融合,合理调配旅游服务资源,并可对旅游业相关主体收集到的游客消费动向、旅游资源状况、自然环境变化等数据进行量化分析,及时调整、制定相应的策略,为游客提供更好的服务。这样的服务目前来说不是某个旅游企业能胜任的,政府的主导作用更强一些,而企业则是在政府的公共服务的基础上,结合自己的具体业务为游客提供智慧服务。在开发国际旅游市场时,政府和旅游主管部门更需要根据"智慧的数据"获取国外公众和市场对中国旅游形象、认识和需求的第一手资料,从市场化、专业化角度为中国旅游海外推广提供咨询和服务,帮助旅游企业针对不同国家的游客制定"私人定制"式的营销策略,提升中国旅游的国际形象,拓宽旅游渠道。

散客时代来临,游客出行模式已发生改变,旅游产业服务急需转型,传统的管理手段已很难应对市场的变化,而大数据技术可以化解目前面临的许多难题。例如,通过获取交通部门的车票机票销售信息、酒店预订信息、景区电商和旅行社的预订情况,以及百度、谷歌等网络内容服务商的游客搜索数据,对多元渠道数据进行整合,实现对景区客流的准确预测,及时对景区客流提出预警。大数据可以为我们提供包括景区舒适度、客流数据预测、推荐的进入时间、主要干道车流量、最合理的路线,甚至是预计的排队时间等信息,让游客自主选择错峰出游。大数据的应用可以让小长假期间九寨沟"爆沟"的窘态不再重演,真正以科技手段提升旅游企业管理水平、提升旅游业服务水平。

2. 当前大数据旅游发展面临的问题

1)当前数据开发力度不够,挖掘难度较大

由于旅游信息较为分散,有效地搜集挖掘数据信息是关键。由于大数据最为直接的来源是互联网,随着当前人们对于大数据的重视,越来越多的企业将大数据作为重要的资产,如去哪儿、携程网、途牛网等网站,都拥有强大的数据支撑,但是这些数据却不是开放的。由于受到资金和技术的限制,景区的设备不够高端,同时计算机处理大都是结构化的数据,结构化数据并不能够很好地反映出互联网的信息。

2)专业的大数据旅游人才缺乏

由于大数据挖掘和分析需要专业的人才进行操作,而旅游从业人员在短期内无法掌握,对他们而言分析数据是一个难题。由于缺乏专业人才,景区很容易忽视有效的信息。当前,同时具备旅游专业知识和大数据的专业人才匮乏,往往很多从业者只懂得旅游的专业信息,或者只懂得大数据的专业知识。

3)数据安全面临严峻挑战

现阶段,随着网络时代的不断发展,数据安全方面的问题也越来越受到人们的重视。在过去的一年当中,出现了一系列的数据安全事件。在大数据时代背景下,数据收集技术无时无刻不在收集我们的个人信息,在这种情况下,如何才能够确保我们的个人信息被合法使用,这是当前面临的难题。与此同时,当前大数据资源逐渐呈现出开放性的发展趋势,这也在一定程度上威胁着我们每一个人的隐私和合法权益。在这种情况下,旅游数据也存在着安全方面的问题,如果广大游客的各项消费、隐私信息没有得到有效保护,那么必然就会影响到游客的生命财产安全。因此,我们必须要重视这一方面的问题,做好数据的安全管理工作。

4) 信息化建设有待加强

在推进智慧旅游的整个过程中,需要充分地借助互联网以及云平台。现阶段,随着大数据技术的不断进步,我国大部分景区都覆盖了网络,并且很多旅游景区都增强了人和人、人和动物以及景点之间的互动,很多省市都建立了相应的数据可视化平台,以此来实现对数据、行为的分析以及监控等各个方面的工作。通过这样的方式,就能够掌握游客和旅游景点相关的数据,进而实现宏观调控,这对于接下来的旅游管理以及旅游推广工作的开展来说是极为有利的。但是,通过深入的研究分析可发现,当前我国仍需进一步加强在信息化方面的建设,虽然当前通信网络已经逐渐完善,但是仍有很多的旅游景区,并没有开展对平台的建设,尤其是在数据共享平台的建设方面,除了一些必要的硬件设施设备,大数据共享平台还涉及气象部门、政府部门以及交通部门等,由于涉及部门众多,在很大程度上加大了大数据共享平台的建设难度。

大数据时代,智慧旅游在获得迅猛发展的同时,也面临很大挑战。智慧旅游信息平台能够在后台大量收集游客信息,该信息具有数量大、种类多的特点,但是具有应用价值的数据只占小部分。尤其是一些负面点评数据会随着信息的传播逐渐扩散,假如企业没有及时处理这些点评数据,就会损害企业形象。而网络点评是大众在选择出游方案时的重要参考依据,具有双重性、扩散性与即时性的特点,恰当应用网络点评,可优化服务质量。怎样引导游客对旅游感受进行客观评价,还需要旅游企业深入分析。大数据给旅游企业带来的挑战,除了整理与收集数据外,还有是否可快速获得有效数据,以减弱网络数据对企业带来的消极影响。

同时,游客在浏览旅游企业网站的时候,通常会通过文字介绍或图片判断该产品是否符合自己的需求。但是在现实中,一些游客在网络上购买产品后,会发现其与网站上的描述有过大差距,从而降低对网站的信任度,这就表明线上宣传存在一定的虚假性。针对这一情况,要尽可能消除线上与线下的差异,旅游企业应虚心倾听游客的建议与诉求,结合具体情况优化产品、改善服务,以便实现线下线上无缝结合。

3. 相关策略建议

1)全方位树立大数据意识

大数据时代背景下,我们要树立全面的大数据意识,将其视作旅游产业发展的战略资产。同时要积极地采集大数据,促进企业的不断发展。最后,针对采集到的数据,要及时地进行分析,并从中获取有价值的信息。

2)完善旅游数据库的建设

当前我国旅游和发达国家相比仍有较大差距,其中旅游基础设施建设成为当前旅游信息服务发展的困境,因此需要建立信息健全、覆盖全国的旅游基础数据库,并通过数据分析实现大数据的融合和共享,及时制定相关的经营管理策略,实现旅游行业的监管调控,进而提高旅游行业的公共服务能力,增强企业的创新能力,促进数据创新。

3)加快大数据平台建设和旅游基础研究

政府部门还应加快构建完善的大数据平台,加强各个地区以及和旅游相关行业的数据共享。同时,要充分重视基础工作理论研究,针对当前旅游行业发展过程当中存在的一系列的问题,加强基础理论研究分析,包括网络口碑给旅游企业业绩所带来的影响等。

4)提高旅游专业人才的水平

信息时代的发展,给旅游人才提出了更高的要求。当前我国旅游企业的发展需要一大批具有开放思想、开拓创新能力的人才,既需要增强其自身的实践操作能力,还需要完善互联网等专业知识。高校需要根据当前信息化的要求培养新型的复合型人才,制定合适的教学方案,不断更新教师的教育理念和教学方式,完善课程体系,提高旅游管理专业人才学习计算机的能力和水平,提高对旅游复合型人才的培养。

5) 加强对消费者个人隐私的保护

无论是大数据还是智慧旅游,都需要充分地借助互联网来进行。游客的私人信息,包括手机号、身份证号等会输入到各种平台当中,一旦这些信息被不法分子获取,就会侵害游客隐私,甚至会出现盗用钱财的现象。在这种情况下,最大限度地确保消费者个人隐私安全,成为大数据技术在智慧旅游应用中亟待解决的难题。

纵观现阶段大数据技术在智慧旅游中的应用,虽然已经初显成效,但是大部分地区对大数据技术的应用仍停留于初级阶段。鉴于此,要想进一步推动智慧旅游的长远发展,必须正视大数据技术应用的重要性,结合对智慧旅游中大数据特征的掌握,以科学应用措施为指导,强化智慧旅游中大数据技术的应用,再加上对大数据技术的不断研发与创新,促使智慧旅游实现可持续发展。

(二) 人工智能技术下的智慧旅游

人工智能是指通过普通计算机程序来呈现人类智能的技术。在智慧旅游综合系统中,人工智能技术的应用主要有智能感知、机器学习、智能推理、智能行动四个方面,这些应用与大数据、移动互联网和云计算等技术有着密切联系。

1. 人工智能技术的应用

1) 智能感知

智能感知主要包括模式识别、自然语言处理和计算机视觉。模式识别是对表征事物或现象的各种形式的信息进行处理和分析,以及对事物或现象进行描述、辨认、分类和解释的过程。它的主要方法有语句识别法、统计决策法和人工神经元网络法。自然语言处理是用计算机对人类的书面或口头形式的语言信息进行处理加工的技术,其主要包括文字自动识别系统、语音自动合成系统、电子词典、机器翻译系统、自动索引系统等。计算机视觉的基本原理是通过图像处理,从描述物体的特征库中选择匹配最好的结果。

2）机器学习

机器学习是机器获得知识的基本手段，也是使机器具有智能的根本途径，它是人工智能的核心技术。其主要包括设计和开发学习算法，使计算机能够从传感器数据或者数据库等先验数据获得进化。机器学习是一个有特定目的的知识获取过程，其内部表现为新知识结构的不断建立和修改，外部表现为性能的改善。

3）智能推理

要进行推理，首先要对逻辑进行研究。人工智能中的逻辑包括经典逻辑中的谓词逻辑及其经某种扩充、发展而来的各种逻辑。其次是搜索，即为了追求某一目标而连续推理的过程。智能可以看成"问题求解"的过程，实质上就是显式或隐式问题在问题空间进行搜索的过程。最后是专家系统，它是一个基于专门的知识领域来求解特定问题的计算机程序系统。专家系统由两个部分组成：一是知识库的知识集合，包括处理问题的知识；二是推理机的程序模块，它包括一般问题求解过程中所运用的推理方法与控制策略的知识。

4）智能行动

智能行动包括数据挖掘和智能控制两个方面。随着互联网时代的到来，信息不断丰富，大数据成为常态，单纯的数据检索已经不能满足社会实际需求，如何高效地自动获取信息成为研究热点。数据挖掘是通过数据分析，自动从大量数据中寻找其规律并抽取知识的技术。数据挖掘的目的是发现、探测数据中隐含的趋势及模式，可以分为数据准备、规律寻找和规律表示。智能控制是驱动智能机器自主实现目标的过程，也是一种混合控制过程，既包含基于知识表示的非数学广义世界模型，也包含数学公式模型。智能控制的主要研究方向包括：智能机器人规划与控制、智能过程规划、智能过程控制、专家控制系统、语音控制以及智能仪器等。

2. 人工智能技术在智慧旅游中的应用

人工智能技术在智慧旅游中有着广泛的应用前景，可以利用数据挖掘、机器学习、搜索等技术自动分析、展现旅游信息；利用自然语言处理、模式识别等技术实现自动翻译、自助浏览等服务；利用预测模型、推理技术进行旅游需求分析与决策制定等；结合其他技术可以为游客提供更真实的旅游体验；为旅游监管部门提供更有效、准确的监管手段。具体而言，人工智能技术在智慧旅游应用中表现在以下几个方面。

1) 有利于旅游信息的收集、搜索及推送

利用人工智能中的模式识别和自然语言处理技术，可以收集旅游活动过程中的各种事物信息及图片、语言信息，然后利用智能推理中的搜索以及智能感知中的计算机视觉功能对信息进行对比分析，最后通过数据挖掘和智能控制等手段将旅游信息准确传送给游客，以帮助游客制定个性化的旅游行程。换句话说，利用人工智能技术，将旅游目的地基本信息、游客目的地评价信息、游客个性化行程安排信息和游客旅途中交通服务信息等全面收集，然后对这些信息进行排名，在通过大数据分析掌握游客个性需求的基础上，根据游客具体情况将相关的景点、交通信息介绍给游客，游客除可以查阅海量旅游景点信息之外，还可以获得最新的旅游信息和个性化推荐。

2) 促进旅游解说系统的智能化

随着自然语言处理、模式识别等技术的不断发展，计算机可以更好地在知识层面理解信息，从而为游客提供基于知识的全面服务。其中，对旅游解说系统的完善作用最为显著。

首先，以自然语言处理和语音处理为基础的翻译软件为大众出境旅游提供更多便利。人工智能技术快速发展后，翻译不仅是文字形式，如果需要，游客可以将需要翻译的路标、菜单等实物拍成照片，使用光学字符识别技术来辨别这些文字，再通过多语言智能翻译器就能转变为游客可以理解的文字。其次，自助导览程序会替代导游的引导及讲解工作。人工智能的应用将使计算机不仅能广泛传播知识层面的信息，还能为游客提供完善的自助导览系统。该系统可以智能收集当地热门餐馆、演出活动、商店营业时间、交通状况等信息，并借助计算机视觉和增强现实技术实现精准导航与互动。此外，通过智能语音技术，机器人还能与游客进行自然交流，提供餐厅推荐、天气预报、行程提醒等个性化服务。

3) 进行游客数量预测,提高景区管理质量

预测是人工智能技术最重要的功能之一。目前人工智能技术完全可以满足旅游目的地、旅游景区游客数量的预测功能。具体而言,可以使用的人工智能方法包括粗糙集方法、遗传算法、模糊时间序列、灰色理论、人工神经网络模型、三次多项式模型、支持向量回归等。通过这些方法,结合模式识别等技术的自动监控系统可以智能分析区域范围内的游客数量、游客密度、游客空间分布特征以及景区饱和情况等,进而根据实际情况和模型预测做出合理的管理决策。

4) 推动酒店呼叫服务方式的变革

随着专家系统、自然语言处理等技术的不断进步发展,这些技术将改变旅游预订和呼叫系统。未来的呼叫中心、游客问答可以实现人机互动,允许游客通过自然的描述性语言来搜索或者问答,并通过游客位置信息、个性化偏好信息等,由智能系统为游客提供更准确的服务信息。

5) 推动旅游线路规划的智能化

在现实旅游活动中,人们经常通过电子地图服务中的线路搜索功能,通过输入出发地和目的地的方式来获得交通建议。然而,实际旅行过程中面临的交通选择十分复杂,包括飞机、轮船、火车、地铁、汽车等多种出行方式,这使得路线决策变得相当困难。随着人工智能技术的发展,旅游线路安排需要更智能的规划、推理和问题求解技术,新的需求也将推动新型旅游线路规划企业的成长。

6) 推动旅游行政管理效能的提高

人工智能技术近期主要应用于旅游企业,在旅游行政管理部门应用较少。实际上,人工智能技术对信息的收集、对比和处理分析能力在旅游行政管理方面具有诸多优势。人工智能技术中的神经网络模型、智能调度等方法在旅游行业监管调度、突发事件预警等方面发挥重要作用,尤其是结合物联网和云计算技术,能够实现对景区环境的实时监测、森林火灾预警等,从而促进区域旅游的可持续发展。信息技术的全面进步对提高旅游部门或旅游景区行政管理效能具有重要促进作用。

人工智能技术在智慧旅游中的不断深入应用,给旅游产业带来新的发展契机,使得旅游企业的开发建设和经营管理更加灵活高效,提升游客体验,旅游行业管理

更加规范。人工智能和智慧旅游的融合应用,将传统的旅游资源和现代信息科技进行了有效整合,形成了全新的旅游业态形式,提升了旅游作为可持续发展产业的发展潜力。尽管当前的人工智能技术仍然存在一些需要重点关注的问题,也存在一些需要完善的地方,但这些问题恰恰是科技进步和经济发展呈现的必然规律。人工智能技术在智慧旅游中的应用应持续聚焦热点问题,有效化解和防范潜在风险,进一步提高科技服务生产生活的水平和质量。

3. 智慧旅游的发展

1) 信息和数据的智能收集和获取

智慧旅游的"智慧"来源于对海量信息和数据的整理、分析和挖掘。而在此之前,数据和信息的收集和获取也应该是智能且充分的。对传统业态来说,海量信息的收集需要耗费大量的时间和劳动力,即使能够实现收集,其成本和收益也是不相匹配的。在物联网、大数据、人工智能等新一代信息技术的支撑下,海量信息的收集和获取变为易于实现的目标。由此,智慧旅游首先要求旅游管理部门能够自动地充分收集来自旅游资源、旅游商家、游客以及旅游周边环境等各方面的信息,取代原有的不充分、高成本的信息数据收集方式。

2) 游客一站式获取信息和旅游服务

当下,大多数游客在旅游的前期和过程中都习惯于通过手机、电脑等设备,在互联网上了解旅游地的相关信息。网络为游客收集信息提供了极大的便利,但其中也存在收集到的信息太过繁杂,真实性、权威性和时效性无法保证,以及营销推广信息混杂于普通信息之中等情况,这些问题致使游客难以有效获取旅游地的信息和服务,或者需要投入较多的时间和精力才能实现。智慧旅游要求旅游管理部门将旅游信息的提供和发布纳入旅游服务之中,通过一些便捷的平台,如微信公众号、官方网站等,一站式提供游客需要的各种信息,并且做到信息翔实可信、及时更新。同时,通过这一平台,向游客提供售票、咨询和其他旅游配套服务,从而实现游客一站式获取信息和服务,大幅提高游客旅游体验。

3) 旅游相关部门信息联通共享和有效联动

智慧旅游的发展建设不仅单单依赖于景区或旅游管理部门,也不限于狭义旅游资源的配置与管理,智慧旅游需要旅游、交通、公共安全、市场监管等多部门的协同高效运行,有效快速联动,这也是智慧旅游最初作为智慧城市的一部分而出现的原因。智慧旅游的完全实现依赖于所在地区的各部门运行和管理水平。而从智慧旅游本身出发,首先应该实现与旅游相关的各部门信息联通共享,以实现信息一站式发布,同时实现对交通、公共安全等方面的协同管理。

4) 提供个性化旅游服务和商品

提供个性化的旅游服务和商品是智慧旅游的"智慧"体现,也是其重要的目标。每个旅游地每天都会接待大量的游客,游客面对旅游服务和旅游商品,既有对美的欣赏、对快捷便利的追求等共性的需求,也有着细微且多样化的个性需求。对游客个性化需求的满足,能够显著提升其旅游体验,使旅游资源的价值得到最大化发挥。具体来说,就是旅游目的地应该通过对游客特征和行为大数据的采集整理分析挖掘,通过线上线下多种方式,向游客提供适销对路的旅游产品和服务。

5) 建立信息充分的有效市场

旅游资源的合理配置离不开充分的信息支撑。旅游市场效率低下的很大一个原因是信息的不充分、不对称。随着科学技术的进步,这一问题的解决成为可能,智慧旅游的发展应当以实现信息充分共享为主要目标。如果游客获得了充分的市场信息,市场上就很难再出现欺客宰客的现象,商家之间也会更加充分地相互竞争,改善商品和服务质量。如果商家获得了充分的信息,则能够合理安排自己的生产、进货、存货和销售等各个环节,有效避免了生产和进货的盲目性,实现供给与需求的精准匹配。如果政府获得了充分的信息,则能够有效管理市场秩序,更好地提供公共服务,根据市场情况合理进行景区门票等旅游公共服务的政府定价工作等。

四、新一轮科技革命与智慧旅游的融合发展

目前,在以人工智能、大数据、物联网和云计算等为代表的信息技术引领下,新

一轮科技革命正在重构全球创新版图和全球经济结构。作为人类生产和生活的重要组成部分,文化和旅游已经成为科技革命重要的应用场景和创新载体,并在其推动下呈现新的需求特征、商业模式、产业形态和发展趋势。旅游行业也正在经历向数字化、网络化和智能化转型的发展过程,旅游产品正逐渐从传统的线下"吃、住、行、游、购、娱"服务,逐步升级为具备数字化、网络化和智能化特征的旅游产品,如智能酒店、智慧交通和智慧景区等。把科技融入旅游业,以创新驱动重塑旅游业,促进产业转型升级,将成为未来旅游业发展的重要方向。

(一)现代科技革命对旅游消费的影响

当前,信息技术、新材料、新能源、生物、空间和海洋等高技术群落崛起,正在引发新一轮技术和产业变革,也被称为第四次科技革命。在此阶段,新一代信息技术和现代交通技术共同从技术上引发并推动了大众旅游时代的到来。

1. 科技革命催生新消费者,重塑旅游发展的底层逻辑和产业价值

20世纪中后期,计算机及互联网等技术引领人类社会进入信息时代,全球生产力高度发达,带薪休假普遍实现,加之民用航空技术快速发展,旅游消费所需的可进入性、可支配收入、闲暇时间等基本条件得到普遍保障,旅游从原来仅限富人的活动转变为一种与社会经济生活广泛联系的活动,大众旅游时代来临。现代科技革命改变了人们对资本、信息、休闲权利和公共基础设施等资源的占有或使用,破解和优化了旅游消费约束条件,不断调整旅游消费主体结构,使旅游成为大众的基本权利和生活方式,从根本上重塑了旅游发展"为民"的底层逻辑和产业发展价值。

2. 科技革命创新生产工具,给消费者带来新产品和新体验

现代科技革命以来,以信息技术为引领,高速交通、新能源等新技术引发旅游产业供给变革,技术依托型旅游企业的快速兴起正在打破传统的产业格局。以人工智能、大数据和云计算等新一代信息技术为支撑,通过应用系统和业务平台的连

接,定制旅游的服务应运而生。与此同时,移动互联网技术大幅推进了基于共享理念的商业模式发展,共享住宿、共享交通等业态兴起,游客也可化身为旅游服务生产者,生产和消费的同一性更加凸显。虚拟现实、增强现实及3D扫描等虚拟现实技术为游客带来虚拟旅游产品,光影、新能源等技术加速主题公园内容创造和产品创新迭代。例如太空旅游、深海漫步、低空旅游、邮轮旅游、房车营地和智能酒店等,都是现代科技的发展结晶。新技术支撑的即时预订、共享住宿、定制旅游、高技术旅游、目的地智慧管理和"快旅慢游"等为游客创造了全新的消费体验,使服务随叫随到、安全周到,大幅提升了旅游体验的舒适度、安全性和便捷性。

3. 科技革命衍生新型交换生态,极大提高了旅游消费效率

新技术已全面渗入游客出行的各个环节,尤其以信息技术为核心,形成了新型旅游产业链条,充分释放了现代旅游服务的规模效应和结构效应。从规模效应看,移动互联网及通信技术支撑的全球化移动支付有效提高了旅游消费频次。从游客在出发前的信息搜索、目的地旅游营销及信息推送、服务预订,到通过互联网、物联网平台实现即时预订和支付,再到旅游完成后的评论及依托数据的服务优化和内容创造,新技术极大提高了旅游消费频次,扩大了旅游消费规模。人工智能、大数据技术推动旅游业进入定制化时代,旅游消费需求加速从标准化走向个性化、多元化和碎片化的非标消费。

4. 科技革命触发社会建制优化,确保旅游消费正当性和权益均等化

现代科技革命在生产、分配、交换和消费各个环节对旅游消费产生了变革性影响,各种社会规范、法治及精神文明建设也面临困境。数字鸿沟、信息茧房、信息安全及隐私保护、算法标准及伦理、数据采集规范与数据正义,以及生物技术伦理、绿色节能发展等问题,为游客权益保护带来挑战,"大数据杀熟"是其中的典型例子。一些掌握数据和科技新要素的游客更具有旅游消费的主动权,掌握新要素的旅游企业、从业人员、目的地更有旅游发展的机会,这就造成旅游发展权的不平衡,这也是现代旅游业建设中必须解决的现实问题。

（二）创意、科技和旅游的融合：沉浸式体验

全球消费者的消费习惯正在从购买商品转向经历体验。注重体验的质量与多元化，是现代消费者的需求。沉浸式体验也应运而生，成为内容创意与技术创新相结合的产物。沉浸式体验是通过空间与环境的营造，让人们沉浸在特定的场景中，身心与场景产生共鸣，忘却自身，进入沉浸的状态。尤其是在新冠疫情期间，文化和旅游业受到了较大影响，体现出一定的脆弱性，沉浸式体验项目在此时悄然崛起，颇受消费者喜爱。如何设计出更好的沉浸式体验项目，为文化和旅游产业提供新的发力点，成为一个重要议题。

1. 沉浸式体验的本质和核心

沉浸式体验的本质是价值共创，设计者需要充分考虑消费者需求，投其所好，并吸引消费者自主参与。体验设计者应了解消费者的兴趣与爱好，为其提供价值共创的机会，适时制造有趣的互动体验节点。

沉浸式体验的核心是创意设计，设计者需要通过加强故事情节设计和优化体验感，满足消费者的猎奇心理。首先，创意设计需要为消费者提供未知感，鼓励其去探索。其次，引人入胜的故事情节是设计沉浸式体验的基石。无论是艺术展览、舞台剧抑或景区，都需要具有故事感。体验是故事性的实体化，提供清晰且衔接紧密的故事线是沉浸式体验设计的关键。不成功的设计大多源于剧情过于零散和无趣。不清晰的故事线，会让消费者不知所措，无法身临其境；而简单枯燥的故事，会使消费者失去兴趣，无法沉浸其中。最后，创意设计的展现手法是通过结合高科技手段，增强画面感和代入感，营造增强感官体验的场景空间。随着科技的发展与普及，全息投影技术、裸眼 3D 技术、互动体验技术、数字动画技术、5G 网络、人工智能、虚拟现实、增强现实和混合现实等均已应用到体验设计中。

2. 沉浸式体验的科技手段

虚拟现实、全息投影技术和 5G 高速网络是沉浸式体验设计中的重要科技手段。虚拟现实技术已普遍应用于文化与旅游产业，它可以在游客出行前和出行中

提供沉浸式体验。与传统的视听体验不同,虚拟现实是利用三维动态视景,让参与者身临其境。沉浸式体验注重视觉、听觉、触觉和嗅觉等感官的全方位体验。北京冬季奥运会的"北京8分钟"的演出中,就使用了全息投影技术。演出利用360°全息成像系统,通过声、光、电、影、音的结合,展现中国结、熊猫等中国元素,呈现了精彩绝伦的视觉盛宴,提供独具特色的沉浸式体验。扬州中国大运河博物馆推出了"5G大运河沉浸式体验区",通过裸眼3D技术为游客营造奇幻虚拟之旅。游客无需佩戴虚拟现实设备,即可游览17座运河城市美景。

3. 沉浸式体验项目

在创新科技的推动下,多感官体验是现代旅游的特色。随着"90后"逐渐成为消费主力,其消费习惯已逐渐从购买实体商品转变为追求娱乐体验,更加注重体验的多元化与独特性。旅游体验不只限于景区内的体验,沉浸式体验行业正在蓬勃发展,已衍生出沉浸式马戏团、沉浸式餐厅和沉浸式酒店等复合型沉浸式体验项目。德国龙卡里马戏团是第一个利用全息投影为观众提供360°虚拟体验空间的马戏团。随着社会文明的进步,以动物表演为主的马戏团遭到了众多动物保护者的强烈反对。德国龙卡里马戏团使用11台投影仪组成3D野生动物阵列。该虚拟体验既可避免动物受到伤害,亦可以增进观众对动物的了解,增强环保意识。沉浸式餐厅通过满足用餐者视觉、听觉和触觉全方位感官,为餐饮增添独特的艺术氛围。比如深圳花舞印象艺术感官餐厅会为不同的菜品营造柳树飘扬、樱花漫天和鹊桥相会等场景。沉浸式酒店不仅为游客提供住宿场所,更能通过众多主题活动,游戏化住宿体验。迪士尼"星球大战:银河星际巡洋舰"主题酒店通过人物扮演和游戏活动,使游客仿佛穿越到《星球大战》电影中。

(三)科技赋能文旅融合发展新模式:文旅元宇宙

随着科学技术的纵深发展,元宇宙正从文学作品中的科幻概念走向现实世界。作为元宇宙的一个产业子集,文旅元宇宙的出现具备必然性,行业对其的关注度也与日俱增。消费者能够借助智能手机、虚拟现实眼镜等交互设备参与虚拟型旅游的尝试,如云旅游、云演艺和云会展等。从产业层面来看,旅游产业本身面临着深度践行文旅融合、实现产业转型升级与高质量发展的要求,数字化成为其长期努力的方向,加之需求侧对旅游产品及体验愈发"挑剔",旅游产业亟待在供求两端同时发力,以拓展新的市场机会。

承载着新技术集群、新发展理念的Web3.0成为旅游产业着力构建高维体验的最优选择。一方面,科技赋能下的文旅元宇宙将突破传统旅游观,通过数字孪生、扩展现实、数字原生等手段,在虚实交互的空间中释放文化价值,创造出真正的"随时随地"和完全的"沉浸式体验",实现更深层次的文旅融合。另一方面,文旅元宇宙将在现实与虚拟两个相异维度的空间中同步实现旅游产业全面数字化、智能化,无论是"由实及虚"的映射,还是"以虚强实"的扩展,旅游产业都将进入高级发展阶段。

1. 文旅元宇宙将引发深刻的产业变革

文旅元宇宙是科技与文旅融合发展的创新应用,将深刻影响旅游产业未来走向。旅游产业或将迎来一场以体验重构、形态重塑为导向的产业变革。

一是对消费者而言,文旅元宇宙将变革体验形态、强化虚拟社交、激发个体创造性生产力。交互技术、建模技术等的运用将在文旅元宇宙创设出跨越虚拟与现实的三维体验与立体场景,极大地拓展旅游空间,增强体验的临场感,如再现遗迹原貌,生动展示历史与文化。基于区块链技术的非同质化代币(Non-Fungible Token,NFT)将为文旅元宇宙引入可确权、可追溯和不可分割的"数字藏品",在虚实交互的新空间实现市场价值。不同于当前各应用平台凭借手机号码、电子邮箱等注册的字符式ID账号,数字身份将基于消费者在现实世界的多重特征,打造三维社交新形象。一("真身")对多("化身")的形象架构使得消费者可以在不同的文旅元宇宙中自由穿行,"异地同游"将成为日常化的体验形式。进一步地,秉持去中心化思想,消费者将创造大量用户生成内容(User Generated Content,UGC)充实文旅元宇宙内容生态;同时,作为核心生产要素的数据将以快速生成的人工智能生成内容(Artificial Intelligence Generated Content,AIGC)的形式呈现。

二是对市场主体而言,文旅元宇宙将实现旅游产品升级迭代,形成新的组织形态。与需求侧对应,市场主体既需要依靠技术手段实现旅游产品的"元宇宙转型",又要在海量UGC中把握实体旅游IP数字资产化的机会,做到"改造"与"创造"双管齐下,以适应文旅元宇宙所建立的全新产品规则。如虚拟数字人(Metahuman)在文旅元宇宙中即可以3D实时交互形象扮演"AI导游"角色,提供元宇宙目的地导览服务。文旅元宇宙也将成为开展营销活动的新空间。同时,市场主体的组织形态将面临转向类似"岛"(Decentralized Autonomous Organization,DAO)的分布式、去中心化的变革,利用智能合约实现可靠而高效的管理。一大批基于元宇宙的原生市场主体将出现在文旅元宇宙中。

三是对治理主体而言,文旅元宇宙将改变传统治理方式,塑造全新监管模式。文旅元宇宙的"去中心化"体现在相对于平台经济的"中心化",个体节点功能将得到大幅提升,政府管理部门仍将在文旅元宇宙中发挥重要的治理作用,其手段与渠道将同步实现高度数字化,以旅游公共服务、市场监管为主的政务场景也将是文旅元宇宙的重要组成部分。

目前,元宇宙已经进入旅游产业视野,成为部分景区新的着力方向。如张家界成立元宇宙研究中心,武夷山启动元宇宙(武夷山)旅游星链计划,云台山发布建设"国风元宇宙"的系列宣传片,古北口镇提出要打造全国首个"文旅元宇宙小镇"等。但受制于现有技术水平,这些探索性实践仍属于推进文旅元宇宙建设的前期铺垫。

2. 科学理性迎接文旅元宇宙的到来

一是从元宇宙如何与旅游产业实现良性共生的角度来看,虽然旅游产业与元宇宙能够在文化挖掘、体验创新、场景再造等特征上实现耦合,但文旅元宇宙培育与发展的具体情况还是要看消费者和市场主体在认知与体验两方面的接受程度。沉浸式旅游体验固然具备吸引属性,但其背后的技术水平仍是重要决定因素。如交互设备的穿戴是否符合人体工学设计、画面分辨率能否达到理想的拟真效果,同时网络通信能否达到高带宽与低延迟等。日益增强的技术依赖性给旅游产业在新领域的发展带来了挑战。

二是从文旅元宇宙现阶段发展来看，一些问题与风险亟待研究：①研究多停留在概念上，实质性应用探索不足，或者以元宇宙为噱头附加低价值的内容；②搭建文旅元宇宙的技术基础尚不成熟，数据的安全性和稳定性有待验证，技术转化为可体验的旅游产品仍需磨合；③支撑文旅元宇宙长期稳定运行体系尚不完善，缺乏稳定的经济系统和法律体系，存在道德风险和隐私泄露隐患等。以区块链技术为例，尽管其分布式记账、可溯源特征理论上能够确保系统安全运行，但实践中仍存在公链选择、跨链交易和数字货币设计等关键问题亟待解决。

因此，要在加强概念研究与技术运用的前提下开展文旅元宇宙"试验"。一方面，文旅元宇宙属于元宇宙应用层，对其的研究既要遵循元宇宙底层逻辑，适应元宇宙运行规则，又要充分显示旅游产业的特殊性，注重文化驱动下旅游体验的突破；另一方面，要重视推进阶段性的问题，以现实世界为根基，实施"分步走"战略，尽力避免因过于激进而导致的"转型期阵痛"。此外，文旅元宇宙"世界观"所带来的"虚实"二元视角也将引发旅游研究的新思考。例如：虚实交互空间中的"异地"应如何界定，与传统认知中"惯常环境"的关系如何？ 具身范式在文旅元宇宙中将如何演变，"具身"与"化身"是否存在特殊的联通机制？

总的来说，元宇宙是落实国家数字化发展战略的重要研究方向，只有锚定未来，才能更好地应对元宇宙将掀起的变革浪潮。文旅元宇宙所要实现的并非"替代"，而是走向更高维度的"进化"，也必将为旅游产业带来崭新的未来。

（四）科技革命引发的智慧旅游可持续发展思考

新一代信息技术为现代旅游业的创新发展提供了技术保障。大数据时代的到来，正在酝酿新一轮全球产业革命的浪潮。新一代信息技术的蓬勃发展，云计算的快速应用，为现代旅游业的创新发展提供了基础条件。随着信息技术与传统产业的深度融合，旅游信息化将推动现代旅游产业进入新的发展时期。然而，提升信息化水平，推动旅游业全面发展任重而道远。从总体来看，我国旅游信息化水平比较低，信息化对旅游业转型升级的促进作用还没有得到有效发挥。转变旅游发展方式,构建现代旅游产业新格局,需要强化科技支撑,提升文化内涵,使科技和文化成为旅游产业的两大基础职能体系和促进产业发展的内在动力。

1. 高科技对旅游活动的积极影响

1) 加强旅游体验

科学技术拓宽了旅游者的眼界,延伸了旅游者的活动空间,使旅游者的旅游体验达到了前所未有的水平。随着科学技术的发展与旅游业的结合,传统的旅游消费形式逐渐减少,逐步被以旅游者为中心的旅游方式替代。旅游者从自身的旅游体验出发,产生了越来越多的个性化诉求,促使旅游目的地企业依托大数据为旅游者画像,根据旅游者画像和诉求不断创新和改善现有的旅游产品,满足旅游者的个性化需求。

随着现代通信技术的普及,越来越多的旅游目的地实现了全域无线网络覆盖,显著提升了游客体验。具体表现在以下方面。首先,依托物联网技术,旅游者可通过手机、PC端进入各类场景的终端设备,随时随地了解旅游目的地的各类旅游资讯(包含目的地介绍、线路推荐、交通现状、基础设施等信息);其次,借助人脸识别、移动支付等技术,实现无人工介入自助式入园,减少排队购票、验票的减分体验;再次,旅游目的地通过微信公众号或者小程序等,整合旅游目的地对客服务;最后,越来越多的旅游目的地将VR技术、人工智能等热门技术应用到打造、优化和升级旅游吸引物上,实现科技与实景的融合,营造沉浸式体验的环境,如电影小镇、上海迪士尼度假区等为代表的融合科技元素的实景体验旅游。上海迪士尼的游乐项目"太空幸会史迪奇"就采用了先进的动画制作与数字化木偶技术,营造了高度真实的交互场景。

2) 为游客的旅游过程提供各种便利

借助人脸识别和物联网技术,仅凭身份证即可完成检票进站;支付宝"车牌付"、银联"云闪付"的推广,省去了人工收费的等待时间;微信"一停有位"及各类导航App提供的停车场查找功能,最大限度地解决了停车难的问题等,这些科技创新的应用,减少了旅游者的旅途不适感,极大地提升了旅游者的身心体验。科技的发展还催生了电子乘车码、电子登机牌、电子值机、人脸识别验票登机等一系列便民措施,提升了旅游者的旅游体验。

"互联网＋"背景下,越来越多的平台整合酒店资源,将酒店资源纳入统一平台进行展示和销售。酒店业经营者可以利用VR技术在各类平台上展示酒店的布局、陈列、房间实景,再配以文字和图片给旅游者提供媲美现场实物的信息展示,旅游者可以在更加逼真的场景体验下,挑选能够满足自己需求的酒店和房间;移动支付技术的普及让旅游预订更加便捷。游客只需通过手机或电脑在线浏览,就能轻松完成酒店查询、预订和支付,既简化了行程安排,又提升了酒店的运营效率和入住率。

餐饮行业纷纷向O2O(线上线下相结合)的模式转型,促使饭店的销售和服务更趋向于智能化和人性化。随着"大众点评""美团""口碑"等App的面世,餐饮企业的菜品信息、客户评价、销售排行等信息对消费者来说是非常透明的。在这种情境下,买卖双方的信息不对称的程度能最大限度降低,使餐饮企业间的竞争越来越激烈,餐饮企业必须不断提升菜品品质、增强服务意识、充分调研消费者的饮食偏好和服务需求,以更好地满足消费者的各类需求。

随着科学技术的迅猛发展,旅游纪念品和土特产在生产和销售环节越来越有科技感,带给旅游者更好的购物体验。比如,佛山木版年画纪念明信片,应用了VR技术,将明信片的内容通过裸眼3D技术动态展示出来,让明信片更富有表现力和感染力。除此之外,像臭豆腐这类特产商品,也融入了各类科技创新元素,展示了臭豆腐完整的加工过程,让旅游者真切体验到所购买的特产的内涵和蕴含的地理和历史知识。

高科技在旅游娱乐业的大量运用,打造了不少大IP的主题化旅游娱乐活动,如嵩山景区的《禅宗少林·音乐大典》、平遥古城的《又见平遥》、华清池的《长恨歌》等大型实景演出。此外,科技的融入使旅游目的地各类娱乐设施更新换代,出现了水幕电影、玻璃栈道、全息投影等吸引力极强的旅游娱乐活动项目,区别于旅游者认知的传统旅游娱乐项目,带给旅游者全新的体验和更多选择。

目前,旅游交通业以游客为中心,以安全、舒适、快速、便利为目标,借助科技力量,为旅游者提供优质安全高水平的服务,增强了旅游者的愉悦程度,从而提升了旅游者的旅游体验质量。科技创新和旅游业的不断融合,使旅游产品和服务不断升级,旅游目的地必须从吃、住、行、游、购、娱6个层面满足旅游者的高层次需求。旅游者在旅游活动中的体验越来越好,足以证明科技创新对旅游活动的影响巨大。

2. 高科技对旅游活动的负面影响

精准投放技术会利用大数据对消费者群体进行细分,从而实现更精准的广告投放和转化购买。这种技术在很大程度上依赖于消费者的数字足迹,不可避免地会出现道德问题和隐私问题。有时数据会在游客不知情的情况下从他们的移动设备中收集,这可能会让他们产生被监视的感觉而产生精神压力。很多大公司拥有大量客户数据,存在发生数据泄露的可能,游客隐私和安全会受到威胁。利用消费者大数据进行精准投放广告是为了使消费者成为公司的忠实顾客,公司要用各种手段使潜在消费者尽快完成从熟悉产品、产生偏好到做出购买决策、完成购买行为并最终成为忠实顾客的过程。然而,这种使用大数据微妙地改变消费者行为的广告活动被称为"助推"(Nudging),很多时候这种商业行为是在消费者毫无察觉时发生的,会被认为是一种心理操纵行为。

人工智能算法结合游客的数字足迹,能够精准推送符合个人偏好与兴趣的景点信息。然而,这种算法机制会形成"信息过滤气泡",主动屏蔽与游客兴趣不符的内容。这使得游客长期困在算法构建的舒适圈内,难以接触目的地的真实情况。当追求真实体验的游客遭遇算法的选择性呈现时,便陷入了一个难以调和的矛盾——"真实性困境"。

在科技迅猛发展的当下,人们往往无暇深思技术进步对旅游活动产生的深层影响。虽然智能科技为旅游业可持续发展带来了显著效益,但其潜在的负面影响同样值得警惕。本文从可持续发展视角出发,探讨科技对智慧旅游的影响,旨在为行业未来发展提供新的思考方向。

参考文献

[1] 张凌云,黎巎,刘敏.智慧旅游的基本概念与理论体系[J].旅游学刊,2012(5).

[2] 史云姬.体验经济时代下新一代通信技术在智慧旅游中的应用[J].科技视界,2013(9).

[3] 莫琨.智慧旅游的安全威胁与对策探讨[J].旅游纵览·行业版,2013(2).

[4] 程剑,宋云,冷秀娟,大数据背景下智慧旅游管理模式研究[J].西部旅游,2021(5).

[5] 黄丽洁.大数据背景下智慧旅游的发展与探索[J].旅游纵览·行业版,2017(10).

[6] 李彦,赵瑾.大数据:为旅游业发展带来大机遇[J].中国管理信息化,2017(5).

[7] 马红.大数据技术在智慧旅游应用中的探讨[J].现代经济信息,2018(24).

[8] 张梓宸,黄萍,龙尧,等.基于人工智能的智慧旅游综合系统模型构建[J].科技视界,2021(12).

[9] 王江涛.浅析人工智能的发展及其应用[J].电子技术与软件工程,2015(2).

[10] 柳红波.人工智能技术在智慧旅游中的应用[J].自动化与仪器仪表,2016(2).

[11] 肖鹏,钟绍辉.基于人工智能的在线客服研究[J].萍乡学院学报,2015(3).

[12] 高翔,吴万琴.人工智能技术在搜索引擎中的应用[J].硅谷,2015(3).

[13] 赵宇茹.智能旅游信息系统建模与功能实现[D].西安:陕西师范大学,2007.

[14] 杨立勋,殷书炉.人工智能方法在旅游预测中的应用及评析[J].旅游学刊,2008(9).

[15] 刘治彦,季俊宇,商波,等.智慧旅游发展现状和趋势[J].企业经济,2019(10).

[16] 唐晓云.现代科技革命对旅游消费的影响[J].旅游学刊,2022(10).

[17] 林叶强,沈晔.沉浸式体验:创意、科技和旅游的融合[J].旅游学刊,2022(10).

[18] 冯学钢,程馨.文旅元宇宙:科技赋能文旅融合发展新模式[J].旅游学刊,2022(10).

[19] 潘冰,李云鹏.科技革命和旅游可持续发展的思考[J].旅游学刊,2022(10).

新媒体时代下的文旅短视频营销

蒋薇[①]　李清鹏[②]

科学技术的发展促进了短视频等新型社交媒体平台的出现。抖音、快手等短视频平台发展迅猛,并凭借其短小、精悍、新颖的创作方式,发挥其传播力广泛的优势,形成了新的互联网生态。短视频的发展引发了整个互联网营销模式的新变化,互联网巨头纷纷布局各自的短视频平台,电商平台也纷纷加码短视频营销,社交平台开始关注短视频的应用。

对于文旅行业而言,在"互联网＋"的背景下,如何利用新媒体的创新玩法进行有效的营销,助力旅游目的地文旅产业发展,已经成为越来越重要的研究课题。随着短视频平台的推广和普及,短视频营销逐步渗透文旅产业中,通过短视频平台,不仅展现了目的地的优美风景,介绍了目的地的旅游资源与产品,还传承与延续了目的地文化,使旅游目的地形象更加鲜明地展现在游客面前,从而满足了游客的多样化需求,成为旅游目的地企业宣传自身产品,打造自身品牌的重要手段。

一、新媒体概述

(一) 新媒体的概念

"新媒体"的概念是1967年由美国哥伦比亚广播电视网(Columbia Broadcast-

---

② 李清鹏,中国张掖网运营总监。

ing System)技术研究所所长戈尔德马克(P. Goldmark)率先提出的。媒体从产生到发展,经历了不同的形态,广播、电视、网络等媒体都是不同时代传播媒体的典型代表。目前,人们经常谈论的网络媒体、手机媒体、数字电视等形态,是新媒体的主要类型。因此,从某种意义来说,新媒体是一个相对的概念,广播相对报纸是新媒体,电视相对广播是新媒体,网络相对电视是新媒体,其包含的范围和概念是随着媒体的发展而不断变化的。

对于新媒体的界定,学界依旧存在不同观点。美国《连线》杂志曾对新媒体进行过概念界定,认为新媒体是所有人对所有人的传播。这一定义相对宽泛,仅仅强调媒体的传播功能。联合国教科文组织指出新媒体是以数字技术为基础、以网络为载体进行信息传播的媒介。宫承波等(2010)认为,新媒体是利用数字技术、网络技术和移动通信技术,通过互联网和卫星等渠道,以电视、电脑为主要输出终端,向用户提供视频、音频、语言数据服务、远程教育等集成信息和娱乐服务的所有新的传播手段和传播形式的总称。勾俊伟(2019)将新媒体归纳为数字化时代到来后出现的各种媒体形态。由于新媒体超出了传统意义上的四大媒体(报纸、杂志、广播、电视)的范畴,因而也被形象地称为"第五媒体"。从学者们的观点中可以看出,新媒体的概念往往伴随着数字技术和网络技术的发展,改变了传统的信息交流方式,同时,对新媒体的定义也是一个动态进化的过程,网络上的新媒体形式不断变化延伸,对其定义的探讨也需要与时俱进。

(二) 新媒体的特点

与传统媒体相比,新媒体在传播状态、传播范围、传播方式、传播效果等方面呈现以下特征。

1. 多点对多点传播

新媒体在传播形式上,呈现出多点对多点的特点,传播信息量大,能够实现同时将丰富的信息传递到不同的消费者手中,不同消费者在新媒体时代下接受的信息量也是巨大的,同时,通过多点对多点的传播方式,商家也能够从消费者处收集到数量庞大的信息,以便开展后续的精准营销。

2. 传播速度快

新媒体大多利用网络、信息技术等手段进行传播,相较于传统媒体的传播速度,新媒体传播速度更快,能够在短时间内将信息传递到用户手中,大大缩短了信息到达用户的时限,提高了传播效率,增强了传播信息的时效性。

3. 传播范围广

新媒体时代,网络成为传播信息的主要渠道。网络时代的信息传播打破了原有渠道的时空边界,信息的搜索渠道和来源更加广泛,信息的受众群体也呈现扩张趋势。随着我国网民数量的不断增加,新媒体传播的范围会更加广泛。

4. 互动性强

互动性强是新媒体的又一大特征。消费者在传播过程中转变了信息接受者的单一角色,不再是被动一方,而能够通过评论、点赞、转发等方式,表达自己对信息的看法,以形成双向互动的局面。也正因为新媒体互动性强,它更能拉近顾客与信息传递者之间的距离。

5. 传播形式多样化

新媒体的媒体形态丰富,并且随着信息技术的发展处于不断创新与变化之中,呈现与媒介融合的新趋势,从传播形式的角度而言,新媒体主要包括互联网传播、数字网络传播、无线网络传播与跨网络传播等不同类型(见表1)。

表1　新媒体的主要种类

传播方式	新媒体代表
基于互联网的新媒体	门户网站、搜索引擎、网络社区、网络论坛等
基于数字网络的新媒体	数字电视、车载电视、数字屏幕等
基于无线网络的新媒体	手机短信/彩信、手机电视/广播、移动终端客户端等
基于跨网络的新媒体	家庭数字电视、交互式网络电视等

6.传播成本低

传统媒体的传播成本高,以广告为例,在广告拍摄、宣传、投放推广等过程中,都会耗费极大的人力、物力、财力,成本较高,而以网络为主要途径的新媒体在传递信息时,相关的制作、上传、传播等成本都十分低廉,以抖音为代表的平台内容仅需要一部手机就可完成,传播成本较低。

二、文旅短视频营销的兴起背景

在新媒体出现之前,旅游目的地营销只能借助于电视、广播、报纸、杂志等传统媒体,传播方式有限,受众范围太广泛且不具备细分能力,无法做到精准营销。随着新媒体的出现,旅游目的地可以通过互联网在PC端、移动端,利用各种新型渠道开展营销活动,改变了过去"单项传播"的营销模式,促使广大消费者主动参与旅游目的地营销活动。

伴随着抖音、快手等短视频平台的兴起,短视频营销已经成为近年来旅游营销的主要渠道。短视频借助各大网络平台播放,具有时间短、播放频率高、受众群体广泛、创作内容丰富等特点,现阶段已经成为我国年轻群体最受欢迎的一种新媒体传播方式。从传播方式的角度而言,文旅短视频营销则是通过抖音、快手、小红书等网络播放平台,充分利用几秒到几分钟的文旅短视频,向广大的受众群体展示企业形象或者向旅游者传递相关信息,这是一种集网络、视频以及社会化营销于一体的综合性方式。从传播内容的角度,文旅短视频营销以其新奇有趣的方式让广大受众群体对视频产生意犹未尽之感,便会自觉自发地去寻找更深层次的内容,从而达到营销目的。短视频成为目前旅游营销领域的主战场。文旅短视频营销的兴起与发展离不开下列条件的支持。

(一)信息技术的发展为文旅短视频营销提供了技术支持

在"互联网＋"时代,信息技术是促进生活方式变化和科技进步的主要动力。

自互联网诞生以来,它在商业、教育、科技、文化等众多领域得到广泛的运用,改变了人们生活的方方面面。在短视频营销中,会大量运用到平台算法,进行营销内容的推送与推广,同时收集信息接收者的反馈与需求。此外,在当前移动互联网的新形势下,新媒体越发重视"内容＋关系＋服务"的融合,这为提升信息品质、吸引潜在流量、增强传播效能提供了可靠保障。新科技引领新产能,大数据、云计算等技术为描绘用户画像、实现精准推送提供支持;在人工智能技术的推动下,人机交互更趋自然,语音交互、手势交互更趋成熟;以刷脸为代表的图像识别技术的应用范围不断拓展;物联网、VR/AR(Virtual Reality,虚拟现实;Augmented Reality,增强现实)等新技术也推动着新媒体越来越智能化,为文旅短视频营销的顺利开展提供了技术保障。

(二)互联网用户数量的扩张为文旅短视频营销提供了市场保障

一方面,文旅短视频营销以旅游者或潜在旅游者为主要目标客户群体。从我国近几年旅游业的发展趋势来看,2020年之前,旅游业发展迅猛,国内旅游、入境旅游、出境旅游人次逐年上涨。2019年文化和旅游发展统计公报显示,2019年我国国内旅游人数达60.06亿人次,同比增长8.4％;入境旅游人数14531万人次,同比增长2.9％;出境旅游人数15463万人次,同比增长3.3％。全年旅游总收入6.63万亿元,同比增长11.1％。庞大的旅游市场规模,为文旅产业的发展奠定了良好的市场基础,旅游者也成为短视频营销所面对的重点客户群体。

另一方面,我国互联网用户数量日益上涨,为文旅短视频营销提供了市场拓展的新思路。中国互联网络信息中心数据显示,截至2021年12月,我国网民规模达到10.32亿,较2020年12月增长4296万,互联网普及率达到73％,较上年增长2.6％。手机网民用户规模达到10.29亿,较2020年12月增长了4373万,网民使用手机上网的比例达到99.7％,与之相对,使用台式电脑、笔记本电脑、平板电脑上网的比例分别为35％、33％与27.4％。上述数据反映出我国互联网用户数量日益上升,而手机上网用户的比例极高,成为新媒体时代背景下文旅短视频营销的重要市场保障。

(三) 市场需求的变化是文旅短视频营销产生的需求侧背景

随着大众旅游时代的到来,游客的旅游需求也发生了相应的转变,游客不再满足于传统的团队出游方式,而更加追逐自由度高、个性化强的旅行活动,散客游、定制游等旅游方式的兴起,使游客出行时需要提前收集更多的目的地信息。因此,对于旅游目的地营销而言,现阶段的关键在于将与旅游目的地相关的吃、住、行、游、购、娱等信息进行整合与分发。短视频营销能够在一定层面让旅游营销的主体发生转变,游客也成功地加入营销活动当中,使营销信息的来源渠道增多。除了旅游目的地的营销组织外,游客发布在短视频平台中的评论、攻略、游记等内容也为其他潜在的游客提供了旅游目的地的相关信息,从多方面满足了游客的信息需求。

(四) 短视频平台的兴起为营销创造了平台基础

近几年,短视频异军突起,市场占有率节节攀升,用户规模日益上涨。根据中国互联网络信息中心(CNNIC)发布的第53次《中国互联网络发展状况统计报告》,截至2023年12月,我国网络视频用户规模达10.67亿人,占网民整体的97.7%。其中短视频用户规模达10.53亿人,较2022年12月增长4145万人,占网民整体的96.4%。中国短视频用户规模持续增长,且占整体网民比例逐年提高,显示出短视频已经成为中国网民日常娱乐和信息获取的重要方式。一大批场景化、生活化的原创短视频纷纷涌现,在原创内容的带动下,一边旅游一边分享短视频成为旅游新常态,旅游目的地则能够借助热点话题和平台,通过精准营销找到目标人群,寻求目标客户的关注点,使游客在情感上产生共鸣并增强其忠诚度。

我国短视频用户规模占比最大的是第一梯队的抖音、快手、视频号,占比为70.04%;其次是第二梯队的微博、小红书、西瓜视频、B站等,占比为25.86%,接着是第三梯队的其他短视频平台,占比为4.1%。

三、短视频营销对旅游目的地发展的重要意义

（一）有助于提升旅游目的地的知名度

短视频平台拥有庞大的用户数量，海量的短视频信息，且具有传播速度快、影响力强等特点。旅游目的地可借助短视频平台的传播优势，通过自建账号、与平台合作、与网络红人合作等方式，增加目的地曝光度，提升旅游目的地吸引力与知名度。

短视频营销催生了文旅行业目的地"打卡经济"的发展。抖音用户更是凭借庞大的规模与数量，全年打卡7亿次，打卡足迹遍及全球233个国家与地区，对提升旅游目的地知名度，扩展客源市场起到了至关重要的作用。

重庆是被短视频平台"带火"的典型代表。2019年，马蜂窝旅游网联合ZAKER发布的《国庆旅游趣味报告》显示，重庆洪崖洞成为新晋网红景点，排名第十，具有较高热度。除了热门景点之外，目的地城市的"游客街"也成为众多游客打卡的必经之地。北京的南锣鼓巷、西安的回民街以及重庆的磁器口位列"游客街"三强，重庆一跃成为关注度较高的城市。同时，"夜游经济"的兴起也成为年轻人出游的重要旅游体验之一。洪崖洞因与动画电影《千与千寻》中的知名场景相似而爆红，旅游热度持续升高，成为重庆旅游的首选目的地。抖音等App上涌现出大量有关"重庆洪崖洞夜景"的短视频，引发了旅游业界的广泛关注。这些短视频大多来源于游客自己的拍摄创作和分享，配以动感的音乐，极具感染力，发布后短时间内便获得大量点赞，使景区迅速走红。根据重庆市旅游发展委员会发布的旅游大数据，2019年五一小长假期间，重庆共接待境内外游客1735.75万人次，实现旅游总收入112.48亿元，同比分别增长21.6%和30.5%。洪崖洞景区的游客接待量更是突破14万人次，同比增长120%。马蜂窝旅游网发布的2019年五一小长假境内热门景点趋势报告显示，重庆洪崖洞景区排名成功超过北京故宫，排名第三，仅次于上海迪士尼乐园和广州长隆野生动物世界，成为

名副其实的"网红"旅游目的地。

抖音平台重庆相关话题的播放量如表2所示。

表2　抖音平台重庆相关话题的播放量

抖音话题	视频播放量/次	视频数/个
重庆	141.5亿	55.6万
重庆解放碑	2.7亿	1.3万
重庆火锅	4.7亿	2.3万
洪崖洞	3.3亿	4.3万
洪崖洞夜景	8348.3万	2万

(注：数据截至2022年4月10日16时)

（二）有助于推动旅游目的地形象的建设

借助短视频平台,旅游目的地相关企业能够将静止的旅游产品从不同视角展现出来,吸引更多短视频用户关注旅游目的地的旅游产品,加深旅游印象,对旅游目的地产生不同于往常的认知与体会。摆脱传统宣传方式的局限,短视频对旅游目的地旅游产品的呈现更好地迎合了当下市场的发展趋势,有助于促进旅游目的地消费增长。同时,从视频内容的角度而言,旅游目的地企业短视频账号通常以风景特色、游玩观赏项目、目的地宣传片为主,对旅游目的地形象塑造和建设有积极作用。

依旧以重庆为例,2018年9月,抖音、头条指数与清华大学国家形象传播研究中心城市品牌研究室联合发布的《短视频与城市形象研究白皮书》中显示,西部三城重庆、西安和成都的城市形象视频播放总量领先全国,超过北上广深等一线城市。从播放总量来看,重庆的城市形象相关视频总播放量达到了113.6亿,高居榜首,成为名副其实的"抖音之城"。通过抖音平台播放相关视频,重庆的城市形象得到具象化,"魔幻3D"的山城地形、火锅美食和美景等文化符号将重庆的人文风俗、地理面貌完美呈现。

（三）有助于激发游客旅游动机

随着旅游热潮的兴起，草原雪山、沙漠河川、风土人情、历史古迹等丰富多彩的旅游目的地吸引着众多游客前来探索，同时也使得旅游市场竞争日趋激烈。在互联网传播生态中，短视频用户不可避免地受到从众心理的影响。一方面，平台算法会持续推送热门旅游短视频和网红导游内容，用户出于从众心理，往往通过点赞、评论和转发等方式参与二次传播，这种互动行为潜移默化地塑造着用户的旅游意愿。另一方面，短视频平台呈现的影像内容能在行前为游客构建理想化的目的地形象，不仅强化了用户对旅游体验的期待，更成为其形成旅游地认知的重要参考依据。

（四）有助于旅游目的地企业提高产品质量

国内旅游处在优质发展的阶段，"高质量发展"已成为众多目的地企业的发展策略，因此，市场需要更优质的旅游产品。短视频平台也充分体现了传播的"马太效应"。一百个内容寡淡的视频点赞评论量比不过一个精品，因此，文旅短视频的重点不在数量，而在内容。短视频平台可以加强旅游目的地企业与游客的互动性，在短视频评论区，往往会有短视频用户与游客对短视频的制作或产品质量提出意见与建议。在竞争激烈的旅游短视频市场中，旅游目的地企业需要注重短视频账号内容拍摄的同时，对评论区的有效意见进行采纳，切实通过短视频传播了解游客评价与产品需求，提升旅游产品质量。

（五）有助于促进目的地企业与游客互动交流

相较于传统媒体，新媒体具有能更好实现信息的交流与互动的优势，并非以往传统媒体单方面地传播信息。互动是一方进行对话或其他行为之后得到的来自对方的反馈，建立在相互作用的基础上。凭借网络的发展，新媒体逐渐能够实现信息的传播与交互。短视频内容的发布者可以实时将想要传播的内容给予平台用户，平台用户也可以实时将反馈传送给发布者。当下，短视频平台的评论功能与直播功能大大促进了目的地企业与游客之间的互动,企业与游客在评论区与直播间中进行直接沟通,可以增进双方的深入了解,有助于加深游客对企业的良好印象。

(六)有助于拓宽目的地企业产品宣传渠道

互联网传播信息过程中具有即时性、有效性以及互动性强的特点,且具有受众范围广、用户黏性高以及使用率高的优势,不论身处任何地区,人们只需使用手机,打开手机相关应用程序如短视频App、购票服务App或者其他社交媒体都可以快速获得个人所需的服务及信息,并且能够得到有效且及时的反馈,这使得旅游目的地企业的传播更有效、更生动。很多企业进行旅游营销时,优先选择的是结合图片、视频和文本的短视频应用策略,如短视频平台,从近几年抖音、快手等短视频平台的火爆程度与传播效率看,短视频平台是一个十分适合旅游企业展开营销活动的应用程序。短视频平台在信息传播中的便利性、及时性和多样性,使旅游景区形象传播有了新的表现方式,给许多旅游企业带来了发展机遇。

四、河西地区旅游景区"抖音"短视频营销现状

在新媒体背景下,河西地区旅游景区通过"抖音"等短视频平台塑造形象,使河西地区旅游景区人文景观丰富、自然风景壮美、民族风情独特的旅游形象更加深入人心,在潜移默化的过程中给游客打造出风俗民情多彩、文化底蕴深厚的新形象。因此,河西地区旅游景区可以依托短视频平台通过对河西地区文化内涵进行深层次的探索,结合河西地区的旅游景点、民俗风情与历史气息,创设特色新颖的旅游项目,开发创造出许多更接地气的旅游文化,向外界展示新的旅游景区形象。

(一)"抖音"短视频账号内容运营分析

从"抖音"短视频平台对河西地区4A级以上的旅游景区进行筛选,分别对账号运营情况较好的5A级景区鸣沙山月牙泉风景名胜区、嘉峪关关城景区,以及张掖七彩丹霞旅游景区、4A级景区张掖平山湖大峡谷旅游景区、嘉峪关方特欢乐世界、

金塔沙漠胡杨林景区、中国工农红军西路军纪念馆、肃南马蹄寺石窟、世界文化遗产敦煌莫高窟8个景区进行了数据分析。截至2022年4月10日16时,8个旅游景区账号中,除鸣沙山月牙泉风景名胜区及肃南马蹄寺石窟两个账号总粉丝量分别为3241人、5878人以外,其余7个景区账号粉丝量皆破万人,金塔沙漠胡杨林景区账号粉丝量高达20.7万,系河西地区旅游景区抖音短视频账号粉丝量最高的景区。此外,8个景区账号视频总获赞量皆达到上万个,嘉峪关关城景区总获赞量达26.7万,系河西地区旅游景区抖音短视频账号视频获赞量最多的景区。以上河西地区旅游景区相关视频账号视频内容各具特色,视频更新频率高低不一,抖音传播力指数亦有所差距。

河西走廊景区"抖音"账号热门短视频内容分析表如表3所示。

表3 河西走廊景区"抖音"账号热门短视频内容分析表

抖音短视频账号名称	短视频总数	热门视频数与内容
嘉峪关方特	24	点赞量达到1万以上的短视频共1个,视频内容为方特熊出没山谷亲子乐园最后三天免费体验优惠活动
嘉峪关关城景区	279	点赞量达到1万以上的短视频共4个,视频内容分别为"当关长遇上某某"系列中"当关长遇上冰蛋"(1个)、"当关长遇上玄奘"(2个)以及古装搞笑情景剧"来者何人"(1个)
张掖七彩丹霞旅游景区	881	点赞量达到1万以上的短视频共3个,视频内容分别是敦煌飞天舞者在七彩丹霞景区骑驼队并在景区跳舞(1个)、身着汉服的舞者们在景区观景台跳古典舞(2个)
金塔沙漠胡杨林景区	486	点赞量达到1万以上的短视频共1个,视频内容为胡杨林景区美景
敦煌莫高窟官方	548	无点赞量达到1万以上的短视频,点赞量达到5000个以上的视频共2个,视频内容分别为CCTV3飞天舞视频转播以及湖南春晚敦煌胡旋舞视频转播
马蹄寺旅游景区	255	无点赞量达到1万以上的短视频,点赞量达到3000个以上的视频共2个,视频内容分别为张掖最值得去的地方(景区介绍)与景区风景加"放宽心、放下、看淡"的人生感悟

续表

抖音短视频账号名称	短视频总数	热门视频数与内容
鸣沙山月牙泉	296	无点赞量达到1万以上的短视频,点赞量达到1500个以上的视频共1个,视频文案为《挑战张艺兴飞天舞》,视频内容为女舞者们着飞天服饰跳飞天舞
中国工农红军西路军纪念馆	243	无点赞量达到1万以上的短视频,点赞量达到2000个以上的视频共3个,视频内容分别为习近平总书记向先烈敬献花篮、烈士公墓介绍讲解以及董振堂、杨克明纪念亭介绍讲解

(注:数据截至2022年4月10日16时)

通过对以上景区"抖音"短视频账号所发布的短视频进行浏览与观察,总结出旅游景区发布的短视频数量多少与短视频能否成为热门视频不呈正相关,旅游景区仍应该对短视频内容多下功夫。以"嘉峪关关城景区"账号为例,该账号短视频总数为279条,但点赞量达到1万以上的短视频为4条,是9个景区中热门视频最多的景区,该景区的短视频内容较其他景区亦别出心裁,如"关长遇上某某"系列视频,是景区工作人员以及游客、网红导游等合拍的内容,主要为景区工作人员"关长"为过路的人发放"通关文牒"时发生的对话、小插曲等,点赞量普遍较高,评论区气氛较好。反观"敦煌莫高窟官方"账号,视频总数为548条,视频总数排名第二,但账号并无点赞量达到1万的短视频,账号中点赞量较高的短视频也并非原创。

(二)"抖音"短视频账号传播力指数分析

通过人工搜集"抖音""灰豚数据"等平台的数据计算得到,截至2022年4月10日16时,河西地区旅游景区"抖音"短视频账号传播力指数分析如下:"西域旅游文化投资平山湖分公司"账号运营传播力指数为325.83,账号权重较大;"嘉峪关方特"账号运营传播力指数为281.74,账号权重较大。"敦煌莫高窟官方"账号运营传播力指数为235.08,账号权重较大。"中国工农红军西路军纪念馆"账号运营传播力指数为165.21,账号权重较小。"金塔沙漠胡杨林景区"账号运营传播力指数为

158.94,账号权重较小。"张掖七彩丹霞旅游景区"账号运营传播力指数为138.52,账号权重较小。"鸣沙山月牙泉"账号运营传播力指数为136.76,账号权重较小。"嘉峪关关城景区"账号运营传播力指数为127.78,账号权重较小。"马蹄寺旅游景区"账号运营传播力指数为102.15,账号权重较小。

河西走廊景区"抖音"账号运营传播力指数对比如表4所示。

表4　河西走廊景区"抖音"账号运营传播力指数对比表

抖音短视频 账号名称	新增粉 丝量/ 个	作品播 放量/ 万次	新增作 品量/ 个	新增直 播场 次/场	点赞 量/个	转发 量/个	评论 量/个	抖音传 播力指 数
西域旅游文化投资平山湖分公司	481	13.8	41	71	5536	205	533	325.83
嘉峪关方特	2601	72.4	6	1	4883	5266	2395	281.74
敦煌莫高窟官方	982	6.1	22	0	2345	184	176	235.08
中国工农红军西路军纪念馆	138	0.4	4	0	229	5	6	165.21
金塔沙漠胡杨林景区	−98	0.5	6	8	128	1	12	158.94
张掖七彩丹霞旅游景区	−21	2.6	61	0	1023	18	43	138.52
鸣沙山月牙泉	0	1.9	18	0	559	80	44	136.76
嘉峪关关城景区	−121	11.2	12	0	2288	117	193	127.78
马蹄寺旅游景区	0	0.15	2	0	128	3	4	102.15

(注:数据截至2022年4月10日16时)

抖音新媒体传播力度指数＝A*ln(a+1)+B*ln(b+1)+C*ln(c+1)+D*ln(d+1)+E*ln(e+1)+F*ln(f+1)。

其中,a＝发布视频数,b＝累计播放量,c＝点赞量,d＝分享量,e＝评论量,f＝涨粉量

(公式来源:2020年抖音文旅传播影响力指数报告)

由上述数据可以看出,河西地区部分旅游景区已经逐渐将营销战场转向抖音短视频平台,也通过发布短视频信息取得了一定的引流效果,西域旅游文化投资平

山湖分公司、嘉峪关方特、敦煌莫高窟官方等账号的传播力指数相对较高,受到了较多游客的关注,但与重庆、西安等城市相比,在传播力、影响力、视频内容、运营专业化程度等方面仍存在一定差距。

五、旅游目的地短视频营销机理

短视频营销开辟了旅游目的地企业营销的新视角,并成为旅游企业营销的主要渠道。为深入研究旅游目的地抖音短视频的营销机制,解析旅游目的地实现抖音短视频营销的要素作用过程和时空发展规律,基于旅游系统、空间分异、空间溢出、旅游地生命周期等理论,罗润、张胜武(2022)构建了旅游目的地抖音短视频营销机理的理论分析模型——"蜂窝模型"。

(一)"蜂窝模型"的概念

"蜂窝模型"的创建为阐明旅游目的地短视频营销的各个要素及相互关系奠定了基础。"蜂窝模型"是以抖音为平台,以旅游目的地的短视频营销为核心,以短视频内容创作者、抖音短视频平台、抖音用户、旅游目的地感知、旅游动机、旅游目的地为六要素,展现旅游目的地抖音短视频营销作用机理和演变过程的理论模型。

(二)"蜂窝模型"的六大要素

旅游目的地短视频营销"蜂窝模型"如图1所示。

基于旅游系统论,从旅游主体、旅游客体和旅游媒体三个层次选取旅游者、旅游目的地、抖音短视频平台三个重要元素,并衍生出"蜂窝模型"的六要素,即短视频内容创作者、抖音短视频平台、抖音用户、旅游目的地感知、旅游动机、旅游目的地。抖音短视频平台衍生出抖音短视频用户和内容创作者,旅游者是形成旅游目的地感知和旅游动机的主体,旅游目的地是抖音短视频拍摄的背景场地和旅游者旅游活动的最终场所。

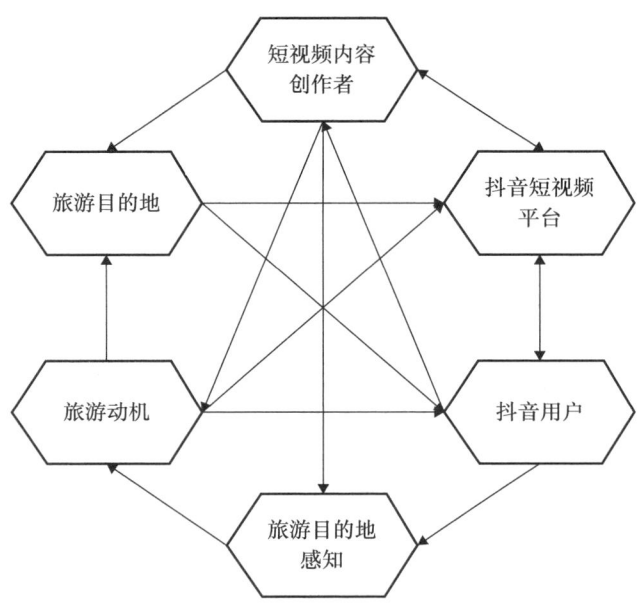

图1　旅游目的地短视频营销"蜂窝模型"

1. 短视频内容创作者

短视频平台中的内容创作者可以分为两个类别：官方内容创作者和非官方内容创作者。二者在创作目的、视频内容等方面均有不同。官方的内容创作者主要为政府和官方组织，内容创作的方向为自上而下，从创作目的的角度而言，官方创作者创作视频的主要目的是向游客推介当地旅游资源，塑造旅游目的地形象，拉动目的地旅游消费，吸引更多游客前来参观，进而推动目的地旅游产业的健康发展。非官方创作者主要有商业性旅游企业和草根群众，旅游企业创作短视频大多出于吸引游客和促进游客消费的目的；草根群众创作短视频则大多出于分享旅行经历、向其他朋友推荐等目的。

2. 抖音短视频平台

抖音短视频平台是短视频营销中的重要媒介，在模型中发挥着至关重要的作用。一方面，视频创作者需要在平台中创作并上传视频，抖音平台审核视频内容，并为内容创作者发布原创短视频；另一方面，视频内容的观看者需要通过在平台搜索并观看相关视频内容,了解自身所需要的各类信息,增加对旅游目的地的认知。因此,抖音短视频平台是联结短视频发布者与短视频观看者的中间角色,并为用户之间的交流互动提供技术支持与平台保障。

3. 抖音用户

从类型上来说,抖音用户主要包括内容创作者与内容接收者两个方面。内容创作者通过平台将创作的短视频发布出去;内容接收者通过平台观看短视频,获取相关信息。用户和平台之间存在双向作用关系,平台为用户提供发布和观看短视频的媒介,基于算法为用户推荐可能感兴趣的内容。用户观看平台为其推荐的内容,并以点赞、评论、转发等形式与其他用户形成互动。

4. 旅游目的地感知

旅游者借助在线评论平台分享旅游体验信息,表达自己对旅游目的地的真实感知,已经成为旅游活动的常态。对旅游目的地而言,这些海量的游客评论内容蕴含着极有价值的感知信息,传递出游客对旅游目的地的真实感知和情感评价,同时也是反映游客目的地体验的重要信息来源。随着短视频平台的崛起,用户在观看旅游目的地抖音短视频时会对陌生的旅游目的地产生初步印象与主观认知,同时增强对已知的旅游目的地的认知,这便是模型中旅游目的地感知形成的过程。

5. 旅游动机

在产生旅游目的地感知后,旅游者依据主客观条件形成旅游动机。从主观方面而言,短视频用户观看旅游目的地短视频后产生了主观的旅游需要;从客观而言,游客产生旅游行为需要依托闲暇时间与经济基础等客观条件的保障。只有当主客观条件同时满足的情况下,旅游者才能产生旅游动机。

6. 旅游目的地

旅游动机形成后,游客在自身能力范围内搜集信息并做出旅游决策。从旅游目的地的角度而言,游客的到访促使旅游目的地提高旅游接待服务质量与水平,完善旅游景区厕所等基础设施,收集旅游目的地抖音短视频营销的反馈信息,进一步优化营销过程。此外,游客的造访促使旅游目的地完善抖音短视频内容,促进游客由内容接收者向短视频内容创作者或模仿者转化。

(三)"蜂窝模型"六要素之间的相互作用关系

上述六要素是旅游目的地的抖音短视频营销的重要组成部分,六要素之间存在复杂可循环的交互作用关系,且作用关系具有方向性,图1用箭头表示六要素之间关系的方向性。创作者上传短视频到平台、平台为创作者提供技术支撑时,创作者和平台之间建立双向的作用关系。平台为用户推荐短视频、用户使用抖音短视频平台时,平台与用户之间建立双向的作用关系。用户产生旅游目的地感知时,用户与旅游目的地感知之间建立单向的作用关系。当游客的旅游目的地感知转化为旅游动机时,旅游目的地感知和旅游动机之间建立单向的作用关系。游客产生旅游动机后做出旅游决策,到访旅游目的地时,旅游动机和旅游目的地之间建立单向的作用关系。

综上所述,在理想状态下,旅游目的地抖音短视频营销的六要素是按照"短视频内容创作者—抖音短视频平台—抖音用户—旅游目的地感知—旅游动机—旅游目的地"的顺序相互作用的,共同形成旅游目的地短视频营销的推动因素。

六、旅游目的地短视频营销模式

旅游目的地短视频营销模式是各方面共同作用形成的一种总体性模式,这种营销模式的主体有用户、短视频平台、政府和企业等几个方面,旅游目的地短视频营销模式的核心目的是通过短视频内容让游客获取旅游目的地及相关企业信息,从各方主体合作关系的角度,旅游目的地短视频营销模式主要分为以下几个类型。

(一)用户主导模式

短视频营销的主力是短视频用户,因此,用户在短视频营销前期起着基础导向作用。短视频平台上内容的主要来源都是用户生成的,用户给自己的原创视频增加音乐或背景,通过短视频平台分享给其他用户,打破了传统媒体传播方式,减轻了传统媒体"传输者"的作用,使短视频用户可在平台上自由地分享自己喜欢的内容,回复评论参与交流,成为短视频的主导者。不仅短视频的内容来源于用户,视频也被用户模仿和传播。此外,原创短视频内容通过平台发布,供其他用户观看、评论、分享等,更好地促进了用户之间的互动,达到视频内容推广宣传的效果。

(二)平台加成模式

短视频平台是在用户主导的基础上,与政府、企业等合作发挥自身作用。一方面,短视频平台自主策划内容。另一方面,短视频平台凭借增加用户、政府、企业旅游短视频的曝光量,积极向短视频用户推荐,拉动目的地文旅产业发展。短视频平台的加成模式是开展旅游短视频营销的重点部分,主要由两部分构成:一是用户自行拍摄与发布的景点。二是平台策划的旅游景点。因此,短视频平台在营销过程中也起着打造营销爆点的关键作用。

(三)政企合作模式

除了用户主导、平台发挥重要作用的旅游短视频营销模式,政企合作也是旅游短视频营销模式的重要一环。政府与企业首先需要强强联合,共同引导用户主导的传播方向,同时还应主动与短视频平台开展合作。旅游目的地短视频的走红,在很大程度上得益于政府与短视频平台的协同配合。一方面,政府通过官方账号入驻短视频平台,借助新媒体渠道拍摄并发布城市旅游景点内容,将城市文化底蕴以崭新面貌呈现给大众,既促进了文化传播,又有效吸引游客前来观光。另一方面,政府与短视频平台签订战略合作协议,共同推动城市发展。以抖音平台为例,自2018年起,抖音已先后与西安、敦煌等多个地方政府达成战略合作,目前已有超过2800个政务账号入驻抖音平台,涵盖旅游、党政、文化等多个领域的政府机构。

城市旅游业与短视频的结合顺应了时代发展需求。通过短视频平台,城市得以全方位、多角度地展示其独特魅力——无论是城市风貌、特色美食还是优美景观,都能得到精彩呈现,从而让城市文化品牌走向世界。政企通力合作还能对需要推广的旅游景点进行专业化包装,借助短视频这一传播媒介,创造更多与潜在及现有游客互动的机会,提升游客体验质量。

七、新媒体背景下文旅短视频营销优化对策

短视频营销作为一种新兴的营销方式,受到了旅游目的地企业的广泛重视,但目前,短视频营销仍处于初期阶段,不论采用上述何种营销模式,依旧存在视频内容雷同、营销定位不够精准、平台吸引力较为单一等方面的问题,因此,在新媒体背景下,旅游目的地企业短视频营销应着重从营销定位、营销内容、营销矩阵等方面进行优化,提升营销效果。

(一)强化营销精准定位

旅游目的地在开展短视频营销时,应注重分析用户群体多元化的需求和圈层化特征。通过分析新媒体用户数据,帮助目的地营销开展用户画像,结合旅游目的地自身特色和产品定位,找准目标客户开展营销。以旅游市场为例,相关数据显示,超七成家庭年度旅游消费决策由女性做出,女性游客占比超过50%,20—35岁年龄段的女白领游客占整体女性游客的半数以上。此外,"00后"女性将成为休闲游市场上新的增长点。由此可见,年轻女性用户成为旅游目的地营销的重点客户群体。在目的地信息获取上,朋友圈分享或朋友推荐已经成为主要渠道,短视频具有天然的社交属性,平台集聚大量的年轻女性群体,为目的地开展精准化营销提供了良好的基础。旅游目的地可以通过打造小型的特色短视频社群,以兴趣、爱好为依托,利用社群中的互动和交流,实现"病毒式"分享和口碑营销,进而形成情感纽带和价值认同,有助于目的地与用户之间建立稳固的连接关系,实现对潜在客户旅游消费行为和往期游客的重游意愿的正向影响。

(二)强化内容的选择和设计,优化品牌形象

旅游目的地企业在进行短视频营销时,需注重提升内容个性化和创新化程度,

进而形成差异化形象。旅游目的地短视频营销如何结合地方特色创新作品内容成为关键,让观众观看视频的第一时间就能获得丰富的、直观的和生动的信息,凸显差异性形象,才能从海量视频中脱颖而出。旅游目的地短视频营销内容不仅需要景区美丽的自然风光或悠久的历史文化底蕴,还需要将特色的景点本身和具有趣味性的多元因素结合,还可以通过故事化手法等方式呈现,打通用户的全感体验。此外,旅游企业、相关运营合作机构以及管理部门应强化长期运营思想,不能急功近利,应树立精品意识,优化短视频内容素材选择和情节设计,提升拍摄质量。具体来说,短视频内容的创新可以从以下几个方面入手。

1. 视频内容简单化

视频内容简单化包含两层含义:一是信息的简单化,二是内容的简单化。由于短视频呈现时间普遍较短,因此,信息的简单化便是在短时间内寻找内容的核心,尽可能精炼内容,剔除复杂内容。内容简单化一般要求视频首画面是大景交代地点和背景,后面的画面有中景和特写,但是每个画面不可重复,而且每一个场景尽量不要超过3秒。画面叙事要有逻辑,时间和空间的前后连续关系不能错。

2. 视频内容意外化

优秀的短视频必须是原创的,内容和形式上的创新要给观众惊讶的感觉。创作者制作出的作品要能够吸引足够多人的兴趣,要吸引大众的关注。文旅短视频的内容也不局限于风景,可以选择许多有趣的主题,例如,可以从人文或历史等角度挖掘新颖的主题。

3. 视频内容具体化

文旅短视频需要将所传达的信息具体化,不能是抽象的、难以理解的。因此,在创作短视频时,需注意时间、地点、人物、事件脉络清晰,并进行准确的呈现。文旅短视频制作需要创新,但不能过于标新立异。比如,对着景物的局部拍摄组接成片,就无法让大众理解其中的意义,可以适当加以讲解和字幕,加深用户对内容的理解。尤其一些对于外国人的采访,必须要配上字幕翻译。

4.视频内容真实化

企业想让用户相信你传达的信息,就要让短视频有"观众缘",要善于运用外部的可信的信息源来介绍产品信息,并且要生动地表现让用户接受信息。而旅游企业在运用短视频营销时,经常出现的问题便是视频内容不够真实,宣传与实际不符。比如,某酒店推出的短视频显示房内设备美观舒适,而实际仅仅为拍摄临时搭建了场景,其他的房间标准根本达到不到视频上的水准。用户如果通过短视频入住了该酒店会产生心理落差,或许会在评论区给予差评,这会影响产品的销售。

5.视频内容情感化

利用短视频营销,需要让视频内容与游客产生共鸣,提升产品吸引力。在良好的社会环境中,正能量的短视频依然能给人积极的心理影响。文旅短视频的制作者不妨将此作为内容的标配。旅行本来就是一件美好的事情,记录旅途美好的瞬间,包括那些旅途中克服的困难都可以给用户传达正能量,达到与视频观看者情感共鸣的效果。

6.视频内容故事化

巧妙地运用人物讲述或者人物对话去编辑一段旅游故事,能够在情感上更容易让受众产生亲近感。用短视频讲好旅途故事,创作者一定要清楚拍摄目的、画面逻辑和文案策划。

(三)构建营销矩阵,加强流量引入

旅游目的地短视频营销不能仅仅局限于短视频平台官方账号,否则会造成营销受众的局限,导致短视频用户关注数量较少,更谈不上用户流量的转化。新媒体营销渠道之间具有天然的联系,基于精准定位和优质内容,短视频营销还应与微博、微信甚至线下营销相融合,才能帮助实现旅游目的地营销效果最大化。因此,旅游目的地企业还需要强化微博、微信、直播以及短视频等平台之间的引流,建立诸如"两微一抖一播"的营销矩阵。同时,强化短视频营销点赞等活动,并与各新媒体意见领袖合作,多种方式齐步推进。对于部分大型旅游企业,因开设的短视频平台账号数量较多,还需同时加强短视频平台矩阵的构建,以进一步强化短视频营销平台的用户引流,通过短视频平台进一步提升旅游目的地品牌影响力。再者,线下营销媒介应当与短视频等新媒体营销媒介充分结合,融合二者的长处,进一步提升短视频平台的用户流量。

(四)重视互动环节,强化价值共创

在互联网时代,用户思维是关键,旅游目的地短视频营销更加需要重视用户,以用户需求为出发点和落脚点,着力强化互动环节,注重用户价值共创作用,强化顾客忠诚度和品牌影响力。互动过程中UGC(用户生产内容)作用巨大,拉近了内容生产者和内容消费者之间的距离,实现了内容生产与消费的融合。新媒体平台拥有较强的社交属性,平台集聚海量的交互数据,有利于企业开展产品更新升级以及精准营销。短视频营销实践中,旅游目的地企业可以通过短视频评论区与用户形成互动,同时利用主题活动激发用户间的互动,可以增强企业的"拟人性"属性、归属感和信任感,提升用户付诸实际的旅游行为,增强用户黏性,有利于客户忠诚转化。旅游目的地企业还可以强化用户间互动以及品牌与用户的互动,结合用户自主创造的旅游目的地短视频,收集用户的旅游体验诉求,及时调整营销策略,进而提升旅游目的地的吸引力。

参考文献

[1]　勾俊伟,刘勇.新媒体营销概论[M].2版.北京:人民邮电出版社,2019.

[2]　李宏.旅游目的地新媒体营销:策略、方法与案例[M].北京:旅游教育出版社,2014.

[3]　李坚.从抖音看短视频对旅游营销的价值[J].太原城市职业技术学院学报,2019(8).

[4]　齐德芳.短视频平台下的旅游营销模式分析[J].经济研究导刊,2020(19).

[5]　鲍珊珊,杨成兵.基于旅游者行为特征调查的旅游新媒体整合营销探究[J].阜阳职业技术学院学报,2020(2).

[6]　雷琛.旅游的抖音短视频营销策略研究[D].武汉:华中科技大学,2020.

[7]　罗润,张胜武.旅游目的地抖音短视频营销的蜂窝理论模型建构[J].旅游论坛,2022(3).

[8]　马铮,王艳,阙烨.旅游目的地短视频营销模式探析[J].安徽科技学院学报,2019(6).

[9]　何碧晨.新媒体背景下桂林旅游营销效果研究——以抖音短视频为例[J].襄阳职业技术学院学报,2021(3).

[10]　高蕊.移动短视频的营销作用探析——以"抖音"为例[J].电视指南,2018(13).

[11]　王洁霜.网络视频营销的发展现状与趋势研究[J].生产力研究,2018(8).

[12]　刘媛媛.自媒体营销现状及未来发展趋势[J].现代商业,2018(36).

[13]　许曦.短视频营销与网红景点的打造——以洪崖洞景区为例[J].中外企业家,2019(33).

[14]　张宁,袁勤俭.用户视角下的学术社交网络信息质量影响因素研究——基于扎根理论方法[J].图书情报知识,2018(5).

[15]　丁敬达.维基百科词条信息质量启发式评价框架研究[J].图书情报知识,2014(2).

[16]　梁金凤.城市短视频传播对大学生旅游意愿的影响[D].济南:山东大学,2019.

[17]　朱彩云.新媒体背景下贵州乡村旅游的宣传策略研究[D].贵阳:贵州民族大学,2021.

[18]　迟浩杰,陈进.抖音短视频对旅游意愿影响研究[J].经济研究导刊,2022(5).

文旅融合新业态培育实践

李海军①

一、文化与旅游融合发展现状

旅游业是世界经济中增长速度最快、规模最大的行业之一,在创造就业机会、增加外汇收入、优化产业结构和促进区域经济发展等方面发挥着重要作用,是全球经济复苏的重要推动力。据统计,2018—2019年,在经济合作与发展组织(OECD)国家,旅游业平均贡献了GDP的4.4%、就业的6.9%和服务相关出口的21.5%。与此同时,文化在旅游产业中扮演的角色愈发重要,联合国旅游组织(UNTourism)在《文化与旅游协同发展报告》中指出,旅游业和文化之间的协同作用被视为大多数国家的关键机遇。文化与旅游的融合发展和协同创新是国际社会公认的必然趋势,也是促进旅游产业与文化产业提质升级的必然选择。

联合国旅游组织的一项统计显示,全世界旅游活动中约有37%涉及文化因素,文化旅游者以每年15%的幅度增长。联合国旅游组织对156个成员国、69个国家的调查结果统计显示,97%的文化旅游依托物质文化遗产、98%的文化旅游依托非物质文化遗产、82%的文化旅游依托当代文化及创意产业、34%的文化旅游依托其他文化。文化旅游依托的文化基础包括:①物质文化遗产,如世界遗产地、纪念碑、历史场所和建筑等;②非物质文化遗产,如手工艺品、美食、传统节日、工艺、流程、唱词等;③当代文化及创意产业,如电影、表演艺术、设计、时尚等;④其

---

① 李海军,河西学院历史文化与旅游学院副教授,管理学博士,硕士研究生导师。

他,如运动、体育、健康等。国际上促进文化和旅游协同的国家政策包括:了解游客行为;加强文化认同与多样性;促进目的地与活动的多样化;提高社区的包容性;平衡保护与促销关系;开发文化线路;加快城乡振兴;发展与支持创意产业。

　　我国文化和旅游融合有非常强的政府推动力量,促使文旅快速深度融合。2005年,中共中央、国务院发布《关于深化文化体制改革的若干意见》,提出培育和建设一批演艺、会展等产业基地。2009年,文化部、国家旅游局出台《文化部 国家旅游局关于促进文化和旅游结合发展的指导意见》,提出"文化是旅游的灵魂,旅游是文化的重要载体",指出文化与旅游结合发展的主要措施有打造文化旅游系列活动品牌、打造高品质旅游演艺产品、利用非物质文化遗产资源优势、深度开发文化旅游工艺品(纪念品)等形式,重视传统文化面向旅游者的再生产与再创造。2014年,国务院发布《国务院关于促进旅游业改革发展的若干意见》中提出,要大力发展具有地方特色的商业街区,鼓励发展特色餐饮、主题酒店;鼓励专业艺术院团与重点旅游目的地合作等。2016年,《"十三五"旅游业发展规划》提出,要培育体验旅游、研学旅行和传统村落休闲旅游,扶持旅游与文化创意产品开发、数字文化产业相融合;打造传统节庆旅游品牌;推动多彩民族文化旅游示范区建设;推广"景区＋剧场""景区＋演艺"等景区娱乐模式。2018年3月国务院机构改革,将文化部、国家旅游局的职责整合,组建文化和旅游部,其主要职责之一就是"统筹规划文化事业、文化产业和旅游业发展,拟订发展规划并组织实施,推进文化和旅游融合发展,推进文化和旅游体制机制改革"。2019年,国务院发布《国务院办公厅关于进一步激发文化和旅游消费潜力的意见》,提出促进文化、旅游与现代技术相互融合,发展基于5G、超高清、增强现实、虚拟现实、人工智能等技术的新一代沉浸式体验型文化和旅游消费内容。

二、文化与旅游融合的必然性

　　文化与旅游融合,不仅促进了旅游的地方化发展,也使创新成为驱动旅游发展的动力。文化是地方旅游发展的核心战略资产。文化资产具有以下三个特征:

①地方特有——空间上具有独特性,区域差别明显。②路径依赖——具有时间压缩、历史构建的特征,在独特历史条件下形成,不可模仿。③难以言传——文化景观的内容除聚落、道路、田野等之外还有"气氛"这种容易感觉却难以表达的地方特征。

与文化紧密关联的是,创新成为驱动旅游发展的动力,原因如下:①资源挖掘与整合——地方特有。通过对区域传统文化的挖掘,结合科技和创意手段,形成具有崭新生命力的文化消费品。②技术与规划融合——路径依赖。综合考虑大文化产业内旅游业与传统文化保护、动漫设计、主题公园、影视产业、演艺产业等的融合发展。科学规划空间布局、旅游环线、整合产业链,实现多种业态的对接、联动、融合;结合地脉、文脉和产业结构特点,进行有针对性的文旅规划。③本土与市场融合——难以言传。以社区居民为主要消费对象的文化产品(音乐、影视等)将与以游客为主要消费对象的旅游产品融合,实现全域旅游所提出的共建共享目标。

旅游是文化的空间生产方式。文化必须通过市场化转换才能实现其价值,旅游就是文化的空间生产方式。游客所追求的文化消费,首先是文化符号消费,即文化符号需要可视化与体验化转换,才能成为旅游消费品。文化的可视化生产是游客体验文化的基础,例如,文化景观是由文化符号建构起来的,符号构建强化了游客感官的旅游经验。旅游是实现遗产价值活化传承、强化遗产价值认知的方式。从旅游视角看,是将文化作为旅游资源(旅游吸引物)进行可视性生产;从文化传承保护视角看,是活化与价值重构。文化是企业的战略资产,旅游是企业的生产方式,这是文旅融合的市场动力机制,文旅融合的市场动力源于两者的内在协同以及融合后形成的规模经济与范围经济。

三、文旅融合的内容与趋势

文化和旅游融合核心内容:①以理念融合为基础。不是谁吃掉谁,而是一种发展思维、一种时代发展理念。②以职能融合为保障。解决行政管理体制上多头管理、职责分散交叉等问题,解决文化保护和利用等问题。③以资源融合为抓手。通过活化开发和利用文化资源,可将其转化为具有持续发展潜力和市场价值的优势。④以产业融合为核心。文化产业和旅游产业各有其发展规律:文化产业附加值高、变现能力强且融合潜力大,旅游产业则消费带动力强、经济拉动力显著。二者协同可增强产业互动,推动社会经济发展,并通过培育新业态成为可持续发展的重要力量。⑤以科技融合为助推器。技术融合发展给产业融合创新带来了新的发展机遇。5G时代,文化旅游和科技深度融合,有利于触发文化旅游产品形式、组织形态、发展渠道以及生态环境的重大变革,进一步开拓市场空间,提升产业效能。

文化和旅游融合呈现四大趋势:①整合文化、旅游与技术,创建基于非物质文化遗产和创意的体验。②把线下内容转化为线上内容,创建智慧城市。③依托创意产业,发展影视旅游、美食旅游、音乐旅游、建筑旅游等。④大多数新型合作是从下而上的,中小企业与社区参与,比较推崇"基于社区、文化驱动、旅游引导发展的模式"。

四、文旅融合的典型措施

(一)政府推动必须走向市场驱动

在政府推动下,随着文旅融合的不断深入,应坚持"政府引导、市场运作、企业主体、社会参与、群众受益、永续利用"原则。政府的角色更多体现在文化保护、知识产权保护、市场监管与公共服务上。最关键的是创建市场驱动的文旅融合体制机制,让市场在文化和旅游融合发展中起主导作用,强化企业的市场主体力量。

(二)创建价值共创的文旅融合机制

一是创建文化遗产的旅游保护机制。开展文化遗产生产性旅游利用,实现文化遗产保护与旅游利用协调。二是创建文化价值的旅游共创机制。游客参与文化价值创造。三是创建文化市场的旅游推拉机制。实行文化差异性旅游开发,文化演绎者根据市场需求对文化内涵进行创新,凝聚特色,配套旅游设施与服务,实现文化的市场价值。四是创建文化思想的旅游传播机制。大力拓展文化交流性旅游活动,提升文化旅游产品竞争力,吸引各地文化旅游者。提升市民文明旅游水准,游客人人皆可成为文化使者。

(三) 培育文旅融合市场主体,培养文化旅游经纪人

政府应着力优化公共环境,重点培育文化旅游融合的市场主体,扶持一批文化旅游企业。同时,培养一批文化旅游经纪人,他们是文化的传承人,传承传统文化;是文化的演绎人,讲好文化故事;是文化的旅游创意师,把文化故事转化为市场所需的旅游产品。

(四) 构建个性化与地方化的文旅融合业态与文化体验空间

通过塑造场所精神、构建价值网络、演绎主题文化、聚集创意空间、舞台再现等路径,构建地方化与个性化的文旅融合业态与体验空间:①历史文化街区——基于场所精神塑造的文化体验空间;②大型实景演出——基于文化舞台再现的文化体验空间;③文化旅游节——基于文化节事的文化体验空间;④主题公园——基于主题文化演绎的文化体验空间;⑤文化创意产业园——基于创意空间集聚的文化体验空间;⑥旅游小镇——基于文化产业价值网络构建的文化体验空间。

(五) 运用数字科技,推动文旅融合体验升级

通过声音、图像、影视、动画等可视化手段,创新展示非物质文化遗产;利用技术复原或仿古再造,实现"观光旅游—文化旅游—定制服务"的多产品开发流程;探索"文旅＋VR体验""文旅＋演艺""文旅＋文创消费""文旅＋主题游乐""文旅＋微电影"等模式。

(六) 推动文化内涵的轻松式表达、现代化表达、国际化表达

借鉴莫高窟游客中心的成功经验,将数字技术与景区的游览体验项目开发相结合,运用全息投影、球幕影院等数字技术,以及三维建模、增强现实(AR)、虚拟现

实(VR)、人工智能等场景科技,打造出全新的沉浸式互动体验产品,为文化旅游的发展树立新标杆。

五、文旅融合新业态之特色小(城)镇

从全球及中国特色小(城)镇建设实践来看,其文化旅游产业的发展主要依托三种不同类型的资源。同时,由于依托资源的类型差异,其文旅融合手段和路径也不尽相同。旅游特色小(城)镇以优越的旅游资源条件为依托,以观光和休闲、旅游接待、旅游服务等为主要职能;以旅游业为主导产业,整合一、二、三产业,集聚各种旅游休闲要素,融合发展,具有一种或多种主题活动的小城镇;依托文化作为核心资源,融合文化产业、旅游产业和城镇化建设的社会经济空间。

(一) 旅游特色小(城)镇类型

1. 自然资源依托型

自然资源依托型旅游特色小(城)镇依托当地独特的自然或人文景观,具体表现为小(城)镇区域内或邻近地区拥有较高品质的风景区,城镇发展空间也以景区发展为核心,建成区与风景区紧密结合。这类小(城)镇的开发重点在于对独特自然资源和生态环境的保护及基于现代需求的重新利用,以休闲度假为主要发展方向,如温泉小镇、滨海小镇、渔港小镇等。

2. 民族或地方文化依托型

民族或地方文化依托型旅游特色小(城)镇依托该区域独特的民族和地域文化特色,以当地的历史文化遗迹或遗产、风俗习惯、社会生活、节庆活动等作为其发展优势和最大吸引力。例如云南楚雄彝人古镇,在保证民俗文化资源不受破坏的前提下,结合现代市场需求,通过打造独特城镇空间风貌、社会风貌及体验性民俗产品,形成其经济发展的最大动力,主要功能为休闲观光、民俗生活展示及深度体验、民俗表演、特色民俗商品购物等。

3. 主题文化共创型

主题文化共创型旅游特色小(城)镇是以现代文化产品为独特核心资源建设的小(城)镇,包括文化创意产业、艺术创作和设计、电影拍摄等文化IP。例如横店影视城、北京小堡艺术小镇等,该类小镇依托的文化资源历史较短,往往在政府或龙头企业主导下形成,并逐渐集聚发展成为特色区域产业。该类小镇的城镇功能以艺术、观光、住宿为主,在业态上形成集艺术研究、教育、生产、展示、交易、交流等功能于一体的全产业链业态体系。

(二) 旅游特色小(城)镇文旅融合发展措施

1. 基于区域基础及优势选择文旅融合路径

特色小(城)镇的具体文旅融合发展路径,应结合自身区域的制度、产业基础,以及人文、自然资源优势,经过多方位的考量分析,选择适合自身的文旅融合发展路径。

2. 传统文化与现代需求有机结合

对于特色小(城)镇的文化塑造,不应仅仅是传统文化的简单继承和照搬照抄,而应基于当代社会发展特征及市场需求,进行文化要素的重组,既有对优秀传统文化的传承和运用,又有对当代文化的融合和创新。通过不同文化要素和文化功能的叠加、重组,形成根植于地域、同时又迎合时代发展需求的文化品牌,使其能够持续地创造经济价值。同时,文化也不应仅仅局限于传统文化,还可以拓展至时尚、现代的新兴文化产业领域,如动漫文化、奢侈品文化等,能够产生更为多样化的文旅融合模式和小镇营建模式。

3. 结合技术发展探索新型的表现与传播方式

传统城镇空间往往停留在"修旧如旧"的初级模仿阶段,缺乏深层次的文化内涵渗透和实质性的文化创新。这类小镇很容易在初期通过大量资本投入进行宣传、优惠后,营造出火热的局面,但后期却会因本质上缺乏核心、可持续的吸引力和竞争力而快速走向没落。经过初期开发,部分特色小(城)镇因为项目设计与定位不明确、文化混乱、产业业态单一或空白、产业同质化严重等问题,面临淘汰,如四川的龙潭水乡和陕西的和仙坊民俗文化村等。因此,只有基于地域文化塑造特色小(城)镇的核心内涵,注重实质性的文化产业植入,结合新兴技术对小镇营建手段加以创新,才能避免同质化发展,形成独有的竞争力和可持续发展的动力。

4.本地居民参与,呈现地方文化氛围

文化的核心在于"人",特色小(城)镇与其他城市空间有本质上的不同。作为社区共同体,特色小(城)镇在文旅融合发展过程中,应形成与本地居民共建共治的模式。特色小(城)镇以创建社区共同体和生产、生态、生活的"三生融合"为空间组织架构,血缘、乡缘等居民关系的嵌入性对特色小(城)镇的社会营造具有重要意义,因此在特色小(城)镇的文旅融合的过程中,也应鼓励小镇居民充分参与和介入,成为其创建的重要主体之一,使外来的主体跟本地的社区主体联动,这也是特色小(城)镇未来文旅融合的一种发展路径。

六、文旅融合新业态之旅游演艺

旅游演艺是近年来文化和旅游融合发展的典型业态之一,在当前更有着特殊的意义。相关数据显示,从2013年到2017年,我国旅游演艺节目台数从187台增加到268台,增长了43%;旅游演艺场次从53336场增加到85753场,增长了61%;旅游演艺观众从2789万人次增加到6821万人次,增长了145%;旅游演艺票房收入从22.6亿元增长到51.5亿元,增长了128%。在此背景下,2019年文化和旅游部印发《关于促进旅游演艺发展的指导意见》。作为国内首个促进旅游演艺发展的文件,其将推进旅游演艺的转型升级作为首要任务,鼓励各类市场经营主体抓住大众旅游时代到来和文旅融合发展的契机,积极参与旅游演艺发展。

(一)旅游演艺的发展历程

旅游演艺的几种呈现方式。从表演模式及观演方式两方面划分,旅游演艺分

为镜框式旅游演艺、实景演出、沉浸式旅游演艺三大类。

1. 镜框式旅游演艺（镜框式演出类旅游演艺）

镜框式旅游演艺源自传统的镜框式舞台演出，观众只能看到演员在舞台上的表演，是我国传统戏曲的主要表演形式。随着科技融入，镜框式旅游演艺已开始借助科技手段，利用物理机械装置灵活改变舞台布局，抑或通过剧场四周的辅助性区域逐步扩大其原有的表演空间，从而实现传统镜框式舞台向镜框式舞台与灵活空间的融合发展，如杭州的《宋城千古情》、开封的《千回大宋》。

2. 实景演出（实景演出类旅游演艺）

实景演出是我国独创的旅游演出新模式，通过创意性艺术手法实现自然景观与地域文化的完美结合，突出展现地域特色和地方文脉的旅游演艺创新形式。2004年，实景演出创始人梅帅元与张艺谋导演团队共同打造的旅游演艺项目《印象·刘三姐》正式商演，开启了我国实景演出的先河。《印象·刘三姐》创造性地把真山真水融入艺术舞台，突破了传统镜框式舞台的空间限制，并彻底改变了我国旅游演艺的发展轨迹。实景演出的典型代表还有《长恨歌》《天门狐仙-新·刘海砍樵》等。

实景演出特点如下：①强调依托自然景观完成演出；②强调对地域文化的展示，让社区居民表演其日常生活，展示艺术效果和真实氛围；③强调生态性和真实性，注重可恢复性。以自然景观为背景，又有社区居民参与表演，会对当地的人文生态产生影响，因此，实景演出需要在保证自然生态不受较大影响且可及时修复的同时，还应当保证当地人文生态的健康发展。

3. 沉浸式旅游演艺（沉浸式演出类旅游演艺）

沉浸式旅游演艺，又称交互式旅游演艺或体验式旅游演艺，具有代表性的项目如平遥的《又见平遥》、武汉的《知音号》、宝鸡的《法门往事》。其创作灵感来源于环境戏剧，即不分割观众与演员的空间，将表演空间、观众空间和技术空间融为一体。以旅游地的地域文化为核心表现内容，在某个封闭或相对封闭的空间，随剧情变化,演员在被独立分隔的空间单元里进行艺术表演,观众同时在变换的空间单元里既欣赏演出又参与表演。

沉浸式旅游演艺具有以下特点:①演出过程与观赏过程的空间流动性。根据剧情需要,表演空间会进行多次转换,引导观众的观演过程在不同空间单元内进行相应流动。②观众的深度参与。观众能与演员进行深度互动,观众一旦进入表演区域,就被改造为表演者,其可以是店前徘徊的顾客,可以是前来祝贺的乡邻,也可能是"知音号"游船上的民国青年。③观演过程中,旅游观众在不影响演员表演的前提下可以自由走动,以自己的方式欣赏表演、参与表演。④剧场不设固定舞台及固定观演区。沉浸式旅游演艺的不同空间单元即为舞台,只是这种舞台并不具有惯常的舞台样式,演员与观众、表演和欣赏都处于同一个空间单元内并相互交织。

(二) 旅游演艺的困境与原因

1. 客源无法保障,导致经营陷入困局

旅游演艺过于依赖旅行社销售渠道,存在利润被旅行社瓜分的问题。旅游业淡旺季特征十分明显,每年11月中下旬至来年清明前很少有外地旅游团队,海外市场也具有不稳定性。

2. 产品欠缺对当地文化内涵的深度挖掘

无论是国内观众,还是国外观众,都想要从表演中领略当地的风土人情与文化内涵。以青岛的《梦归琴岛》为例,它主要讲述了青岛女孩舒琴与美国青年麦克跨越几十年的爱情故事。虽然通过舞蹈、魔术、杂技和柔术等多种艺术形式,展现了青岛这座城市的开放包容的精神,但在文化内涵的呈现方面仍有所欠缺。

(三) 旅游演艺发展的建议

1. 旅游演艺需要选取独特的地域文化

旅游演艺没有独特的、具有较高演绎价值的地域文化就难以在市场上获得广

泛的关注度。纵观诸多经典旅游演艺项目，多是深耕于地域文化，以文化讲故事。例如，2003年由杨丽萍打造的《云南映象》集中展示了云南各少数民族的特色歌舞文化，为了更好地突出文化原生态性及演绎民族歌舞，70％的演员来自云南各少数民族村寨。

2. 创意是旅游演艺的动能

在旅游演艺的多产业融合发展过程中，旅游产业、文化产业、演出产业持续激发旅游创意、文化创意和娱乐创意。各种创意催生了旅游演艺创新发展，如从镜框式旅游演艺到实景演出再到沉浸式旅游演艺；从山水类实景演出（场景）到沙漠类、草原类、冰雪类、古城类、"行进式"室内实景演出；从以专业演员为主到更加强调原生态演员等。例如，桂林立足本地文化，结合时令节庆，开展了一系列主题活动，如民族特色长桌宴、彩色丰收宴、高空餐厅免费吃米粉、电音泼水节、西瓜大作战、荔枝采摘节等，不断增强游客的体验感和获得感。

3. 使用高科技创造独特体验

旅游演艺能否被市场接受取决于触及灵魂的剧情设计和高质量的艺术表演，这是旅游演艺能否站稳市场的关键。科技创新已成为旅游演艺产业再发展的重要驱动力。

4. 人才是旅游演艺的智力支撑

旅游演艺的发展离不开多领域人才的智力支持，包括管理、创作、表演、技术和营销等专业人才。

5. 了解观众需求，把握市场趋势

所有的旅游演艺产品都需要得到观众的认可。无论政策如何到位，创新创意如何独特，营销宣传如何新颖，最终都需要落实到观众的购票观看。观众对旅游演艺项目具有决定性影响，其核心衡量指标包括游客基数和观众转化率两个方面。

七、文旅融合新业态之历史文化街区

（一）历史文化街区的概念与特征

《历史文化名城名镇名村保护条例》附则中专门对历史文化街区进行了解释。历史文化街区，是指经省、自治区、直辖市人民政府核定公布的保存文物特别丰富、历史建筑集中成片、能够较完整和真实地体现传统格局和历史风貌，并具有一定规模的区域。历史文化街区往往遗留大量物质和非物质文化遗产，属于非物质文化遗产组成部分的实物和场所。凡属文物的，适用《中华人民共和国文物保护法》的有关规定；凡属非物质文化遗产因素的，适用《中华人民共和国非物质文化遗产法》的有关规定。那么，在建筑控制地带和建筑风貌保护区内，大量不属于文物但是又在历史文化街区内的建筑和在这里生活的人就会遇到保护和更新的矛盾。

1.拥有特定的历史文化背景

历史文化街区承载着历史记忆，汇聚着地域文化的变迁。其延续性的空间格局和多元的历史痕迹，见证着不同时期的社会发展，因而能够凸显特定文化背景下街区的历史故事及其在不同阶段的文化功能。

2.拥有较强的生活真实性

历史文化街区不仅具有鲜明的年代感，而且往往是保存较为完整的区域，生动记录着文化演变。其独特的地理特征、建筑风貌、街巷布局和艺术装饰（如壁画、雕刻等），既展现了深厚的文化底蕴，也赋予了街区强烈的历史真实性——每一栋历史建筑都如同一部鲜活的历史文献，承载着过去的记忆。与此同时，街区居民的日常生活得以延续，既保留了传统生活方式的舒适与便利，又让历史文化在烟火气息中代代相传。无需刻意探寻，漫步其中便能感受到浓郁的历史文化氛围，这正是其生活性的最佳体现。

（二）历史文化街区的更新模式

1. 整体开发模式

该模式通常采取建筑功能置换、居民异地安置等措施，对原有的历史文化景点进行扩建，打造主题景区以吸引游客，并配套商业建筑，以获取经济收益。例如，西安的大雁塔景区周边原本是城中村，在拆除城中村以后，扩大寺庙的建筑面积，围绕大慈恩寺改造了南北两个大型公共广场，建成大雁塔文化休闲旅游景区。这一改造不仅提升了周边环境品质，还带动了旅游业发展，实现了文化与商业价值的双赢。

2. 地产开发模式

（1）拆除重建：除了个别的文物建筑，其他的建筑都是没有文物价值的住宅，一般会进行拆除，将土地收回再进行拍卖，由房地产开发公司进行开发、销售。

（2）规划调控：政府通过制定保护规划和开发规划，控制开发强度。规划对项目的建筑设计和功能提出要求，也会带来很多问题，比如限高要求造成开发强度不足，因此政府往往要捆绑其他地块的开发来平衡利益，否则开发商就会加大开发强度，大拆大建，追求利益最大化，对区域的产业、就业，以及历史风貌造成破坏。

3. 产权与功能置换模式

产权与功能置换模式是指对有一定价值的历史建筑进行置换，把分散的产权收回到统一的产权单位，进行整体改造、置换功能，尤其适合一些产权被拆散且分配给几十户人家居住的优秀历史民居。

政府把这些居民置换到其他地方去居住，把这些建筑委托给机构进行修复，在修复的同时进行招商合作，找到有意向的商家，并按照商家的经营要求进行现代化改造，符合经营性场所的消防要求后，再安装餐饮设施、空调等，使建筑物从大杂院转换成酒店、餐饮等经营性场所。房屋业主可以收取租金，并且商家能够提供就业机会给附近的居民。

（三）历史文化街区更新的难点

1. 建筑产权的确定问题

历史文化街区大量民居的建筑质量很差，违章加建很多，建筑密度非常大，建筑边界不清晰，非常难确权。如果把居民安置问题解决了，那么历史街区的更新就完成了一大半，而一旦听说要改造，居民为了获取更高的安置补偿费用，可能会进行加建，这进一步加大了改造难度。

随着卫星遥感技术的升级，我们可以将入户调查与卫星遥感技术相结合，得到原有建筑的准确面积，并且根据人口数据，制定拆迁补偿的计算办法，进而确定比较公允的补偿价格。

2. 拆迁安置的问题

拆迁安置办法通常有两种：一种是货币化安置，政府给居民货币补偿，居民自行解决住房问题；另一种是实物补偿，即让居民搬离原有住房，异地安置居住，由这个地块的开发者进行建设，住宅建设完成后居民入住。

拆迁安置可能需要提前支付大量的安置费用，如果遇到"钉子户"，开发受阻，安置问题几年都得不到解决，这个项目就会被拖垮，故开发商通常要求政府支付拆迁安置的费用以转嫁风险。

在一些经济发达地区，更新地段分成安置区和融资区，安置区的建设在融资区之后，用融资区的收益来拉动安置区的建设，形成了经济上的可持续模式。

3. 建筑的功能置换和公共服务配套不足的问题

城市中的历史文化街区通常规模有限，多在几百亩至一两千亩之间，原来的用地属性一般为住宅，也有部分是历史遗留的工业用地。更新改造后，大部分用地会转变为新建住宅或者商业用途。在生活服务方面只会配备一些基本的托幼设施、医疗服务等，公共服务需要依靠周围片区的原有配套设施来解决。而历史街区所处的地段一般都没有足够的社会公共服务资源，虽然整体开发的强度不会太大，但新的居民搬进去以后,会挤占有限的公共服务资源,造成生活服务水平的下降。

4. 保护规划和建设规划之间的矛盾

历史文化街区的建设需要整体策划,根据策划进行项目打造,并找到合适的开发伙伴,通过经济上的可行性分析,最后签订合作协议并实施。

历史文化街区在开发前需要通过法定程序完成保护规划和建设规划的设计和审批。保护规划的制定单位通常缺乏经济开发的视角,存在着一种泛化的保护思路,导致制定的保护规划限制过多,造成更新措施难以实施,保护投入成本无法收回,最终导致招商困难。在和开发商招商合作时,又由于以开发商为主导的开发思路是利益最大化,且倾向于追求短期利益,急于将住宅或者商业建筑销售出去,开发商过早变现退出,从而造成开发强度过大,而后期的经营困难等问题却甩给了政府。

(四)历史文化街区更新建议

1. 需要解决的主要问题

最大的问题是街区土地的开发、建设、经营和使用主体相互分离,各方均追求自身利益最大化,把公共利益和社会效益放到了一边,都在追求短期利益,而历史街区的文化价值在频繁的交易流转中不断流失。

2. 建立统筹考虑的机制

历史文化街区更新的核心在于把保护规划和开发规划统筹考虑。将保护规划与开发规划有机融合,设计"投入—改造—置换—收回"的良性循环模式;组建跨部门联合工作组,引入第三方经济评估机构;重点评估项目的经济可持续性和商业运营可行性,确保保护与开发的动态平衡。

3. 杜绝孤立,从整体城市视角思考更新策略

多数的历史文化街区更新策略将历史文化街区与周围的城市建成区割裂,街区的景点化导致孤立的生活环境,生活在其中的人群要么变成了表演的演员,要么

深受游客带来的喧嚣和交通问题的困扰,最后搬离这个区域,造成街区的空心化;街区由于生活体量过小无法形成生活循环,产业都是服务业,无法容纳更多的就业,街区走向衰落。因此,需要从城市的视角思考更新的问题,对居住、就业、交通、配套等方面统筹考虑,解决产业匹配的问题。

4. 积极引导多元主体参与,拓宽筹资渠道

单纯依靠政府推动难以可持续发展,需要充分发挥政府的引导作用,支持企业、居民参与历史文化街区的更新改造。政府应转变角色,从主导转变为政策引导,在政策、融资等方面发挥作用,给社会各界参与提供更大的自由度。充分发挥社会团体的作用,吸引企业参与。发挥土地的金融属性,拓宽资金筹措途径,以闲置资源换服务、闲置资产换运营等方式引入企业,探索以物业收费、运营权抵押等方式获得资金。

参考文献

[1] OECD.OECD Tourism Trends and Policies 2020[R]. Paris:OECD Publishing, 2020.

[2] World Tourism Organization. Tourism and Culture Synergies[R]. Madrid: UNWTO, 2018.

[3] 王建芹,李刚. 文旅融合:逻辑,模式,路径[J]. 四川戏剧, 2020(10).

[4] 曹晋彰. 文旅融合的底层逻辑[J]. 人文天下,2020(19).

[5] 李任. 深度融合与协同发展:文旅融合的理论逻辑与实践路径[J]. 理论月刊, 2022(1).

[6] 李志刚. 特色小(城)镇建设中的文旅融合[J]. 人民论坛·学术前沿, 2019(11).

[7] 杨静.新建型旅游小镇开发模式研究[J].旅游纵览(下半月), 2018 (10).

[8] 唐慧.国内旅游特色小镇建设策略研究[J]. 市场周刊(理论研究), 2018(2).

[9] 邢鹤龄. 旅游特色小镇发展现状问题探析[J]. 现代营销(学苑版), 2021(10).

[10] 黄丹.基于扎根理论的旅游演艺受众感知维度研究——以《宋城千古情》为例[J].技术经济与管理研究,2019(6).

[11] 钟晟,代晴.文旅融合背景下旅游演艺沉浸体验的演化趋势[J].文化软实力研究,2021(5).

[12] 王梓霏.基于网络文本分析的沉浸式旅游演艺产品游客感知研究——以《又见敦煌》为例[J].旅游纵览,2021(11).

[13] 杨小明,张洪波,邓明艳.区域旅游演艺产品可持续发展研究——以云南丽江为例[J].云南社会科学,2016(5).

[14] 马云晋.历史文化街区保护与利用的三个关键[J].人民论坛,2019(25).

[15] 齐骥.历史文化街区的空间重构与更新发展[J].广西民族大学学报(哲学社会科学版),2017(6).

民宿经营开发与管理

林立军①

一、民宿的基本内涵、类型及发展历程

（一）民宿概述

民宿兴起于欧美，以英国的 B & B 为代表。许多国家用 B & B 来表示民宿，由于世界各地的文化有所差异，一些地方用 Homestay、Family hotel、Family inn、Guest House 等来表示"民宿"。各地"民宿"的发展形态不同，定义也不尽一致。

1. 广义概念

（1）利用自有住宅空闲房间，结合当地文化，以家庭副业方式经营提供住宿、餐饮等服务场所。

（2）强调产权的自由性和经营的副业性。

2. 狭义概念

（1）除了一般常见的饭店以及旅游之外，其他具有独特吸引力的小型旅馆住宿接待设施。

（2）强调的是主题的特色，在我国一般指的是广义的民宿。

3. 其他定义

日本作为亚洲较早发展民宿的国家之一，将"民宿"定义为"由个人经营的小规

---

① 林立军，河西学院历史文化与旅游学院讲师。

模特色家庭旅馆"。

综合上述定义,我们认为民宿是指:利用自有住宅的空闲房间,结合当地人文特色、自然景观、环境资源及农林渔牧生产活动,为游客提供具有个性化特色的非标准化住宿体验。

(1)小规模的住宿设施。

民宿相比传统酒店规模较小,一般建筑面积不超过1000平方米,客房数量不超过25间。

(2)家庭般的住宿氛围。

经营者提供有浓厚的人情味或者个性化的住宿设施,注重游客与经营者交流互动,让游客体验独特的居家氛围。随着民宿的不断发展,民宿由最初的家庭自营发展为专业经营,由政府和专门的组织进行管理。

(3)结合本土地域文化强调"家"的感觉。

结合当地文化、自然景观、环境资源及农林渔牧生产生活等,以及当地的历史文化和风土人情,与当地社区居民形成接触互动,实现深度旅游体验。民宿主人打造"家"一般温馨的住宿环境,让游客真正回归家庭。

(二)民宿类型

1. 按位置划分

按位置划分,民宿可分为城市民宿和乡村民宿两大类。城市民宿多存在于城中村或者城市闹市中,以公寓大楼式小套房形式居多,会有各种不同装潢风格,如暑期出租的学生宿舍、城市特色村落的旧房子。乡村民宿以乡村文化为内涵,多依托景区或者地域特色资源而发展,乡土气息浓厚。

2. 按功能划分

按功能划分,民俗可分为纯粹住宿型和特色服务型两大类。纯粹住宿型民宿一般临近景区,依托周边景区的人气而发展,具有干净清爽、价格低廉等特点。特色服务型民宿自身也是旅游吸引物,通过周边资源,打造温泉养生、乡村运动等特色主题,提供农业体验、生态观光等服务。

3.按产权划分

传统民宿和社会型民宿两大类。传统民宿利用自用住宅空闲房间,以家庭副业方式经营。社会型民宿是外来投资者租赁房屋,以家庭主业方式经营。

(三) 国外民宿发展

1.国外民宿发展历程

国外民宿发展历史较为久远,并逐渐由依托景区发展升级为民宿自身成为旅游吸引物的特色。如今,国外民宿正向专业化、高端化的趋势发展。国外民宿发展历程和阶段如图1、图2所示。

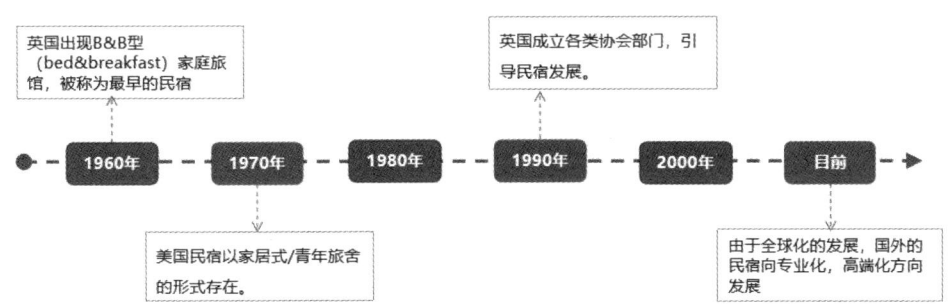

图1　国外民宿发展历程

图2　国外民宿发展阶段

2.国外民宿发展特色

表1展示了欧洲地区、亚洲地区、美洲地区民宿发展特色和开发方式。民宿起源于英国,呈现主题化、高端化趋势。

表1   欧洲、亚洲和美洲地区民宿发展特色和开发方式一览表

地区	发展特色	开发方式
欧洲地区	以英国、法国为代表,是民宿发展的起源地	优先保护农舍,结合农庄开发,采用副业形式经营
亚洲地区	以日本为代表,是全球民宿发展精品代表	不同主题风俗的民宿类型成为旅游核心吸引物之一,并呈现高端化、精品化、高端服务化的趋势
美洲地区	美国民宿发展相对成熟,以居家式为特点	以青年旅舍、家庭旅馆的形式呈现,价格相对低廉

（1）英国。

英国民宿主要依靠服务品质赢得口碑和商机。英国民宿发展超过了100年,主要是以B&B模式存在。根据猫途鹰公布的2017年世界十大民宿排名,英国占据了一半排名。英国民宿以观光农场经营民宿的方式呈现,是属于副业收入经营。40%的旅客选择民宿过夜。英国民宿的主要特色如下:具有代表性的英式别墅,一尘不染且精心布置的舒适环境,丰盛的早餐,民宿主非常热情又不会让人觉得唐突。

（2）法国。

法国民宿仍采用"B&B"方式经营;民宿经营以保护农舍为目的,农宿收入仅作家庭补贴。

（3）日本。

20世纪80年代,随着日本进入后工业化时期,物质条件基本得到满足,人们愈加关心"心灵的丰富",掀起了一股热衷园艺、绿色旅游的回归田园热潮,各城市及地区相继出现了乡村民宿。日本民宿属于旅馆的一种,多位于景区、地方特色鲜明的区域。

（4）美国。

美国民宿以居家式的民宿为主,多以青年旅舍、家庭旅馆的形式呈现,价格相对便宜。

各地区民宿发展自成体系,成为新型旅游吸引物。

① 欧洲地区民宿发展特色:以英国、法国为主,是民宿发展的起源地;开发时优先保护农舍,结合农庄开发,采用副业形式经营。政府为防止民宿走上商业化道路,限制房间数、保护农业文化。

② 亚洲地区民宿发展特色:以日本为典范,日本民宿是全球民宿发展精品代表;发展过程中形成了多样化主题风格的民宿类型,这些特色民宿已成为重要旅游吸引物,整体呈现出高端化、精品化和优质服务化的发展趋势。

③ 美洲地区民宿发展特色:美国民宿发展相对成熟,以居家式住宿为特色;主要开发形式包括青年旅舍和家庭旅馆,具有价格亲民的特点。

通过对国外民宿研究发现,打造成功民宿需要关注以下六方面内容。

第一,民宿选址。区位决定了民宿的文化、周边景观。这些资源又决定了游客量、民宿特色。

第二,民宿建筑风格。建筑风格、细致程度是游客的第一印象,对游客评价有较大影响。

第三,民宿产品。民宿基本功能是住宿,可以结合周边资源开展一些旅游活动,拓展产业链。

第四,民宿服务。需要结合本土文化,营造"家"一般的氛围。

第五,民宿营销。民宿的经营主体多为个人,能力有限。他们一方面可以通过网络营销渠道进行营销。另一方面,政府或者行业协会进行集体推广。

第六,民宿管理。政府作为主管部门,需要规范管理,对民宿经营者提供技术支持。

（四）国内民宿发展

1. 国内民宿发展历程

除港澳台地区,我国民宿处于发展阶段,少数地区发展相对成熟,市场行情火爆。家庭旅馆式民宿成为旅游目的地的一大特色;社会投资增量逐渐进入民宿行业,"洋家乐"等特色民宿崭露头角,颇受游客欢迎。国内民宿发展历程如图3所示。

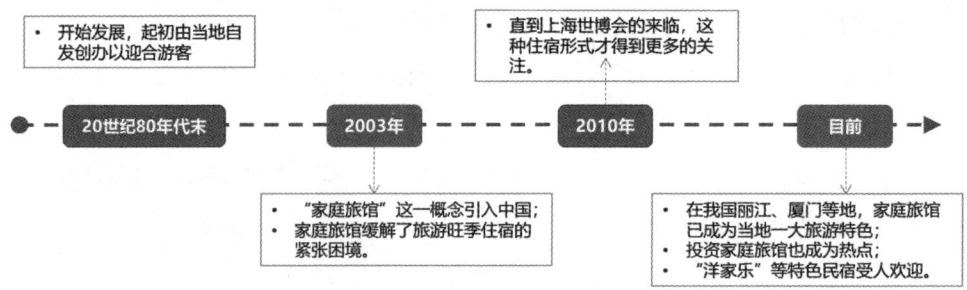

图3 国内民宿发展历程

民宿作为一种有别于传统酒店、饭店、宾馆,能为游客提供温馨亲切的家的感觉的旅游接待设施,是游客体验旅游目的地风俗和文化的重要载体。乡村民宿作为乡村旅游的重要组成部分,是提升农村生活水平、促进就业和推动城乡文化交流的重要途径。而旅游目的地民宿(如拉萨、丽江、乌镇)则成为游客住宿、餐饮以及深入了解旅游地文化的重要方式。

随着旅游方式的不断扩展、旅游内容的不断丰富以及人们旅游观念的更新,民宿作为一种较为新颖的、特殊的旅游接待设施,也必然会不断地改变其方式和内容,不断地寻求最优的方式来满足游客需求,使之不仅是一种旅游接待设施,更成为一种重要而独具特色的旅游吸引物。从低端单一产品、同质化开发、个体经营、分散布点向高级且有特色的休闲产品、差异化发展、企业操作和集群布局转变。

2. 国内民宿发展特色

(1)国内民宿发展主要类型。

如果按照民宿选址来划分,国内民宿可以分为以丽江、凤凰古城为代表的古城古镇旅游区内民宿;以上海、杭州、成都、秦皇岛为代表的知名旅游城市中的民宿;以桂林、鼓浪屿等为代表的知名景区附近分布较多的民宿;以莫干山、桐庐等为代表的乡村旅游发达地区民宿。

(2)国内民宿发展特点。

国内民宿从起步到发展壮大,呈现出以下特点:第一,民宿发展与当地农业生产关联度较低,分布于旅游目的地城市、村镇的民宿,与当地农业生产活动联系并不紧密;第二,国内民宿主要由外来投资者租赁房屋,并以家庭主业的方式经营;第三,民宿称谓不统一,相关名称五花八门,如家庭旅馆、客栈等;第四,国内民宿主要分布在经济发达的中东部省份及西部旅游业较发达的四川、陕西、重庆等地。

笔者通过对北京、上海、厦门鼓浪屿、丽江、大理、北戴河、莫干山等地民宿行业的研究分析,总结其成功经验,提出国内民宿未来开发的三大关注要点:第一,关注区位,包括旅游区位和交通区位。旅游区位决定民宿的客流量,是经营的基本保障;交通区位影响游客到达的便捷性。第二,关注资源,包括自然资源和人文资源。资源决定民宿的主题特色,是其重要吸引力之一,因此民宿需依托旅游吸引物或自身打造特色卖点。第三,关注政策。纵观民宿发展历程,其快速成长往往依赖政府引导,因此政策导向是民宿发展的重要影响因素之一。

二、民宿发展现状与趋势

(一)民宿发展现状

1. 民宿需求火爆程度

非标准化酒店预订市场正处于爆发式增长时期。根据最新市场调查统计,非标准化酒店预订用户主体较为年轻化,20岁至39岁用户占76.7%。

2. 民宿行业规模

民宿主要依托乡村景观、自然风景及特殊文化资源,以景区为核心向周边辐射,形成了独特的休闲旅居度假形态。截至2019年第三季度末,全国民宿数量为16.98万家,民宿行业从业人员约100万人,市场规模209.4亿元。如表2所示,线上民宿预订平台用户来源TOP10的城市基本上分布于经济发达的中东部及成渝地区。

表2　线上民宿预订平台用户来源TOP10城市

排名	城市
1	北京

续表

排名	城市
2	上海
3	广州
4	成都
5	深圳
6	杭州
7	南京
8	重庆
9	武汉
10	天津

（注：数据来源于《2019年中国民宿发展研究报告》。）

3. 民宿火爆的根源

旅游业持续火爆，全民休闲度假时代来临，度假人群剧增，市场需求增长。2019年底，国内旅游人次超过60亿人次，其中超过30亿人次在乡村、古街旅游。预计未来5到10年，乡村旅游接待人次可达30亿人次。

4. 从需求端看

城市人群"回归"乡村，追求一种乡野生活方式。他们渴望与乡村生活产生共鸣，而不仅仅是逃离城市。民宿承接了城市人群的返乡住宿需求，成为连接城乡的载体，也是乡愁文化的表达。感受"活"着的乡村，体现为对在地文化的深度体验。民宿所承载的文化基因是乡愁的依托，其建筑设计和服务理念都在传递一种文化表达。

5. 从投资端看

地方政府响应顺应旅游产业变革的时代潮流。民宿行业标准纷纷落地，业态创新、有序竞争，局势大好。2015年，《国务院办公厅关于加快发展生活性服务业促进消费结构升级的指导意见》推动了民宿合法化。2016年，《中共中央 国务院关于落实发展新理念加快农业现代化 实现全面小康目标的若干意见》提出，要大力发展休闲农业和乡村旅游,有规划地开发休闲农庄、乡村酒店、特色民宿、自驾露营、户外运动等乡村休闲度假产品。2016年出台的《关于促进绿色消费的指导意见》提出,要鼓励个人闲置资源有效利用,有序发展民宿出租等。2016年两会期间,政协委员朱鼎健建议编制推行农家乐、民宿综合评定国家标准,引发全国针对个性化住宿规范讨论。乡村空心现象也为民宿发展提供了建筑载体和活动空间,全国空心村综合整治增地潜力可达约1.14亿亩,我国自然村十年锐减92万个。返乡创客文创和跨界为特征的新造乡运动,革新了乡村旅游的开发逻辑,使地域文化得以传承,乡村活力得以延续。

6. 资本介入较深

社会资本加速向乡村流动,推动民宿产业升级。品牌化、连锁化运营模式促进民宿向高端化发展。2011—2013年,非标住宿市场投资年均增长13.1%,高出酒店行业整体增速3个百分点。首旅酒店旗下首旅寒舍,计划在全国各地筹建6—10个项目;众安集团旗下香港主板上市企业中国新城市转战民宿市场;外婆家跨界投资6000万元发力高端民宿。

7. 概念不断更新

从概念上,提出广义民宿的概念——泛民宿。传统的民宿定义已无法涵盖兴起的各类民宿,泛民宿的特征表现为根植于乡村文化形态,为游客驻留而设计的文化主题鲜明、功能复合、兼具人文情怀与经营理性的特色住宿产品。

8. 功能复合

如图4所示,民俗以住宿体验为核心,同时强调功能复合是更好的发展思路。

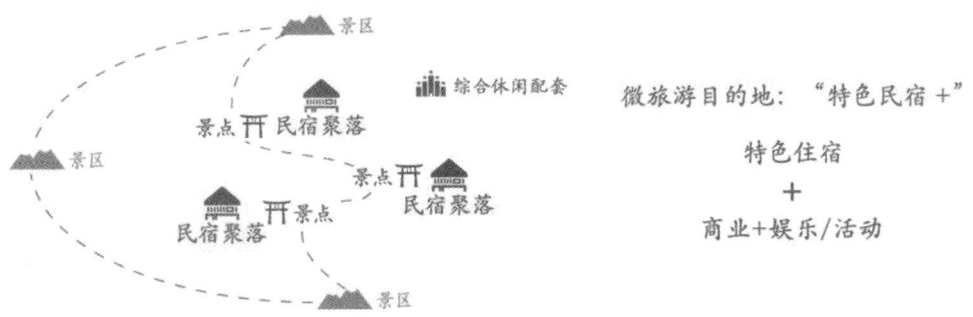

图4　民宿产品功能复合

（二）民宿发展趋势

随着市场成熟、资金涌入、竞争加剧，民宿产业发展逐渐向品质精致化、产品主题化、经营连锁化、管理规范化、业态多元化这5大趋势发展，形成具有高端品质的旅游住宿休闲产业。

1. 品质精致化

随着大量资金涌入，民宿将朝着精品化、豪华化、高端化等方向演进。

2. 产品主题化

随着竞争的加剧，未来民宿将逐渐摆脱早期单一的依托景区发展的模式，而是围绕某个主题进行差异化的打造，形成本身具有旅游吸引力的主题民宿。

3. 经营连锁化

在民宿发展到一定阶段时，经营者将着手打造自身的独特品牌，并扩大经营范围，实现连锁化经营。

4. 管理规范化

目前国内的民宿发展尚缺乏统一的标准，未来将出台相应的法律法规和管理细则，推进民宿开发与管理规范化。

5. 业态多元化

民宿将会不断延伸产业链，在住宿和餐饮的基础上，拓展出向导服务、特产销售、休闲娱乐等增值服务。

民宿产品未来将呈现两极化发展趋势，形成追求原始状态的传统民宿和追求高端服务的精品民宿两大产品类型。其中，精品民宿以游客需求为导向，提供高品位民宿产品；传统民宿则以保持原始风貌为特色，以"客栈、家庭旅馆、青年旅馆"等形式存在。

精品民宿主要向高端化发展，追求高服务品质和奢华小资风格；以游客需求为导向,提供多元化、精致化、深度体验式的高品位产品;其突出特征表现为"原生型民宿、奢华型民宿、主题型民宿、复合型民宿"四种类型。具体而言:原生型民宿强调原生环境和原真民俗风情;奢华型民宿以高端设施、精致服务和奢华体验为特色;主题型民宿主打异域风格和特色文化主题;复合型民宿融合传统地域文化、现代技术和特色主题于一体。这四种精品民宿的特征可概括为"野、奢、专、合"四个关键字。

三、民宿经营开发与管理

(一)民宿开发的条件

民宿开发需要良好的资源环境支撑,从依赖景区资源到挖掘自身特色旅游资源,打造具有独特吸引力的民宿资源是其成功开发的首要条件;同时,外部资源如区位优势和政策支持也是重要的推动因素。

1. 首要条件

周边或自身具备极具吸引力的旅游资源,能够吸引大量游客;拥有舒适宜人的气候环境,适宜游客停留居住;旅游旺季时存在住宿设施供不应求的情况;具备特色鲜明的民居建筑群落。

2. 次要条件

优越的区位条件,位于热门旅游目的地或交通便利区域;获得政府鼓励性政策支持;拥有充足的客源市场,能满足民宿发展需求。

(二)民宿的运作模式

如表3所示,民宿开发可以分为自发型、政府主导型、协会型、企业主导型四种运作模式。其中,自发型模式较为传统,但其创新力较强,企业主导型则向高端、精致化方向发展。

表3　民宿开发运作模式

开发模式	开发方式	定位	资金来源	各利益主体的责任					典型代表
				本地居民	政府	协会	开发商	外来居民	
自发型	居民依托自家房屋自发开发民宿	副业	业主	开发、经营	管理、推广、协调	—	—	租赁开发/经营	丽江古城民宿、洋家乐
政府主导型	政府统一引导当地居民改造自家房屋，开发民宿	副业/主业	业主+政府	开发、经营	编制规划规范；提升从业者素质；市场监管；营销推介；利益协调	—	—	租赁开发/经营	北戴河民宿
协会型	业主(村委)成立民宿协会，自行开发管理，居民以服务入股	副业/主业	业主+协会+政府	开发、经营	引导、规范、协调	组织开发、管理、推广	—	—	桐庐民宿乡村农家乐
企业主导型	开发商租赁或购买村落房屋，整体开发，独立或分散经营	主业	开发商	参与服务/经营	引导、规范、管理	—	开发+经营	二次开发/经营	较场尾民宿、莫干山民宿

（三）民宿评选标准及技术规范

《旅游民宿基本要求与评价》是全国首个旅游民宿行业标准，此前民宿行业普遍借用我国台湾地区2001年《民宿管理办法》的定义："指利用自用住宅空闲房间，结合当地人文、自然景观、生态、环境资源及农林渔牧生产活动,以家庭副业方式经营,提供旅客乡野生活之住宿处所。"但该定义和行业实际情况多有不符。《旅游民宿基本要求与评价》的制定填补了旅游民宿行业标准的空白,具有创新性和引领性。

（四）民宿定位和营销策略

1. 因时、因地、因人制定策略

在充分了解自身条件的基础上,结合经营所在地特点和当地旅游淡旺季特征制定营销策略,做到因地制宜、因时制宜、因人制宜。

(1)因地制宜:根据经营所在地的独特性制定长期经营策略,设计符合当地特色的营销方案。

(2)因时制宜:准确把握旅游淡旺季规律和消费习惯变化,建立与之匹配的动态价格体系。

(3)因人制宜:针对民宿行业人员流动性大、培养难的特点,制定个性化的管理服务方案,避免照搬传统酒店管理模式,突出从业者在差异化经营中的关键作用。

2. 整体营销策略

针对不同类型民宿的特点,可采取多元化营销策略。

第一,网络营销。通过自建预订网站及豆瓣、微博、微信等社交平台全方位展示民宿特色。第二,联合营销。组建民宿协会整合资源,实施整体品牌推广;联合举办特色节庆活动提升影响力。第三,口碑营销。以优质服务建立客户忠诚度,打造特色品牌形象。

3. 各利益主体营销策略

第一,政府可发挥政策引导作用,建设官方预订平台;开展体验营销、节事营销;出版旅游宣传资料。第二,民宿协会可注册集体商标,统一推广;参加民宿展会等进行推广。第三,民宿业主可建立业主民宿个人网站;与在线旅游网站进行合作;通过微信、微博、抖音、快手、小红书、网站等进行推广。

（五）民宿选址要素和投资潜力区域

通过国内外大量民宿经营案例发现，民宿选址对民宿经营和发展至关重要，以及如何选择有潜力的投资区域也是民宿需要考虑的重要因素。

1. 气候

宜人的常年气温、适度的光照降水、无极端天气是理想选址的基本前提。

2. 交通

旅游业具有在地消费特性，交通便利程度直接决定潜在客群规模，是选址的核心考量因素。

3. 生态环境

民宿属于休闲旅游的范畴，消费群体大多来自城市，一定意义上，他们渴望脱离日常生活。空气、水体干净，周遭环境无破坏，无过多违和建筑，保持原生态是理想的选址要素。

4. 区域景观独特性

民宿是游客出行的集成点，民宿的选择其实是综合了旅行度假的综合诉求。或者说，一个区域民宿的游客来源，很大一部分是旅行度假住宿群体。因此，民宿所处区域景观的独特性就显得尤为重要，景观的独特性直接决定客群流量。

5. 区域基础配套条件

民宿体量较小，在布局上具备灵活性，可以在其他建筑功能区布局，也可以作为独立的个体进行运营，但无论是混居还是独立运营，作为经营主体所需要的水、电、排污、消防等诉求都需要考虑。

6. 建设成本

作为一个投资的项目，建设成本是最大的一项固定成本支出，因此需要提前考察。

7. 运营及管理成本

建成后，是否易于运营、适合的工作人员是否容易获得，以及当地人工成本的高低、物价的高低、日常变动成本也是非常重要的考量因素。

8. 区域政策风险

不同地区的地方政府对民宿行业的态度存在差异。民宿运营所需证件的办理难度、政策利好或利空的出现，都可能对投资项目产生颠覆性影响。

9. 区域客流稳定性（季节性）

民宿规模小、运营灵活，但也存在规模不合理的现象。尤其是高端民宿，配套人员较多，季节性客流波动会显著影响收益。一个区域能否形成民宿集群，稳定客流是关键前提。然而，我国南北地域和气候差异导致民宿旺季较短、淡季漫长，如何平衡淡旺季发展是现实难题。

10. 区域文化氛围及民情

民宿不仅具有投资属性，还承载文化属性。所在地的民情是否能让人生活愉悦、旅行轻松，也是一种无形的影响力。

四、民宿经营管理案例

（一）北京山里寒舍乡村民宿

1. 民宿概况

（1）地点：位于北京市东北部的密云区北庄镇。

（2）规模：山里寒舍一共分为七个部分，依次为乡村酒店、农业种植区、山顶游泳池、儿童娱乐区、高尔夫球场、西餐厅、中餐厅。

2. 经营模式

山里寒舍的休闲度假配套功能齐全，既保留了乡村的风貌，又体现了现代居民的生活与精神需求,是乡村改造与时俱进的设计典范。

3. 民宿营造

山里寒舍民宿一共分三期开发,并以农耕时节、季节、花名等来命名客房院落。北京山里寒舍民宿院落分布如表4所示。

表4　北京山里寒舍民宿院落分布

乐逸套院				乐享套院							乐悠套院					乐活套院								
仲夏	荷月	桂月	重阳	上元	花月	初夏	霜月	上秋	菊月	梨月	惊蛰	小满	孟冬	七夕	暮岁	仲夏	立春	端午	小雪	秋分	芒种	立秋	谷雨	春分	中秋	白露
4人院	4人院	6人院	10人院	4人院	4人院	6人院	6人院	4人院	8人院	4人院	4人院	4人院	4人院	4人院	4人院	2人院	4人院	2人院	4人院	4人院	4人院	4人院	4人院	4人院	2人院	4人院

(二)德清莫干山裸心谷民宿

1. 民宿概况

(1)地点:位于浙江省莫干山,距上海两个半小时车程,距杭州半个小时车程。

(2)目标客群:个人及家庭旅游者,商务会议旅游者。

2. 经营模式

采用生态化营造模式,在保留原汁原味乡村风格的同时,融入中西文化元素,打造兼具本土特色与异域高端生活氛围的独特体验。如图5所示,莫干山裸心谷的低端产品与高端产品在发展模式、市场定位及核心特色方面存在显著差异。

3. 民宿营造

(1)居住体验。

本土风情:保留质朴乡村民宿风格,营造静谧悠然的乡居情怀。国际融合:结合亚洲与非洲设计元素,打造奢华生态度假村。

（2）配套体验。

文化休闲：会所、茶艺馆、陶艺馆、竹艺馆等传统艺术体验空间。低碳生活：有机餐厅、梯田酒吧、水疗中心及会议中心。

（3）娱乐项目。

运动休闲：骑马、瑜伽、爬山、山地车、高尔夫等户外活动。怡情雅趣：书法课、钓鱼、采茶、儿童乐园及泳池等家庭娱乐项目。

莫干山裸心谷经营发展模式如图5所示。

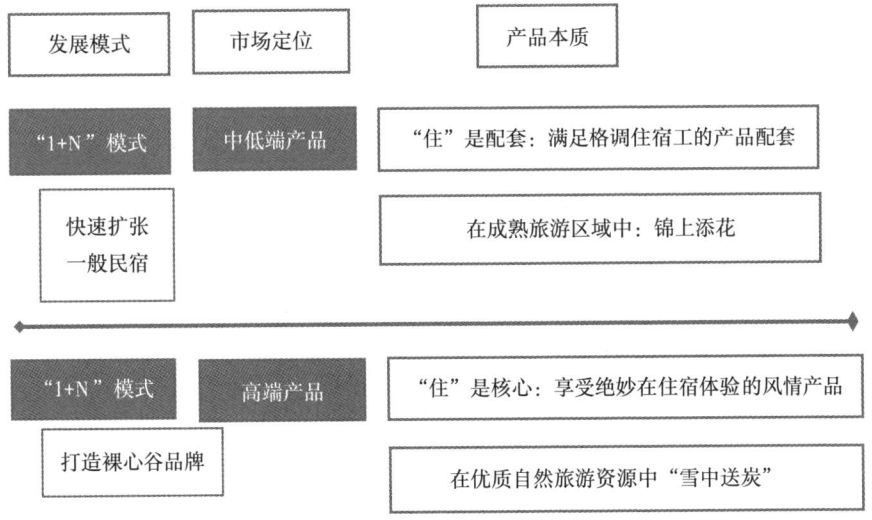

图5　莫干山裸心谷经营发展模式

（三）深圳较场尾民宿

1. 民宿概况

（1）地点：位于深圳大鹏新区东侧沿海。

（2）规模：质量较好的一级建筑，基本分布于沿海地带，约80栋。

2. 经营模式

2008年，较场尾第一家民宿开业，以村民出租经营为主。2014年，《大鹏新区保护与发展综合规划》正式提出利用民宿打造具有较场尾特色的滨海度假区,投入1.5亿元完善公共设施配套,由深圳市大鹏鹏城股份合作公司和鹏城社区工作站统筹管理,社区股份公司及民宿协会开展行业自治。较场尾村逐渐发展成为民宿小镇。较场尾海岸线风景较好,其方圆1000米范围内集齐"山、海、田、园(大鹏农业观光公园)、城(所城)、寺(东山寺)"等许多景点;较场尾民宿因提升当地旅游业的整体服务水平而大受欢迎。

3. 民宿营造

(1) 创客个性:较场尾的自然环境吸引创客介入,经过自发的探索,联合设计师对民宿进行改造,形成极富个性特征的民宿。

(2) 特色营造:近80栋民宿经精心设计,各有主题、各有特色,充分发挥经营者特色。

(3) 选址精确:民宿的经营选址分布于村落中靠近海岸一带,凸显该地海天一色的亮点,满足了游客梦想中的面朝大海的精神享受。

(四) 婺源篁岭民宿

1. 民宿概况

(1) 地点:江西省婺源县江湾镇篁岭村。

(2) 旅游资源:古村古建、原生古树、梯田花海、民俗晒秋、峡谷奇观等。

2. 经营模式

整体改造,分散经营型——篁岭模式;由一家开发公司独立收购(租用)整个村落,解决民居的使用问题,对村落与民居进行整体改造、包装,然后重新招商,吸引有经验的经营者进行二次租赁。

3. 民宿营造

(1) 古民居原生修复。

老建筑"寄养"式保护修缮,一批技艺水平高超的徽州古建修复师汇聚篁岭,全手工修复古村风貌。

（2）生活情景古趣留存。

修复后的古树、石雕、砖雕、木雕，"三雕"工艺精美绝伦，戏台、水口林、书院、祠堂等人文建筑格局完整，官宅、商宅、茶坊、酒肆、书场、店铺等生活情境古趣盎然。

（3）新业态活力注入。

随着建设的深入，篁岭也在创造更多属于篁岭的新名词，比如美术摄影及影视创作基地、农家民俗生活体验基地、农耕文化展示基地、民俗文化演绎及特色农家客栈、文化艺术影视村落等。

（五）余姚树蛙部落

民宿产业发展至今，已从粗放型的农家乐形式迭代为以内容体验为主的度假体验产品。"有故事、有体验、有品位、有乡愁、有社群"，这是树蛙部落实践"农业＋旅游＋文化"融合发展的新业态；"有自然、有行走、有阅读、有教育"，这是树蛙部落吸引亲子家庭的元素。

1. 民宿概况

（1）地点：位于浙江余姚四明山东麓下鹿亭中村。

（2）旅游资源：树蛙部落的第一家门店，坐落于河姆渡文化的起源之地——余姚，深藏于四明山的山脚下，背靠次原始森林，依傍千年古村落。这里的生态森林覆盖率高达96％，植物种类近千种，主要动物一百多种，苔藓最厚处有10厘米。树蛙部落有11套树蛙树屋、1个穹顶屋、1个鸟巢Loft、1辆房车、4个树蛙帐篷。

2. 经营模式

余姚树蛙部落采用创新的可持续经营模式，主要体现两大特色。第一，新自然保护实践区。树蛙部落从民宿到新自然保护区，集结设计、产品、营销和运营体系，其创新在于颠覆传统民宿（单一"住宿"形态），木屋形态与自然融为一体。第二，跨生态基地。以"自然保护＋沉浸体验"为核心，融合自然艺术、户外运动、主题露营、自然教育、人文旅行等多元业态。通过四个运营理念引导创新：设立自然艺术中心及自然学校;建立本土生态调研示范点;发起"小小公民科学家"自然教育基金;组建乡村生态可持续联盟。

3. 民宿营造

树蛙部落最大的创新之处在于它颠覆了传统民宿的单一"住宿"的形态。在一个部落里汇集了树屋、船屋、帐篷营地等多种形态的民宿产品。这也是树蛙部落所要表达的定位——"轻户外生活体验村",以树屋部落为核心产品,配套户外俱乐部、亲子露营、房车营地、帐篷营地等多种业态。结合徒步、溯溪、露营、自然教育、人文旅行等活动,打造轻奢树屋部落综合体。

首创"生态民宿＋三联书店"文旅IP——"自然读物社"。树蛙部落与三联书店共同打造了基于乡村自然景观的人文美学空间,邀请文化创意界的青年艺术家、作家与品牌空间创办展览、沙龙论坛。尊重当地文化特质,共同发掘生态艺术与人文之美,助力生态事业的发展。同时结合当地文化,共同研发自然文创产品,助力在地经济发展与文化艺术推广。

五、民宿可持续发展的策略

本文通过第四部分五个典型民宿经营案例分析发现,这些案例地在进行民宿开发过程中把乡村自然和人文资源作为最重要切入点,既体现了经营特色,又把乡村自然风貌、历史文化、民俗特色展现得淋漓尽致。因此,民宿的发展需要突出乡土性,把乡村的各类要素充分融合起来,合理引导乡村民宿的发展,不仅可以增加农民的收入,而且打造具有乡土特色民宿品牌,进而助力乡村振兴和乡村有效治理。

(一)加大相关管理部门支持

民宿要想实现稳定、健康发展,强有力的政策支持和政府管理部门的配合十分必要。首先,当前民宿发展在法律法规方面尚不完善,缺乏对行业整体发展的有效监管和规划;其次,政府管理部门应加强乡村地区公共基础设施建设,整治乡村环境,尤其是逐步完善水、电、通信、道路等基础设施;第三,应加大对民宿业主的投融资支持力度,让民宿业主在无资金压力的情况下经营好民宿。

(二) 注重民宿体验产品设计

20世纪70年代,美国著名的未来学家阿尔文·托夫勒(Alvin Toffler)预言了"体验经济"的到来。托夫勒提出了"制造业—服务业—体验业"的产业演进过程,并提出体验业"满足顾客的自我实现需求",与制造业"满足生存需求"、服务业"满足发展需求"有着本质的不同。在体验经济时代,企业不再仅销售商品或服务,而是提供充满情感力量的顾客体验,其使命是致力于为顾客留下难忘的愉悦记忆。民宿作为新业态,满足了游客日益增长的消费需求,但许多民宿在设计和经营上存在同质化问题,与地方文化脱节,未能形成具有在地文化特色的民宿产品。因此,在休闲体验时代,如何满足游客情感需求,设计出具有创意和地域特色的民宿产品,是民宿业主需要深入思考的重要课题。

(三) 加强民宿人才培训

民宿从业人员的服务质量能直接影响游客的民宿体验,民宿经营者的个人素质和民宿的服务质量是直接挂钩的。目前,国内民宿以业主经营居多,民宿业主水平的差异,造成民宿产品和服务质量参差不齐。随着民宿市场的进一步发展,民宿行业竞争加剧,游客需求升级,民宿专业化将成为一种趋势。在这种背景下,民宿经营需要专业化人才的支撑。提升民宿管理和服务水平将直接推动民宿产业高质量发展,民宿作为非标准化住宿业态,怎样提供更加贴心、个性化、体验化的服务是民宿业主需要面临的挑战。我们提出"六字方针",即"请进来"和"走出去"相结合。所谓"请进来"是指引进专业民宿管理人才,让这些专业人才发挥特长实现自身价值,同时可以提升民宿人才素质和服务水平;"走出去"是指民宿业主为从业人员提供机会到国内外知名民宿企业参观学习,不断更新经营管理理念,提高自身服务能力和管理水平。

（四）充分发挥行业协会作用

通过研究民宿产业发展历程发现，行业协会发挥极大作用。民宿协会的作用不仅仅是组织与协调，它更能发挥其专业优势，有效规范民宿行业发展，对不符合规范的民宿进行相应处罚及监管。同时，民宿协会还可以定期举办民宿专业培训，提升行业从业人员服务及管理水平，提高民宿经营的门槛，对民宿数量和质量进行监管，不能任由其无序发展，从而形成良好的民宿市场经营氛围。

参考文献

[1] 张广海,孟禺.国内外民宿旅游研究进展[J].资源开发与市场,2017(4).

[2] 牛瑞花.国外民宿发展经验借鉴及国内外民宿发展对比分析[J].安家,2018(8).

[3] 蒋佳倩,李艳.国内外旅游"民宿"研究综述[J].旅游研究,2014(4).

[4] 邱玮玮,林业江.国内外乡村民宿研究进展比较—基于CiteSpace的分析[J].社会科学家,2022(7).

[5] 舒伯阳.旅游体验设计[M].北京:中国旅游出版社,2021.

[6] 王敏,王盈盈,朱竑.精英吸纳与空间生产研究:民宿型乡村案例[J].旅游学刊,2019(12).

研学旅行现状及课程设计

王丽丽①

读万卷书,行万里路。现在的家长们对"行万里路"非常看重,所以亲子游、夏令营等旅游市场潜力巨大,相应的旅游线路也非常多。但这些旅游产品真的能实现家长们希望孩子们"行万里路"的目标吗? 家长期望的"行万里路"是想让孩子开拓视野,更希望孩子通过旅行,能够进行自我思考,对自己的未来有一定的规划,有一定的创新探索和实践的能力。实际上,大多数所谓的研学旅行在一定程度上可以达到开拓孩子视野,促进孩子自我思考、认识自己,提高孩子的观察探究能力、发现问题和解决问题的能力的目的,但提高孩子团队协作、自我表达、人际沟通等能力通常很难实现。因此,对研学旅行课程的清晰认识和科学设计是当前研学旅行发展的重要内容。

一、研学旅行背景

我国研学旅行源于先秦,孔子周游列国、徐霞客游历天下,寓学于游、寓教于游,发展至今。如今,越来越多的家长希望能够提升孩子的综合素质;国家也倡导培养德、智、体、美、劳全面发展的综合性人才。在旅游业快速发展的背景下,"教育＋旅游"已经成为新的旅游业态,研学旅行市场蓬勃发展,但研学旅行课程如何开发、研学旅行安全如何保障、研学旅行效果如何评估、研学旅行市场如何规范均

---

① 王丽丽,河西学院历史文化与旅游学院讲师,旅游管理硕士。

为亟待解决的问题。

2016年,教育部、国家发展改革委等11部门印发了《关于推进中小学生研学旅行的意见》,主要是为了落实立德树人的根本任务,帮助中小学生了解国情、热爱祖国、开拓视野、增长见识,着力提高他们的社会责任感、创新精神和实践能力,提出研学旅行的主要任务。《关于推进中小学生研学旅行的意见》指出研学旅行重点工作主要包括以下方面。

1. 将研学旅行纳入中小学教育教学计划

各地教育行政部门要加强对中小学开展研学旅行的指导和帮助。各中小学要结合当地实际,把研学旅行纳入学校教育教学计划,与综合实践活动课程统筹考虑,促进研学旅行和学校课程有机融合,要精心设计研学旅行活动课程,做到立意高远、目的明确、活动生动、学习有效,避免"只旅不学"或"只学不旅"现象。

2. 加强研学旅行基地建设

各地教育、文化、旅游、共青团等部门、组织密切合作,根据研学旅行育人目标,结合域情、校情、生情,依托自然和文化遗产资源、红色教育资源和综合实践基地、大型公共设施、知名院校、工矿企业、科研机构等,遴选建设一批安全适宜的中小学生研学旅行基地,探索建立基地的准入标准、退出机制和评价体系;要以基地为重要依托,积极推动资源共享和区域合作,打造一批示范性研学旅行精品线路,逐步形成布局合理、互联互通的研学旅行网络。各基地要将研学旅行作为理想信念教育、爱国主义教育、革命传统教育、国情教育的重要载体,突出祖国大好风光、民族悠久历史、优良革命传统和现代化建设成就,根据小学、初中、高中不同学段的研学旅行目标,有针对性地开发自然类、历史类、地理类、科技类、人文类、体验类等多种类型的活动课程。教育部将建设研学旅行网站,促进基地课程和学校师生间有效对接。

3. 规范研学旅行组织管理

各地教育行政部门和中小学要探索制定中小学生研学旅行工作规程,做到"活动有方案,行前有备案,应急有预案"。学校组织开展研学旅行可采取自行开展或委托开展的形式,提前拟定活动计划并按管理权限报教育行政部门备案,通过家长委员会、致家长的一封信或召开家长会等形式告知家长活动意义、时间安排、出行线路、费用收支、注意事项等信息,加强学生和教师的研学旅行事前培训和事后考核。学校自行开展研学旅行,要根据需要配备一定比例的学校领导、教师和安全员,也可吸收少数家长作为志愿者,负责学生活动管理和安全保障,与家长签订协议书,明确学校、家长、学生的责任权利。学校委托开展研学旅行,要与有资质、信誉好的委托企业或机构签订协议书,明确委托企业或机构承担学生研学旅行安全责任。

4. 健全经费筹措机制

各地可采取多种形式、多种渠道筹措中小学生研学旅行经费,探索建立政府、学校、社会、家庭共同承担的多元化经费筹措机制。交通部门对中小学生研学旅行公路和水路出行严格执行儿童票价优惠政策,铁路部门可根据研学旅行需求,在能力许可范围内积极安排好运力。文化和旅游部门要对中小学生研学旅行实施减免场馆、景区、景点门票政策,提供优质旅游服务。保险监督管理机构会同教育行政部门推动将研学旅行纳入校方责任险范围,鼓励保险企业开发有针对性的产品,对投保费用实施优惠措施。鼓励通过社会捐赠、公益性活动等形式支持开展研学旅行。

5. 建立安全责任体系

各地要制定科学有效的中小学生研学旅行安全保障方案,探索建立行之有效的安全责任落实、事故处理、责任界定及纠纷处理机制,实施分级备案制度,做到层层落实,责任到人。教育行政部门负责督促学校落实安全责任,审核学校报送的活动方案(含保单信息)和应急预案。学校要做好行前安全教育工作,负责确认出行师生购买意外险,必须投保校方责任险,与家长签订安全责任书,与委托开展研学旅行的企业或机构签订安全责任书,明确各方安全责任。旅游部门负责审核开展研学旅行的企业或机构的准入条件和服务标准。交通部门负责督促有关运输企业检查学生出行的车、船等交通工具。公安、食品药品监管等部门加强对研学旅行涉及的住宿、餐饮等公共经营场所的安全监督,依法查处运送学生车辆的交通违法行为。保险监督管理机构负责指导保险行业提供并优化校方责任险、旅行社责任险等相关产品。

此外,2020年,《中共中央 国务院关于全面加强新时代大中小学劳动教育的意见》出台,教育部印发了《大中小学劳动教育指导纲要(试行)》,对各学段提出了具体要求。小学生,要培养其主动完成个人物品整理、简单手工制作、班集体劳动的意识;初中生,要培养其家庭劳动、校园清洁、工艺制作等方面的劳动意识;高中生,要培养其良好劳动习惯、自主生活、主动服务他人、通用技术应用等方面的意识,劳动课程内容结构如图1所示。

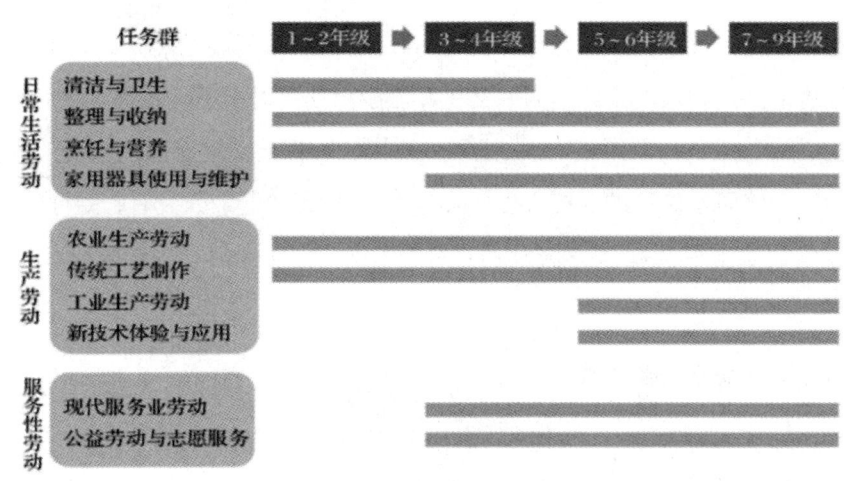

图1　劳动课程内容结构示意图

二、研学旅行概念及特点

1. 研学旅行的概念界定

《关于推进中小学生研学旅行的意见》指出,中小学生研学旅行是由教育部门和学校有计划地组织安排,通过集体旅行、集中食宿方式开展的研究性学习和旅行体验相结合的校外教育活动,是学校教育和校外教育衔接的创新形式,是教育教学的重要内容,是综合实践育人的有效途径。

首先,研学旅行集体旅行是形式,本质是体验式教育和研究性学习。主要目标是提高社会责任感,使学生对自己的生命生活负责;让学生学会做人、做事、与他人相处;使学生形成对大自然、社会、国家、民族负责任的意识。

其次,通过研学旅行提高学生创新精神。主要是通过研学课程设计一些研究性学习目标。

最后,通过研学旅行提高学生实践能力。很多家长为了让孩子投入更多的时间进行学习,在家不让孩子做家务,孩子缺乏生活经验,出现小学生不会剥虾、初中生不会系鞋带、大学生不会洗衣服等现象。

2. 研学旅行的特点

1) 研和学相结合

研学旅行中的“研”是指要培养学生的科学探索精神与探究能力,激发学生的学习兴趣与对知识的融会贯通能力;“学”是指面向生活和社会,学生要走出课堂、走出校园,深入学校之外的自然与人文地理环境中,与户外生活零距离接触,在大自然和社会的大课堂中通过走、看、想、做、说,感受现实生活,学习书本上不能学到的知识。

2) 教育性与体验性相结合

传统旅行是人们为了追求物质或精神享受,前往异地放松身心,进行游览和逗留的活动,从本质上来说是以愉悦与享受为目的的。研学旅行是由各教育部门和学校有计划、有组织地安排学生开展的集体旅行活动,学生通过研学旅行体验生活,进行探究性学习。它是一种教育性与体验性相结合的教育实践活动,参与主体、开展目的和旅行线路的安排等方面都与传统旅行有显著区别。

3) 教学方式多样化

新课程标准提出要建构学生新的学习方式,倡导学生要“主动参与、乐于探究、勤于动手",积极参与教学活动,要让学生由被动接受变成主动探究,从单纯的机械性学习变成手脑并用、知行合一的创新性学习。研学旅行作为一种新兴教育事物,是培养学生核心素养的重要举措之一,它的发展趋势也被社会各界所关注,在"立德树人"的根本目标下,研学老师要采用多样化的教学方式实现研学目标。

三、我国研学旅行发展中存在的问题

1. 研学产品质量不高

目前,很多研学产品要么只注重游不注重学,要么学得生硬。如一些研学旅行只是在旅游的景点中加入了部分的博物馆、大学、艺术馆等元素,就认为达到了研学旅行的目的;有的旅行社为了突出学,聘请了一些知识丰富的导游,他们在讲解的时候更加细致,突出讲解中的历史、人文、地理知识等,以此来突出学的主题。但在整个过程中,学生没有参与感,更没有实践,只是换了个地点学习知识,没有达到研学旅行的真正目的。

2. 研学旅行流于形式

虽然我们拥有高品位的研学旅行资源、数量较多的研学旅行基地、较强吸引力的研学旅行线路,但我们的研学旅行真的是研学旅行吗? 是否只是给旅游线路扣上"研学"的帽子? 有没有针对学生的年龄进行课程设计? 有没有实现研学的真正目的? 目前,研学旅行市场没有提供足够的研学旅行产品,目前市面上提供的"研学旅行"产品并非严格意义上的研学旅行产品,大部分只是给原有的旅游产品戴上"研学"的帽子,实际产品内容和线路没有做太多调整。

3. 研学旅行体系不健全

研学旅行以"研学"为主旨,以"旅行"为载体,虽然研学旅行纳入了教学计划,但目前国家教育主管部门和学校对于研学旅行的考核评价体系不完整、不健全。研学旅行行业内部还没有形成一套健全的行业标准,加之规范界定模糊,导致研学旅行行业的进入门槛低,退出机制以及评价准则均亟待完善。有些学校专业师资匮乏,让研学旅行课程出现了目标不明确、主题选择不清晰、运行形式不规范等各种问题。

4. 专业研学人才匮乏

自2016年教育部、国家发展改革委等11部门印发《关于推进中小学生研学旅行的意见》以来,研学旅游指导师作为一个新的群体出现,研学旅游指导师的"导"代表着双层含义:第一是指导学生的思想、学习和生活;第二指的是导游。研学旅游指导师是教育和旅游行业融合所形成的产物。随着研学政策出台以来,各个省市也纷纷加入其中,形成一股不可忽视的研学旅行热潮,对于研学旅游指导师的需求大大增长。现如今,研学旅游指导师的数量稀少,大多都是半路出家,许多从业者也意识到培养专业研学旅游指导师的重要性,研学旅游指导师将成为紧缺的新兴职业。

5. 研学旅行基(营)地建设不规范

研学基(营)地是研学旅行教育目标实现所借助的载体,基(营)地的建设状况直接影响研学旅行的效果。但很多研学基(营)地是在原来景区基础之上发展而来的,还存在着很多问题,如基(营)地评选标准掌握不准、课程体系不健全、研学设备设施落后、基(营)地运营管理标准匮乏、缺乏科学评价方法和研学监督机制、没有形成基地自己的规范性的规章制度、安全设施不达标等。研学旅行基(营)地作为旅行社研学旅行线路产品资源供应商,直接影响研学旅游的效果。

6. 研学旅行过分强调安全

研学旅行在实施过程中面临的最重要问题就是安全问题。目前,学校、旅行社、研学基地等都是研学旅行主体,但其主体责任不明确;且中小学生由于年龄、认知等因素限制,他们的安全意识和自我防护意识较差,较容易发生安全问题,部分学校和旅行社在开发研学旅行课程时对安全问题要求很高无可厚非,但为了规避风险,过度限制了课程地点、课程内容和课程方式的设计,也制约了研学旅行的实施。

7. 研学旅行责任主体不明确

传统旅游合同的基本主体是旅行社和旅行者两方,但在研学旅行中,委托合同主要是由学校和委托的旅行机构签订的,还包括研究旅行基地、研学景区等,这就会导致出现合同主体之外的第三方甚至第四方。对家长来说,其对研学旅行的认知也较不充分,会认为研学活动与学校有关。一旦学校、学生和服务机构三方法律地位和责任划分不清晰,在出现法律纠纷时就会出现很多问题。

四、研学旅行发展策略

1. 开发高质量研学旅行课程

研学旅行课程的开发核心要素包括设定课程目标、挖掘课程内容、保证课程实施、进行课程评价。课程设计过程中要考虑学生的学情;课程开发的基本思路包括优秀传统文化类、革命传统教育类、国情教育类、国防科工类、自然生态类、劳动教育类等,从这些角度入手进行课程设计;课程设计具体内容包括课程名称、研学时间、研学对象、研学地点、活动主题、课程目标、课程实施、课程评价、安全保障、应急预案等内容。

2. 构建特色研学旅行产品

构建有地方特色的研学产品体系,不仅要对本地的景点研学资源进行深度发掘和开发,更要明确研学旅行主题,提升研学旅行效果。运用互联网及相关技术,建立能够迎合研学旅行需求的应用场景,比如通过全息投影技术和AR/VR互动游戏开展沉浸式研学体验,这类新颖的形式能激发学生的兴趣。研学旅行相关机构与企业还可以运用互联网进行市场调研,深入分析客户的真实需求,研究学生的知识与心理特点,结合学校的教育教学热点与难点,对研学旅行产品进行精准定位,开发研学旅行的特色路线,实现教育教学效果的最优化。

3. 培养研学旅行专业人才

真正认识和区别教师、导游和研学旅游指导师,设置专门的研学旅游指导师证书,尤其是高校相关专业,要注重培养研学人才。如在高校旅游管理专业分设研学旅游指导师这一小门类,也可以在现有的专业课程基础上加入研学课程,让学生在学习期间接受专业的知识储备和实践经验,并帮助他们更早好地认识研学旅游指导师这一职业,为未来就业做准备。目前,已有相关的机构提供研学旅游指导师的培训课程,政府相关政策的进一步落实会让越来越多的人看好研学旅游指导师的就业前景,选择这个职业。

4. 健全研学旅游管理体系

政府部门加强对研学旅行的监管,如建设全市研学实践教育管理服务平台,旨在通过信息化手段,强化对全市研学实践教育工作的统筹管理,最终实现统一平台、统一标准、统一程序、统一管理,不断提高研学实践教育工作的信息化、规范化、标准化、科学化水平;学校组织制定、审核学校研学旅行管理制度,包括学校研学旅行工作规程、研学旅行课程实施方案、研学旅行课程招标方案、学校研学旅行全保障方案、学校综合应急预案和专项应急预案等,指导学校研学旅行工作小组和研学旅行主管科室规范实施研学施行课程,履行课程管理和安全管理职责。

5. 完善研学旅行基(营)地建设

研学旅行基(营)地的认定准入标准包括基(营)地创办原则、基本设立条件和要求、教育与体验、设施与服务、安全管理及合格认定等方面,研学旅行基(营)地建设应该按照相应的规范建设。中国旅行社协会与高校毕业生就业协会联合发布《研学旅行基地(营地)设施与服务规范》,自2019年3月1日起实施,规范和提升研学旅行基(营)地服务质量,使研学旅行基(营)地有相对科学、规范的准入条件,引导旅行社正确选用合格的研学旅行基(营)地供应商,保证研学旅行线路产品的服务质量,推动研学旅行服务市场的健康发展。

6. 监督落实研学旅行保险

在研学旅行开展前应为学生购买研学旅行保险。不同于传统的旅游保险,研学旅行保险在保险期间内,被保险人组织保单载明的学生参加研学旅行,在研学旅行期间发生意外事故导致学生人身伤亡,依照我国法律,应由被保险人承担的经济赔偿责任,保险人按照本合同的约定负责赔偿。保险事故发生后,被保险人因保险事故而被提起仲裁或者诉讼的,对应由被保险人支付的仲裁或诉讼费用,以及事先经保险人书面同意支付的其他必要、合理的费用,保险人按照本合同的约定也负责赔偿。同时附加无过失责任,附加第三者责任和附加随团教职工责任。

7. 提前踩点预防安全事故

踩点是指学校、研学服务机构(旅行社)等相关人员预先到某个研学目的地进行考察,为后面正式到研学目的地开展研学活动做准备。整个获取信息的过程即为踩点。踩点的目的是掌握研学旅行路线和地点的相关情况,在充分了解的基础上便于研学服务机构形成活动方案、课程方案和安全预案等文字资料。踩点时必须要对有关学校接站事宜进行踩点,根据学校所在位置确立大巴车停车位置、车头朝向、最长停车时间、集合地点到上车点是否需要过马路、上车所需时间;对有关交通线路进行踩点,根据研学地点确立最佳行车路线、行车时间、行车公里数、路况、备选线路方案;对研学基(营)地踩点,对研学基(营)地具体位置、停车位置、进出入口、购票方式、是否有讲解员、洗手间位置/分布/数量、拍摄横幅照所在地、集合地点(进/出/场内)、行进参观路线、讲解内容、功能区域划分、失物招领处/广播处、开放时间、注意事项等一一踩点。

五、研学旅行课程设计

研学旅行是为"立德树人"服务的,帮助学生从认识自己到探索未来的自己,通过各种活动了解自己的性格、自己的兴趣,形成职业价值观;研学旅行是帮助学生寻找未来目标的重要方式,让他们对自己未来的职业有一个认识和规划,能够择己所爱,择己所适,择己所求。研学课程设计尤其要注意以下方面的设计。

1. 学情分析

《关于推进中小学生研学旅行的意见》指出,学校根据教育教学计划灵活安排研学旅行时间,一般安排在小学四到六年级、初中一到二年级、高中一到二年级,尽量错开旅游高峰期。学校根据学段特点和地域特色,逐步建立小学阶段以乡土乡情为主、初中阶段以县情市情为主、高中阶段以省情国情为主的研学旅行活动课程体系。

研学旅行的对象包括小学、初中和高中不同年级的学生,他们的生理和心理发育都具有典型的阶段性特点,所以研究课程设计不能一概而论,要熟悉不同学段学生身心发展、认知和接受特点,针对性地选择教学方法和活动内容。应当设计不同的运动量,既要达到锻炼学生的目的,又要考虑学生的生理限度,把身体能力最弱者作为课程安全设计标准底线。

研学旅行是将课程学习带到室外,寓教于游,其重要目标是帮助学生学习知识的同时认识自己,因此,设计研学课程不仅要了解研学活动课程设计的基本原则和方法,掌握课程核心要素,熟悉课程设计的基本思路和规律,更要明确学生、家长、教师和校长的需求。

2. 确定研学课程主题

课程主题是研学旅行活动课程的灵魂,或者说是一个指挥棒,它是驱动教师、学生的"引路人",应根据研学课程开展的地点设计合适的研学主题。研学主题分为三类:①单一主题设计,即以某个明确的主题作为学习的核心目标或内容开展活动,主题突出,内容明确,目的性强,操作性强;②综合主题设计,即多个单一主题的融合,各主题间呈现并列关系,保持相对独立性,不存在逻辑和顺序先后的关系;③分类主题设计,即在综合主题之下,针对不同类别,侧重某方面内容的一种综合主题设计,可分为历史文化类、科技创新类、自然教育类等多个类别。

案例：课程主题

行走大漠，踏歌筑梦——腾格里沙漠研学实践

取精神火种，照前进征程——井冈山研学实践

探秦岭大观，溯华夏原点——西安研学实践

3. 研学旅行课程目标

研究旅行课程目标主要包括三层。第一层是知识性目标，与传统的学校课程知识教育不同，研学旅行是让学生在旅行过程中学习知识，在实践中学习知识，但归根究底仍是要学习到知识；第二层是能力目标，研学旅行是让学生在旅行过程中认识世界、认识自我，在实践活动过程中发现问题、解决问题，提升参与能力、团队合作能力；第三层是情感价值目标，学生在研学旅行过程中形成正确的世界观、人生观、价值观，能够增强祖国传统文化认同感，增强民族自尊心、自信心。

研学旅行课程的目标设计应当采用分层递进的方式，目标设计过程中要注意：一是每一层目标都要清晰、具体，不能一概而论；二是每一层目标都是可实现的，符合研学旅行对象的需求，不宜过高或过低。

案例1："垃圾分一分，城市美十分"研学目标设计

（1）通过学习垃圾分类知识，掌握垃圾分类方法。

（2）通过参与垃圾分类活动，为地球减负，培养学生环境保护意识和社会责任感。

案例2："做环保小卫士 守护家园"研学目标设计

（1）通过对沙漠进行科考，对沙漠生态形成初步认知，解释沙生植物的生长特点。

（2）通过对治沙方法的实践体验，探索适合当地的治沙方案，强化劳动教育的

意识,提高环保意识。

(3) 在小组合作的学习方式中培养学生的人际交往能力和团队合作意识。

4. 研学课程的学习方式

研学课程设计区别于传统的课程教学设计,学习方式更注重探究性学习、支架式学习、情境式学习、合作式学习。

1) 探究性学习

探究性学习是基于问题解决活动来建构知识的过程。在教学过程中,应通过有意义的问题情境,让学生通过不断地发现问题和解决问题,学习与所探究的问题有关的知识,形成解决问题的技能以及自主学习的能力。换言之,探究性学习是指学生积极主动地参与、主动地体验,通过这些活动形成自己的知识与理解的学习方式。在课程设计时不能只是一味地灌输知识,而是引导学生进行体验性学习和解决问题式学习。

案例:"垃圾分一分,城市美十分"学习方式设计

第一步:情景导入。

(1) 播放视频(垃圾不分类的危害)。

(2) 提问:为什么进行垃圾分类?

(3) 确认主题:了解垃圾分类的重要性,掌握垃圾分类的知识。

第二步:故事分享。

你能讲一个垃圾不分类的危害的故事或者事例吗?

第三步:教师讲解。

(1) 垃圾处理的现状。

(2) 垃圾分类。

(3) 如何做好垃圾分类。

第四步:体验探究。

（1）请学生列举生活中常见可回收垃圾、有害垃圾、厨余垃圾及其他垃圾。

（2）学生上台体验（学生将自己捡到的垃圾投放至相应的垃圾桶）。

第五步：总结。

师生共唱垃圾手势歌。

2）支架式学习

支架式学习是指指导教师或其他人与学习者共同完成学习活动，为学习者提供外部支持，帮助他们完成无法独立完成的任务。随着活动的进行，逐渐减少外部支持，让学生独立活动，直到最后完全撤去支架。

3）情境式学习

情境式学习是指建立在有感染力的真实事件或真实问题基础上的学习方式。知识、学习是与情境化的活动联系在一起的。学生应该在真实任务情境中，尝试着发现问题、分析问题、解决问题。

4）合作式学习

合作式学习是指通过讨论、交流、观点争论，相互补充和修改，共享集体思维成果，完成对所学知识的意义建构过程。合作式学习主要是以互动合作为教学活动取向的，以学习小组为基本组织形式，如师生、学生小组，来共同达成教学目标的。

例如在研学景区观察一个地方的建筑有什么样的特点，如果只是老师单纯地讲述，学生会觉得枯燥乏味，可以通过探究式学习引导学生发现问题并解决问题。首先，提出问题："同学们看看这里的建筑和我们平时居住的有什么区别呢？这样的建筑有什么好处？"其次，引导学生进行分组，小组成员共同行动。再次，发给学生纸、笔、放大镜，请他们以小组为单位去观察、发现，并通过多样化的方式去记录所见、所感、所悟，可以是记录、照片、绘画等。最后，各小组成员通过自己的方式进行成果汇报，可以是现场演讲、画作展示、自然笔记、小论文等，研学旅游指导师进行点评补充。最终，通过观察建筑，学生不仅了解建筑特点，更能较好掌握当地民俗文化。

5. 研学课程设计教育类型

传统的课程教育更多是以老师讲、学生听为主,研学旅行将课程带入自然、带入社会,其授课方式更加多样化。为了更好地促进红色研学旅行目标的实现,可以采用的多样化教育活动类型如下。

1) 设计制作

设计制作是以尊重学生的制作本能为基础,以参与实践活动为特征的学习方式,是通过创造性使用各种材料、工具和技术解决问题的学习与创造过程,其本质上是深度参与实践活动,通过设计制作,可以发现问题、界定问题,具有独特的教育意义。设计制作活动有助于实现深度教育,培育实践能力和创新能力。如在红色研学旅行过程中请学生制作红色记忆徽章、红色主题手抄报、红色泥塑等。

2) 职业体验

职业体验是在研学旅行过程中通过角色扮演的方式,让学生体验并了解相关职业要求,进而对目标职业的社会需求、职业环境有一定了解,培养职业兴趣,形成职业价值观,形成正确的劳动观念和人生志向,为自身发展奠定基础。如在研学旅行过程中,学生扮演讲解员,为景区参观人员进行讲解。

3) 社会服务

社会服务是依靠多元化主体提供服务的活动,事关广大人民群众最关心、最直接、最现实的利益问题。在研学活动过程中,通过社会服务活动的设计,帮助学生了解社会民生,培养学生的同理心、同情心,教导学生服务社会、服务人民。如在研学过程中进入社区,进行社区宣讲活动。

4) 考察探究

考察探究是学生在研学活动过程中自己发现问题并提出问题,在老师的帮助下解决问题,最终得到结论的方法。通过考察探究活动,培养学生自主观察,发现并解决问题的能力。例如,在研学旅行过程中请同学们自己思考并解决遇到的各种问题。

5) 榜样激励

榜样的力量是巨大的,榜样是一面旗帜,使学有方向、赶有目标,起到激励作用。在研学旅行过程中,选择成绩突出的个人或集体,加以肯定和表扬,让大家学习,从而激发学生积极性。在我国,有无数艰苦朴素、不畏艰苦、不怕牺牲、开拓进取的爱国、爱岗的先进人物,在研学旅行课程设计过程中要注意运用榜样的力量。

6) 博物馆参观

参观博物馆目的是激发学生探求知识的兴趣,为其掌握历史文化、人文精神和科学素养奠定基础。尤其是红色研学景区,大都依托参观活动展开,但大部分博物馆参观活动都比较单一。因此,研学旅行博物馆参观要注意时间和方式等内容的设计,培养学生的"博物馆意识"。

参考文献

[1] 沈和江,高海生,李志勇.研学旅行:本质属性、构成要素与效果考评[J].旅游学刊,2020(9).

[2] 马波,刘盟.中小学生研学旅行研究的三个关键问题[J].旅游学刊,2020(9).

[3] 陈恬昊,叶映华.中小学生研学旅行学习收获及影响因素[J].教育学术月刊,2022(4).

[4] 张博,吴柳.网络关注度视角下研学旅行发展现状与影响因素研究[J].地域研究与开发,2022(2).

[5] 郭璇瑄,史丽晶.中小学研学旅行课程实施评价研究[J].课程·教材·教法,2022(1).

[6] 万田户,廖淑婷,吴玲丽.中国研学旅行标准分析及构建策略[J].四川轻化工大学学报(社会科学版),2021(3).

[7] 王红,桑琳洁,张萌.研学旅行导师专业化发展机制:来自美国微认证的启示

[J]. 全球教育展望,2021(4).

[8] 马东贤. 走向学科融合的研学旅行课程开发策略[J]. 中小学管理,2021(2).

[9] 周建东,王玉华. 研学旅行切莫忽视青少年的"动商"培养[J]. 中国教育学刊,
     2020(12).

[10] 刘加凤,薛新洪. 研学旅行课程应处理好的几对关系[J]. 基础教育课程,
     2020(17).

[11] 殷世东,张旭亚. 新时代中小学研学旅行:内涵与审思[J]. 教育研究与实验,
     2020(3).

[12] 陈东军,谢红彬. 我国研学旅游发展与研究进展[J]. 世界地理研究,2020(3).

张掖七彩丹霞旅游景区的运营管理之道

何永刚①

一、张掖七彩丹霞旅游景区简介

张掖七彩丹霞旅游景区开发起步较晚,2008年由张掖七彩山旅游有限公司经营开发,2013年通过混合所有制改革成立张掖丹霞文化旅游股份有限公司,负责景区经营管理。2016年起,张掖市政府和甘肃省公航旅集团共同推进七彩丹霞景区的规模化开发,累计实施重点项目30多项,完成投资43.2亿元,为景区的快速发展奠定了坚实基础。

从景区的发展历程来看,景区经历了10年的"黄金发展期"。2010年至2019年,景区的游客接待量由10多万人次增长至260万人次,跻身全国山岳型旅游景区第一方阵。基础设施实现了"从无到有向优"的转变;旅游环境从"脏乱差"改善为"精善美";服务品质从"标准化"提升至"精细化和人性化";文化内涵从"单一"发展为"多元化和品牌化";体验项目实现了"从无到有向新奇巧"的转变。

从景区发展成就来看,张掖七彩丹霞旅游景区成功获得世界地质公园、国家5A级旅游景区两块金字招牌;形成中国彩虹山、全国最佳的低空旅游目的地两个文旅品牌,被列入迈点研究院"2020年5A级景区品牌100强榜单";经营性收益大幅赶超门票收入,实现"门票经济"向"消费经济"的转变,步入良性发展的快车道。

---

① 何永刚,平凉文化旅游产业投资集团有限责任公司党委书记、董事长;张掖丹霞文化旅游股份有限公司原总经理。

张掖七彩丹霞旅游景区已成为中国西部旅游的新地标,是中国西部较具吸引力的旅游目的地和甘肃省发展较快、成长性较好的旅游景区之一。目前,景区正在积极创建世界级旅游景区、国家级研学实践和劳动教育基地、国际旅游目的地。

二、什么是旅游景区运营之道

对于景区而言,"始于运营,终于运营"。在讲旅游景区的运营之道之前,首先需要明确什么是景区运营、景区运营的核心板块是什么,以及如何提升景区运营水平等问题。

景区运营是在市场需求的推动下,围绕产品内容、环境与场景进行的系统性工作。景区运营需要遵从市场规律,涵盖从吸引力打造,到市场需求下的主题产品设计、游憩路线、景观提升、建筑设计,再到建造、运营管理的全过程,共同构成完整的规划设计体系。本文将从景区运营的商业模式、核心板块及运营提升等方面探讨旅游景区的运营之道。

(一)景区运营中常见的几种商业模式

1. 门票商业模式

这种模式主要依赖门票收入,对自然资源景观进行简单改造,同时修建大门,收取参观费用。这是目前国内观光型景点的主流模式,景区运营的成功与否取决于旅游资源的品质。这种模式虽然投资小,但如果资源品质不高,则难以形成有效的资金循环。

2. 旅游综合收益商业模式

这种模式突破了单一的门票经济,注重餐饮、购物和住宿等多种收益形式。单一的门票经济难以适应现阶段发展的需求,收益也非常有限。一般情况下,一个景区的门票占到总收入的40%较为合理,如果完全依赖门票经济则很难获得可持续发展。

3. 产业联动商业模式

这种模式以旅游产业为平台,开发相关产业,从而获得经济收益。典型例子是农业旅游,除了获得旅游收益,还能获得农业和农业加工收益。例如,内蒙古农牧业旅游的投资商不仅开发旅游,还发展奶牛养殖业,形成良性互动,获得综合收益。

4. 旅游地产商业模式

这种模式实际上是产业联动的一种形式,投资商在开发旅游的同时,要求政府给予一定的土地作为补偿,旅游和地产同时开发,通过地产收益弥补旅游投资。

5. 旅游资源整合的商业模式

这种模式适用于距离中心城市较近的景点开发。由一个投资商控制资源,完善基础设施,然后进行项目招商,联合多个小投资商共同经营。

6. 产业和资本运作融合商业模式

这种模式是在景区开发到一定程度后,通过引进战略投资者获得收益。

7. 混合商业模式

这种模式从前期的资金募集到后期运营,采用多种运营模式,是对前六种商业模式的综合运用。

(二)景区运营的核心板块

无论运营管理什么规模或类型的景区,景区运营管理永远离不开以下四大板块:生产、销售、管理、协调。

1. 生产

生产指旅游产品和服务的生产,包括景区基础设施和服务设施建设、景点策划、景观打造、项目设计、环境绿化美化、员工培训和服务等有形产品和无形产品,其目的是为游客打造良好的景区产品和旅游服务。

2. 销售

销售指景区旅游产品和服务的售卖,包括线路产品设计、价格体系制定、销售渠道建设、宣传推广和活动策划等一揽子市场运作手段,其目的是通过产品和服务的销售,实现景区产品或旅游服务价值,获得资金回报。

3. 管理

管理指景区运营计划制定(包括三五年的战略运营计划和年度、季度、月度计划等)、管理体系和组织架构搭建、职责和流程制定、人员配备、安全应急处置、绩效考核等内容,包括对人(依靠制度、权责和流程)、财物(依靠制度,倡导开源节流)、时间(包括重要工作计划和时间节点)、信息(包括产品、竞争、市场、行业形势)等对象的管理。其目的是管理产品,向游客提供优质产品和服务。

4. 协调

协调指景区和周边村民、地方政府、各职能部门和媒体、竞争对手等相关群体之间的工作协调。其目的是为景区打造一个良好的外部经营环境。

这四大板块之间相互关联:生产和管理是运营工作的重点,承担着将资源转化为适应市场需要的产品和服务的重任。销售是生产和管理的着眼点,所有生产和管理活动都应以销售或市场需求为中心,销售是实现资金回笼和调整生产任务的指示棒。外部协调为景区生产、管理和销售创造良好的外部条件。

(三)景区运营的提升之道

了解了景区运营的商业模式和核心板块,在景区实际操作中如何通过以点带面统领景区运营全局? 做好以下六点是景区运营管理的关键。

1. 计划先行

"无计划不运营",计划是运营管理各项工作的基础。无论是三五年的中长期战略计划,还是年度、季度、月度计划,以及公司计划、部门计划、个人计划等,都是为了明确景区在特定时间段内需要做什么、做到什么程度、由谁去做。景区的大小事务都应通过计划来实施,缺乏计划会导致运营混乱,毫无章法。因此,计划先行是景区运营管理的前提。

2. 资金保障

资金是景区运营管理的首要因素。从基础设施建设到项目投资,从日常运营管理到营销推广,资金是必不可少的支撑。景区运营管理人员必须清楚每项工程或项目所需的资金,哪些项目可以自筹资金,哪些需要融资,如何在最短时间内实现资金回笼,以及如何在保证正常运营的前提下节约开支。资金保障确保景区在各个发展阶段都有充足的现金流,保证前期工程建设、后期运营管理和市场推广工作能够正常开展,避免因资金链断裂而影响景区的正常运营和发展。

3. 设计产品

将资源转化为产品和服务是景区运营的重要职能。景区运营人员要明确景区的目标客户群体,并根据市场需求进行产品规划和预测;通过先进的开发理念,围绕"吃、住、游"等核心要素,设计出符合市场需求的旅游观光、休闲度假等线路产品。同时,制定市场认可的销售价格,与竞争对手形成差异化竞争,推出独具特色的产品。

4. 人员管理

人是一切管理的核心,所有的管理最终都会归结到对人的管理上,景区运营管理同样如此。对人的管理主要依赖于以下三个方面。一是顶层设计,包括管理体系、组织架构、职责分工、绩效考核等,以明确员工的行为规范。二是企业文化,它体现了企业的工作氛围和团队凝聚力。三是管理人员的领导艺术,即根据不同个体的特点采取差异化的管理方式。在规模较小或初建的景区,高层管理人员的领导艺术可能在运营管理中发挥较大作用,但在大型或较为规范的景区,顶层设计和企业文化才是景区运营管理的关键。景区高级运营管理人员需要根据实际情况,合理权衡顶层设计、企业文化和领导艺术在管理中的比重,做到因地制宜、因时制宜。

5.正确做事

景区运营过程中,不可避免地会与内部员工、周边村民、地方政府、职能部门、新闻媒体、合作客户甚至竞争对手产生各种各样的联系和冲突。景区运营管理人员要以冷静客观的态度,认真分析这些内外部相关群体的诉求,找准问题的症结,采取适当的应对措施,化冲突矛盾为合作共赢,通过正确处理各方关系,确保景区经营管理的顺利进行。

6.安全第一

安全是景区运营管理的重中之重。许多企业打出的口号就是"安全第一或安全至上"。安全工作做不好,会导致游客人身或财产受到损失,给景区带来的负面影响极大。首先,赔偿问题可能使景区遭受严重的经济损失,甚至可能使多年的经营成果毁于一旦;其次,安全事故可能导致景区被降级、摘牌,甚至停业整顿;最后,安全事故会严重影响景区的口碑,导致客流量大幅下滑,经营状况恶化。

三、张掖七彩丹霞旅游景区管理之道

近年来,作为朝阳产业的旅游业得到了高度重视。旅游景区开发投资热潮迭起,旅游产品不断丰富,旅游市场机制逐步完善,有效地推动了旅游产业的健康发展。然而,当前旅游业正面临整体转型升级的新形势:从传统观光向观光休闲和休闲度假转变,从依赖资源禀赋向更加符合市场需求转变,景区产品从同质化向特色化升级,收益模式从单一的门票经济向多元化发展。新形势对当前旅游景区运营管理提出了新的要求与挑战,旅游景区的运营管理开始由粗放化进入专业化、规范化、精细化。

此外,在大众旅游时代的背景下,景区运营管理的三大任务也发生了根本性变化。过去,景区运营管理的三大任务是游客数量、景区收益和利润,而在大众旅游时代,则变成了安全生产,质量管理、景观管理、服务质量和利润提升。旅游安全是一切旅游活动的基础;好的管理与服务是保证游客与员工满意度的关键;利润提升则被放到了三大任务的次要位置。根据这些新变化和新特点,张掖七彩丹霞旅游景区提炼出了"一六八"运营管理模式,即"一个核心经营理念,六大管理体系,八项闭环管理"。

（一）一个核心经营理念

旅游业是改善广大人民群众生活的幸福产业,景区运营管理是旅游产业可持续发展的根基和保障,精细化运营管理直接关系到游客满意度和景区正面形象,要牢固树立景区安全管理无小事、游客诉求无小事、基础设施建设无小事、带动地方经济发展无小事的经营管理理念。

（二）六大管理体系

六大管理体系是指核心价值体系、宣传营销体系、规划建设体系、优质服务体系、管理制度体系、智慧景区管理体系。

1. 核心价值体系

旅游景区的核心价值是提升景区服务品质和塑造旅游形象的关键因素。近年来,景区在运营管理实践中确立了"努力为游客创造快乐"的核心价值理念,并形成了"四个凡是"质量方针:凡是游客看到的必须是整洁美观的,凡是提供给游客使用的必须是安全健康的,凡是游客见到的景区员工必须是热情礼貌的,凡是景区能够提供的服务就必须是尽善尽美的。同时,景区还制定了"十心服务"标准,即换位思考、心诚待客的用心服务,网购预约、一票通游的称心服务,母婴空间、第三卫厕的爱心服务,七彩丹霞、炫彩华夏的阅心服务,多语讲解、科普传递的暖心服务,人车分流、热点监控的安心服务,网络覆盖、凉亭祈福的舒心服务,勤于沟通、游客满意的知心服务,化解情绪、投诉为零的耐心服务,尊老爱幼、心灵交融的热心服务。

2. 宣传营销体系

"酒香也怕巷子深。"在营销为王的时代,好的资源和产品卖不出去,一切为零。随着科学技术的发展及产业之间的融合,一些新兴的旅游营销模式不断涌现,微博、微电影、四格漫画等载体,逐渐成为景区实现营销宣传价值最大化的利器。在日常经营管理中,景区确定了"以赛促宣"的营销理念,建设了以"一网两公众号"为主体,覆盖抖音、视频号、微博、快手等社交平台的新媒体营销宣传矩阵,精心筹备了中国张掖七彩丹霞热气球嘉年华、"七彩丹霞"国际(旅游)摄影大赛、健美黄金联赛、丝路环球旅游小姐世界总决赛、全国自行车马拉松骑行资格赛、第八届文化和旅游融合创新论坛等大型节会活动。紧扣五一小长假、十一黄金周等时间节点,选取敦煌飞天、裕固歌舞、传统汉服等文化元素开展联合营销,坚持强强联合、跨界融合,营造假日旅游营销新热点。在职工队伍中开展"人人都是宣传员"营销活动,逐人逐月分解宣传任务,持续刷新"中国彩虹山""全国最佳的低空旅游目的地"品牌热力值。聘请专业机构编排景区宣教资料,《七彩丹霞地貌》《七彩丹霞散文集》《七彩丹霞故事》《中国·彩虹山——张掖七彩丹霞首届国际(旅游)摄影大赛获奖作品集》等图书,以及七彩丹霞景区主题歌《阿兰拉格达》等宣传产品相继问世;坚持持续做好借势营销,在北京、上海、香港等客源地人流密集区域发布平面广告,集中引流。

3. 规划建设体系

以政策为导向的旅游发展规划体系建设是实现旅游景区高质量发展的风向标和指挥棒,要紧跟时代步伐,常更常新。随着《全域旅游示范区创建工作导则》《文化产业振兴规划》《世界级旅游景区建设指引》《世界级旅游度假区建设指引》等指导性文件的相继出台,张掖七彩丹霞旅游景区的规划建设也从最初的1.0观光型向3.0度假型和以"文科融合、业态整合、产品复合"三大特征为核心的"4.0时代"进行了持续的完善和提升,形成了以省政府批复的《张掖丹霞风景名胜区彩色丘陵片区总体规划》为核心,以《甘肃张掖丹霞地质公园规划(2013—2025)》《张掖七彩丹霞旅游景区创建国家5A级旅游景区专项规划》为阶段性提升,以《张掖七彩丹霞旅游景区世界级旅游景区国际旅游目的地建设发展规划》为后续发展方向的旅游规划建设体系。景区的核心竞争力提升着力点由同质化、流水线的旅游产品向有个性、稀缺的旅游产品发展,竞争优势由价格战转向品牌战。

4. 优质服务体系

优质服务体系的构建包含景区基础设施建设、外围旅游环境美化、旅游服务品质提升、服务标准体系和品牌建设四个层面。近年来,张掖七彩丹霞旅游景区发挥资源优势,结合景观特质和运营实际,通过景区内"软硬兼施",景区外同频共振,一体化推进服务体系建设。

在基础设施建设方面,景区新建占地1.8万平方米的游客服务中心、21万平方米的丹霞广场、11座3A级旅游厕所、8座第三卫生间、1.8万平方米观景台、30千米的观光车行道、3.6万平方米的园林绿化带、地质博物馆等基础设施,让景区"旧貌变新颜"。

在外围旅游环境美化方面,形成了丹霞大道修到景区、旅游专线直达景区、旅游标识准确指向、配套小镇环境优美、旅宿床位温馨舒适、特色餐饮美味可口、旅游商品琳琅满目、明码标价童叟无欺、全民参与共建共享的良好发展态势。交通不便、住宿紧张、餐饮质量差、旅游市场秩序不规范等现象得到有效改善,旅游环境日新月异。

在旅游服务品质提升方面,通过不断强化服务礼仪、服务标准、旅游法规、专业技能、应急救援等方面的培训,全体员工的职业素养稳步提高。母婴室、轮椅、拐杖、雨伞、厕纸、一次性马桶垫、洗手液等便民设施一应俱全,宠物寄养、行李寄存、医疗救护等免费便民服务受到游客一致好评。高效快捷的自助售票机,以及"一人一座"的高端旅游大巴车,有效提升了游客舒适度。

在服务标准体系和品牌建设方面,张掖七彩丹霞旅游景区结合省级服务业标准化试点项目,围绕顾客需求,结合景区生产经营实际,从旅游景区运营管理、旅游客运、智慧旅游及旅行社服务、多种经营项目服务、餐饮销售服务、设施设备景观化规范等六个方面着手,制定了讲解服务、安保服务、环卫服务、司乘服务、售检票服务、智慧旅游及旅行社服务、销售服务、经营项目运营服务、设施设备景观化服务等标准化服务规范,构建了科学合理、层次分明、能够满足需要的标准体系框架,并积极开展"对标对表提升服务质量"主题活动,集全员之力、全员之智,塑造"如意甘肃、七彩丹霞、精品服务"品牌,持续提升张掖七彩丹霞旅游景区知名度、美誉度和国际影响力。

5. 管理制度体系

健全的管理制度体系是实现景区科学管理、提高服务品质和经济效益、推动景区高质量发展的可靠保证。在日常经营管理中,张掖七彩丹霞旅游景区从管理机制及架构设置、管理制度、强化绩效考核和制度执行三个层面持续完善管理制度体系建设。

在管理机制及架构设置方面,实施所有权、管理权和经营权的三权分离,按照现代企业制度建立运营管理团队,根据自身资源、工作开展等需要设立了合理的、精简高效的管理架构和内设部门。

在管理制度方面,按照《文化和旅游部关于实施旅游服务质量提升计划的指导意见》《旅游景区质量等级划分》,制定了张掖七彩丹霞旅游景区首问责任制实施细则和服务质量提升三年行动实施方案,落实"三声""三清"服务理念,做到了"客来有迎声、客问有答声、客走有送声"和"受理一手清、答复一口清、告知一次清";完善检票员、保安员、讲解员、前台咨询人员、保洁员、驾驶员的岗位工作流程和考核实施细则,明晰奖惩条例和措施,规范员工的言行举止,充分调动员工的积极性,实现景区运营的规范化、精细化管理目标。

在强化绩效考核和制度执行方面,将员工对制度的熟悉、落实程度作为日常绩效考核的重要内容,将制度执行与服务之星评选、绩效奖金发放、职位晋升相结合,建立考核结果追索机制,激励员工自觉遵守制度,定期通报制度执行情况,以违规案例进行警示教育,让制度有威严、有约束力。

6. 智慧景区管理体系

2016年,张掖七彩丹霞旅游景区按照"注重顶层设计、适度超前、风险可控、有序推进"的实施原则,建成了旅游企业门户网、资讯网、政务网、电子商务网和微博微信、手机客户端为重点的旅游官网集群,初步形成了集搜索、展示、交易、管理、服务多功能于一体的智慧旅游服务平台,让游客从扫码购票到入园均能在线快速完成,规避了景区游览过程中烦琐程序,朝着便捷化、智能化、虚拟化的方向发展。张掖七彩丹霞旅游景区投资1300余万元进行智慧景区建设,布设无线Wi-Fi信号发射器77个、监控设备370余个、复眼宽视距摄像机1台、自主售票机11台、计数闸机40台、震动式电子围栏2000米,建设涵盖综合票务管理系统、智慧旅游"丝途宝"、旅行社分销系统、丹霞精选全员营销系统、旅游大数据分析及综合可视化管控平台、信息发布大屏系统、停车场管理系统、语音广播、视频监控系统等9个子系统的智慧景区信息系统,承担七彩丹霞景区调峰错序、实名预约、门票OTA分销、财务结算、安全管控等重要职能,实现旅游服务线上线下深度融合,空气、植被、生物可视化动态监测,客源地市场精准分析,旅游服务标准化、精细化、数字化管控,切实提升景区智能化管理水平。

(三) 八项闭环管理

闭环管理是螺旋式阶梯提升经营管理能力、持续推动景区高质量发展的有效途径。张掖七彩丹霞旅游景区在日常经营管理中严格执行游客投诉、服务评价、安全管控、产品研发、教育培训、市场监管、基础设施建设与环境美化、流量与留量的八项闭环管理,景区经营管理能力稳步提升。

1. 游客投诉闭环管理

游客投诉和投诉率是反映景区服务质量好坏的"晴雨表"。在日常运用管理中,强化游客投诉处理教育培训,定期和不定期邀请舆情处置、投诉处理专业人员莅临景区指导工作;制定印发《张掖丹霞文化旅游股份有限公司游客投诉处理管理办法》,规范游客投诉处置原则、流程和渠道,授予值班负责人现场赔付权限。具体而言,当赔付金额在1000元以下时,当日值班负责人会同投诉主管部门负责人审核同意后直接赔付;当赔付金额在1000—3000元(不含3000元)时,经当日值班领导审批同意后直接赔付;当赔付金额在3000—5000元(不含5000元)时,经总经理审批同意后直接赔付;当赔付金额在5000元及以上时,经董事长审批同意后直接赔付。在接到游客投诉后,应第一时间安抚游客情绪、了解游客诉求、化解矛盾纠纷,同步启动旅游投诉先行赔付制度,及时解决游客诉求,让旅游投诉不出景区、就地解决。旅游投诉处置完毕后,深入调查投诉诱因,定期回访游客,汇总分析存在的问题,找准症结,制定整改措施,并开展效能督察,总结经验,巩固成绩。

2. 服务评价闭环管理

服务评价是衡量旅游从业人员素质的"度量衡"。张掖七彩丹霞旅游景区制定了《游客意见征集采纳管理办法》,在游客服务中心咨询台、游客服务中心大厅、观景台醒目位置设置了游客意见簿和游客意见箱,对外公布旅游咨询电话、服务电话,开通景区新媒体官方账号的留言咨询功能,广泛征求游客意见;定期调阅游客意见簿、开启意见箱、整理新媒体留言建议,编写游客反馈意见通报,研究采纳游客建议并按照《游客意见征集采纳管理办法》对意见采纳游客给予奖励;制定"游客问我千百遍 我待游客如初见""七彩丹霞党旗红 5A 创建我争先""努力为游客创造快乐"主题实践专项提升行动,开展效能督查,将专项提升行动落实与员工绩效考核相挂钩,注重实效;总结主题实践专项提升行动经验,巩固专项提升成绩,把提升成效上升为"标准",让全体员工内化于心、外化于行。

3. 安全管控闭环管理

安全管控是旅游景区可持续发展的"奠基石"。旅游安全是景区的生存之本,没有安全,就谈不上旅游景区的运营管理。张掖七彩丹霞旅游景区在日常运营中,对安全工作的重视高于一切,软硬兼施防风险、保平安。按照《中华人民共和国安全生产法》和人身安全生产工作最新要求,持续跟进完善安全应急预案体系,聘请专业评估机构、消防维保单位对应急预案和风险进行评估,并经常性开展演练,提高景区安全突发事件处置的应急能力;紧盯关键时间节点,定期或不定期开展安全巡查,建立安全隐患排查台账和隐患整改机制,以督查通报的形式责令各经营单位限时整改;整改完成后,对账销号,检查验收,形成安全隐患整改闭环,为游客创造安全的旅游环境。

4. 产品研发闭环管理

产品研发是完善旅游产业链条提升经营收益的"指南针"。旅游产品的研发要以市场为导向,规划设计前期要深入研究市场特征,为后期的产品及游憩方式设计提供翔实有效的参考数据;游线设计、游乐项目设计、休憩及购物设施的布置,都要以人为本,符合游客的旅游习惯;要追求独创奇异,在市场和资源的基础上,尽可能地发挥创意,形成区别于其他景区的独特性卖点;在后期深化中,深度挖掘当地的地脉、文脉和人脉,并且用情境化、体验化的设计手法表达出来,让游客可以真真切切地感受到、体验到。一个景区最不能被复制的除了资源外,就是当地经过长期发展遗存下来的地脉、文脉和人脉。2021年9月26日,在七彩丹霞景区首演的《阿兰拉格达》沉浸式梦幻山谷光影演绎项目,就是以裕固族神话故事为蓝本,融合张掖地域文化和民俗文化,综合运用现代舞台表演技术,在巷谷式丹霞地貌中打造的行进式沉浸夜游,丹霞地貌、张掖地域文化和民俗文化、裕固族神话故事构成了深层次吸引游客的"地脉、文脉和人脉"。

5.教育培训闭环管理

教育培训是提升旅游从业人员素质的"压舱石"。张掖七彩丹霞旅游景区在日常运营管理中,着力强化教育培训,形成了"以冬春两季全员脱产培训为定式,以班组培训为常态,以赴外考察培训、技术比武、岗位练兵为辅助,主体服务实践活动检验成效"的教育培训模式;以旅游行业政策、游客投诉和意见反馈、专家评估意见为出发点,从课程源头设计把关、培训结业考核、接待服务检验、绩效考核提升着手形成闭环管理,切实提升旅游从业人员自身素质,近年来先后举办各类培训活动200余期,参训人员2100余人次,景区服务品质持续提升。

6.市场监管闭环管理

张掖七彩丹霞旅游景区协调临泽县公安局、市场监督管理局设立了丹霞景区派出所和市场监管投诉处理办公室,进一步加强旅游市场常态化监管。建立市场秩序整治联动机制,开展张掖丹霞大景区全面提升旅游服务质量提升行动,制定景区从业人员服务规范和旅游服务人员行为准则;认真实施旅游服务质量阳光监督计划,充分发挥广大游客、媒体网络、行业协会和12315绿色通道的监督作用,不断拓宽监督渠道,初步构建了多元化、立体化、全覆盖的旅游市场监管体系。以国家

5A级旅游景区、世界地质公园创建为契机,联合市县文旅、市场监管、消防、交管等部门开展为期五年的"旅游市场环境专项整治"行动,经过整治,七彩丹霞景区周边交通不便、住宿紧张、餐饮质量差、旅游市场秩序不规范等现象得到有效改善,旅游环境日新月异。

7. 基础设施建设与环境美化的闭环管理

张掖七彩丹霞旅游景区作为珍贵的地质遗迹,景区基础设施建设与环境美化是景区经营开发的矛盾焦点。在景区基础设施建设过程中,形成了"在保护中开发,在开发中保护,兼顾景区经济效益与环境美化"的建设原则,着重突出景区基础设施建设景观化理念。从景区基础设施建设项目选址、环境影响评价、景观造型设计、项目建设管控、后期美化设计、基础设施建设后评价等环节着手实行闭环管理,力求基础设施建设选材环保,景观设计风格与周边环境协调一致。如在《阿兰拉格达》沉浸式梦幻山谷光影演绎项目建设过程中,结合地域环境、自然环境、人文环境的色彩及自然符号等特征,将景观、灯具隐藏造型体与周围环境融合,消除人为痕迹,使游客产生探索欲,同时使游客沉浸于声、光、型、色空间中,在交互间感受其趣味性。

8. 流量与留量的闭环管理

流量与留量的闭环管理是当下最流行的话题,也是甘肃旅游景区共同面临的难题,流量与留量的闭环管理实质就是文旅IP的塑造和核心竞争力提升的问题。在文旅产业面临着新形势、新要求、新机遇和新挑战的今天,可以说"无IP不文旅,有IP则称王"。在文旅IP的打造过程中,张掖丹霞景区始终秉持开放、融合、创新的发展理念,以文化为灵魂,创意为核心,科技为支撑,在迎合市场需求、深度挖掘目的地文化的基础上,对文旅资源进行创新整合,打造深度体验游、直升机观光、热气球自由飞等具有当地特色的高受众的文旅产品,提供"七彩丹霞—康乐草原—冰沟丹霞—巴尔斯雪山"一站式定制游、个性化旅游服务,并依靠文化表演、夜间游览、民俗风情体验等消费延长游客在目的地的停留时间,进一步提升了"中国彩虹山""全国最佳的低空旅游目的地"的品牌价值,为景区注入了新的生命力。

四、张掖七彩丹霞旅游景区的永续发展之道

张掖七彩丹霞旅游景区晋升国家5A级旅游景区和世界地质公园后,张掖丹霞文化旅游股份有限公司将以打造世界级旅游景区、国际旅游目的地和甘肃省首家文旅上市企业为抓手,以助推张掖全域旅游发展和建设甘肃旅游强省为目标,通过补齐旅游业态品类、提高旅游服务品质、丰富景区文化内涵,挖掘新潜力、激活新要素、聚集新动能。利用三至五年的时间,将七彩丹霞景区打造成世界级旅游景区、国际旅游目的地、全国知名的研学实践和劳动教育实践基地;将张掖丹霞文化旅游股份有限公司打造成甘肃省首家文旅上市企业,力争营业收入突破5亿元,达到10亿元,跻身国内综合性旅游集团第一梯队。

(一)积极推进世界级旅游景区和国际旅游目的地打造

一是委托中国科学院地理科学与资源研究所、中国旅游研究院和国梦九州旅游规划设计院联合编制《张掖七彩丹霞世界级旅游景区和国际旅游目的地打造宣传营销策划方案》和《张掖七彩丹霞世界级旅游景区和国际旅游目的地打造基础设施提升改造方案》,为世界级旅游景区、国际旅游目的地建设提供科学指南。二是对标世界级旅游景区和国际旅游目的地建设标准,制定《张掖七彩丹霞世界级旅游景区和国际旅游目的地建设实施方案》,不断完善硬件、提升软件,加强管理和服务人员国际礼仪培训,建立多语种的志愿服务队伍、导游服务队伍和综合旅游咨询平台,朝着"产品国际化、营销国际化、功能国际化、服务国际化、管理国际化、环境国际化"的建设方向,促进旅游服务要素国际化升级。三是按照景区内部升级改造与外部环境建设同步推进的策略,公司将配合市委、市政府做好张掖国际旅游目的地建设规划,统筹开发文化和旅游两大资源,加速文化旅游产业融合,发挥张掖旅游资源优势,激发张掖国际旅游目的地的内生动力和创新活力,促进张掖文旅产业提档升级。

（二）建设国家级研学实践和劳动教育基地

依托教育部学校规划建设发展中心，对照国家级研学实践和劳动教育基地建设标准，充分发挥张掖文旅、通航、红色教育、设施农业四大产业优势，围绕基础设施建设和基地规范运营两个重心，利用三至五年的时间将张掖七彩丹霞旅游景区打造为硬件齐全、内容丰富、运营规范的国家级标准化研学实践和劳动教育基地。

第一，打好研学实践与劳动教育基地创建基础。申报教育部"青少年综合实践与劳动教育基地运营与管理研究"课题，摸清弄懂国家级研学实践和劳动教育基地建设、创建、申报标准；完善国家级研学实践和劳动教育基地配套课程设计，与北京万卷书集团合作，对地质科普、红色教育、通航体验、现代农业与劳动实践相结合的四大类研学板块进行课程设计和教材编制。

第二，加快国家级研学实践和劳动教育基地配套基础设施建设步伐。按照同时满足1200人住宿、就餐和研学的标准，在丹霞景区周边建设配备多媒体教室、实验室、图书室、户外拓展场地等设施的高标准研学中心；积极与甘肃省公路航空旅游投资集团有限公司、临泽县人民政府协调，在张掖丹霞通航产业园建设可以满足1500人住宿、就餐、研学的服务区；并按照研学课程设计对张掖丹霞国家地质博物馆进行改造升级。

第三，完善研学实践与劳动教育配套软件。深入挖掘张掖、临泽的历史文化内涵，开展地质科普、红色教育、通航体验、现代农业与劳动实践四大特色研学旅游品牌创建工程，让张掖的研学旅游与劳动教育实践活动成为享誉全国的精品，让张掖的研学实践和劳动教育基地的建设、运营规范成为甘肃的行业标准；按照教育部研学旅游"双师型"人才培养标准，加强与地方高等院校、中等职业教育学校的合作力度，开展历史、文学、地理、农业等专业与旅游管理相融合的"双师型"研学旅游指导师培训教育，实现研学旅游指导师持双证（教师资格证和导游证）上岗，真正发挥研学旅游的教育性、知识性、趣味性和专业性。

参考文献

[1]   马勇,李玺.旅游景区规划与项目设计[M].北京:中国旅游出版社,2008.

[2]   邹统钎.旅游景区开发与管理[M].5版.北京:清华大学出版社,2021.

[3]   李光斗.故事营销[M].北京:机械工业出版社,2009.

[4]   洪清华.旅游,得IP者得天下[M].北京:中国旅游出版社,2018.

[5]   王昕.场景与场——旅游地设计的认知与实践[M].北京:旅游教育出版社,
       2021.